Bank 3.0
Why Banking Is No Longer Somewhere You Go,
But Something You Do

脱・店舗化する
リテール金融戦略

バンクからバンキングの時代へ

ブレット・キング
Brett King
［著］

日本アイ・ビー・エム
上野 博
Hiroshi Ueno
［訳］

東洋経済新報社

私の家族、私の最大の支持者である父、
世界を変えつつあるムーブンバンクの仲間たち、
そして、1行のコード、1人の顧客ごとに、
本書を捧げる。

Original Title
BANK 3.0:
Why Banking Is No Longer Somewhere You Go, But Something You Do
by Brett King

Copyright © 2013 by Marshall Cavendish International (Asia) Pte Ltd.
All rights reserved.
Japanese translation rights arranged with
Marshall Cavendish International (Asia) Pte Ltd.
through Japan UNI Agency, Inc., Tokyo.

原著まえがき

　前著 Bank 2.0 を執筆した時期の銀行や金融サービス業界は、大動乱の幕開けに直面していた。私たちは、多くの論者が大恐慌以来の「グローバル金融危機」と呼ぶ状況の真っ只中にいた。ところがその混乱の中で「安全なバンキングシステム」という看板にヒビが入ったことから、リテールバンキングはまったく新しいチャレンジに直面することになった。

> 「世界の中央銀行は、銀行システムに8.7兆ドルを投入して『世界を救った』。銀行の救済にかかるコストは、第二次世界大戦、第一次湾岸戦争、人類を月に送ること、昨年の日本の津波からの復興、過去20年のアフリカ援助資金総額の合計よりも高くついたのだ」
> 　　　　　　　——デイビッド・マクウィリアムズ、パンクエコノミックス

　それは銀行にとって、アイデンティティの危機というだけではなく、「安全」で「社会的責任のある」コミュニティの拠り所であるという認識へのチャレンジでもあった。そして、オープンで透明性の高い社会で銀行が果たしうる役割そのものへのチャレンジだった。「ウォール街を占拠せよ」運動や、巨額のボーナスに対する単なる反感以上のものだった。バンカーたちは突如として、自分たちの意思決定が危機を招いたことについて、大衆に対して答えなくてはならない状況に陥ったのだ。

　バンカーたちがこぞって訴えたのは、こうした否定的な世論が正当ではないこと、自分たちにも収益を上げる権利があること（ブライアン・モニハンが言ってくれた）（訳注：当時のバンク・オブ・アメリカの法人・投資銀行部門社長）、巨額のボーナスをもらえなければ自分たちは職員たちを置き去りにして辞めざるを得ないこと、銀行や銀行システムがどう機能しているかを知らない顧客から叩かれ続けるのにうんざりしたことなどだった。いま見ればアンフェアに思えるが、銀行への反発騒ぎの中で顧客に伝えられたのはこうしたコメントだった。

　だがこのチャレンジは、銀行に対する認識だけでなく、銀行という存在の妥

当性に関するものでもあった。私自身がテレビを見るよりも携帯電話やインターネットを使うようになり、書店やビデオレンタルショップや他のリアルの大手小売業態が急速に変貌を遂げつつあるこの時代に、銀行は旧態依然のままであり、そして変化に気づいていないようだった。

　私は銀行の支店に行く代わりに、テキストメッセージを送り、ステータスを更新し、写真をアップロードし、アプリを使うようになっている。そんな状況の中でバンカーを変革へと向かわせる力とは、アイデンティティ危機、透明性の強要、世論との戦いだけではなく、銀行という仕組みそのものの危機である。リテールバンキングの顧客接点の機能には抜本的な変革が差し迫っている。ところが銀行業界の大多数の論調は、そうした考え方を否定するものであり、消費者ニーズの変化を認めようとしなかった。バンカーたちは、デジタル取引が支店に取って代わるというコンセプトに与せず、フェース・トゥ・フェースの方が優位なのだとその必要性を強調した。その試みは、肥大して高コストの物理的インフラの存在を正当化したに過ぎない。

　こうした環境下で、新しいバンキングが現実に姿を現し始めている。バンキングはもはや、物理的なディストリビューション網や過去の遺物による規定や制約の中で行なうものではなくなった。グローバル危機の後に登場しつつあるバンキングシステムとは、実用的で、場所を問わず、モバイル対応していて、必要な時に必要な場所で円滑に機能するよう組み立てられたものといえる。「キャッシュの消滅」が現実となるにはまだ長い年月がかかるだろうが、携帯電話とインターネットの威力はすでに、銀行の慣行、ディストリビューションモデル、そして競争勢力図を大きく変える要因となっているのだ。

　システム全体にわたる大変革は早晩訪れるが、その中で、20世紀に名を知られた銀行の多くはその存在を全うし、退場か統合の道を歩むだろう。現在姿を見せつつある新しいプレーヤーは、革命的な新しい手法で「バンキング」や決済の周辺領域を攻略し、顧客経験の主導権を握ろうとしている。

　ペイパル（PayPal）は稼動顧客数ではおそらく世界最大の金融機関であり、決済体験の変革を進めることで成功した。創立当初はeコマース企業として始まり、業界は暖かくこれを受け入れたが、その後苦もなくネット決済提供企業として支配的な存在となった。創立12年のペイパルは現在でも多くの銀行から業界での「新規」プレーヤーと見られているが、業界変革に挑戦している他の新興企業から見れば、れっきとした既存プレーヤーだ。

スクエア（Square）は、ツイッターの共同創業者であるジャック・ドーシーが設立した企業で、設立からわずか2年に満たない間に40億ドルの収益を上げるまでになり、最初はPOS端末が、次いでカードさえもが不要であることを銀行に見せつけている。

シンプル（Simple、元BankSimple）は、バンキングに正面攻撃を行なった最初のノンバンク企業のひとつである。すぐに追随者も現れた。これらの新興企業が成功するかは定かでないが、シンプルの開設時に10万人以上の顧客登録があったことからすれば、成功は単に実行力の問題であるように見える。

こうした動きの中で、米国のような先進国経済において、新しい消費者層が登場してきた。この消費者層は、システムの中で生活し仕事をするのに、もはや銀行口座を必要としない。現実に、数百万もの人が従来の銀行取引を行なわなくなっており、綻びの見えてきた従来のシステムの代替手段として、プリペイドデビットカード、ペイパル口座、モバイル決済等を選択している。2011年には米国だけでもプリペイドデビットカード残高が2000億ドルとなったことからすれば、これは些細なことというよりも、抜本的な変革——「脱銀行化」の始まりを示すものだ。

私たちは現在、テクノロジーと顧客行動が主導する大変革の只中にいるが、明らかなのは、その行き着く先が、「必要なのはバンキングであって、バンクではない」というかつてのビル・ゲイツのコメントがこれまでになく現実化した世界となりそうなことだ。

本書で私が伝えたいメッセージは次のとおりだ。

銀行取引とはもはや「どこかに行く」ものではなく、単に「する」ものになった。

ここから言えるのは、リテールバンキングや金融サービス業界において顧客がサービス提供者を評価するポイントは、自己資本比率、支店網、金融商品や料率ではないということだ。顧客が必要なときに、いかに簡単かつ容易に銀行取引にアクセスできて、それを実行するパートナーやサービス提供者を信頼できるかどうかということなのだ。

では、銀行はどうすればよいだろうか？　どう転換を図ればよいのだろうか？　支店網の縮小を始めるのはいつからがよいだろうか？　変革は現実に起こるのか、そしてどれくらい早く起こるのだろうか？

本書では、前著 *Bank 2.0* に掲載したすばらしいケーススタディや基本原理を継承する一方で、ここ2～3年の間に目にした急速な環境変化に基づいたアップデートを試みた。変化の大きさと、それがバンキングの未来に与える意味は、驚くほどだ。そしてそれゆえに、これらの変化は本書での議論に非常に大きな価値をもたらすものだと感じている。当初のコンテンツのかなりの部分が割愛され、より適切で新しい議論に場を譲ることになった。

　Bank 2.0 を読まれた方々にとっては、本書はそのアップデート版であり、モバイル活用の加速（ワレットやカードレスのソリューションに関する詳細検討を含む）に関する知見が含まれている。NFCとバーチャルワレットといったテクノロジーの違いや、今後10年で決済がどう変わるか（プラスチックカードが減少し始める時期を含む）についても検討する。パソコンベースのブラウザから「スクリーン」への移行の結果としてインターネットの世界に起こりつつあることについても触れる。ソーシャルメディアがブランドに与える影響、顧客とつながる方法、それが企業の組織構造に与える影響などは、より詳細に検討する。また、「影響力ポイント」における顧客経験ジャーニーの登場についてもくわしく見た上で、「どこでもバンキング」ソリューションへのニーズがこれまでになく高まっていることに触れる。それは、スマートデータと学際・業際的なコラボレーション（例：モバイルネットワーク運営企業と金融機関）によって可能になる。

　本書の内容が大変革と大論争につながるものであることは、間違いない。そしてバンキングも、それに劣らずエキサイティングなものになる。これまでバンキングと考えられていたものは、ちょっとした手直しではなく、完全な再起動に直面しているのだ。

　リテールバンキングに従事している読者にとっては、ここから **Bank 3.0** という未来が始まる。さあ、本書を読んで大いに脳みそをかき回していただきたい。

訳者まえがき

　本書『脱・店舗化するリテール金融戦略』(原題は *Bank 3.0*) は、テクノロジーの進歩が引き起こした消費者行動の大変化に対応するために、リテール金融企業が取り組むべきビジネスのリエンジニアリングについてのガイドブックである。

　「バンキングは顧客がどこかに『行く』ものではなく、単に『する』ものになった。銀行のミッションは、この『する』を構築することだ。つまり、顧客の日常生活で発生する問題に対するソリューションが必要な時と場所におけるバンキング提供力を構築することである」

　最終章である Chapter 14 の最後に述べられているこのコメントが、本書のテーマといえるだろう。

　本書の前著 *Bank 2.0* は、いわゆるリーマンショックに端を発するグローバル金融危機後に出版され、当時の新しい環境への銀行の適応について述べたものであった。しかし、その後に到来したモバイル／ソーシャルの大波が、消費者の行動をまったく新しいものに変え始めている。本書はそれを取り込んで大幅に書き直され、そのため原著タイトルも新たに *Bank 3.0* となって、2012年に米国で刊行されたものだ。

　現時点で、原著出版の2012年10月からすでに2年が経過している。そのため本書で紹介されているテクノロジーやサービス、事例の中には、最新とはいえないものも少なからずあるし、数値やデータも決して新しくはない。

　ところが、本書の内容や主張は、2年の時間を経ても十分に新しく、かつ刺激的である。その理由はおそらく3つある。

　第一に、テクノロジーの進歩が引き起こした消費者行動の変化に基づいた産業・企業の変革という、時間の経過に耐えうる本質的・普遍的なイシューを取り扱っているということだ。

　第二に、著者が見通しているさまざまな変化の多くはグローバルなものだが、国によってはまだ萌芽段階のものも含まれることだ。モバイル決済のように、発

展途上国が先陣を切っており、既存インフラが残る先進国のほうが普及に後れをとっているものもある。

　第三に、日本の金融業界の変革速度についての課題が考えられる。例えば、米国では大手銀行を中心に支店改革の試みがすでに進みつつあるが、日本ではそうした取り組みがようやく緒に就いたところだ。

　本書の著者であるブレット・キングは、2011年に米国でムーブンバンク（Movenbank。現在はMoven）というモバイル銀行を立ち上げた起業家であり、それ以前からこの分野において、コンサルタント、文筆家、スピーカーとして活躍している。リテールバンキングに関して、マネジメント、組織体制、テクノロジー、チャネル、マーケティングといった幅広い領域において見識と知見を有している点で稀有な人物であり、本書はそうした背景があってこそ生まれたものだ。

　その結果として、本書はリテール金融サービス分野において、これから本格化するさまざまな変化とその対応のあり方について、一貫した視点から、かつ包括的に論じたものとなっている。リテール金融において、マネジメント、企画、マーケティング、IT等の各分野に携わる人が、変化の全体像を把握し、その中での自らの立ち位置と進むべき方向性、果たすべき役割を確認するために格好の書と言える。

　本書は基本的には順に読み進めていけばよいが、各章は比較的独立しているので、興味のあるテーマの章だけを拾い読みすることも可能だ。ただし、できればまずPart 01を読まれることをおすすめしたい。Chapter 01では、本書の通奏低音となる環境の変化について述べられ、Chapter 02では、それに対する銀行の立ち位置が示されている。そしてPart 02以下の各章は、この2つの章の基礎の上に築かれ、渡り廊下で結ばれた個別の建物といってもよい。また、Chapter 14の「チェックリスト」では、各章の議論を受けて、今後リテール銀行が注力すべき5つの領域と方向性がまとめられている。

　金融サービス企業にとって、デジタルチャネルの普及に伴う消費者行動の変化は、単なるチャネル変化上の課題ではなく、新しい現実に適応するための、企業としての顧客との関わり方と、それを支える組織体制、ケイパビリティ、ITのすべての面での課題である。サービスのあり方が、「バンク」という名詞から「バンキング」という動詞へと変貌する過程で、銀行は機能分解され、再構

成される。そこに新しいプレーヤーが参入し、成功する可能性も生まれる。

　訳者が所属するIBMでは現在、「CAMSS」（クラウド、アナリティクス、モバイル、ソーシャル、セキュリティーの頭文字）が全社的取り組みのキーワードとなっている。これらすべてのテクノロジー領域が、まさに「バンク」から「バンキング」への変革を推進するものであることは、本書でも述べられているとおりだ。そしてその先には、ビッグデータの分析に基づいて認識や推論を行ない、意思決定を支援するコグニティブ・コンピューティングの世界が続いており、すでにその一部は実用化されつつある。

　加速することはあっても止まることのないテクノロジーの進歩が、これからも消費者行動を変え、企業行動を、産業を、社会を変えていく。著者の主張には、時に急進に過ぎると感じられるものもあるだろうが、目に見えているものは早晩実現するものだ。「ドッグイヤー」という時間感覚はもはやIT業界に閉じられたものではない。金融サービス業界のプレーヤーは、変化が常態化したことを踏まえて、変化に機敏に対応して自らをつくり変えつつ、次なる変化を常に視野にとらえておく必要がある。本書からの最も大きな「学び」は、実はこの点にあるかもしれない。

　時代の節目で新しい未来を提示しようと試みる本書の翻訳にかかわれたことを幸せに思う。訳者が長年かかわってきたリテール金融業界が新しい時代を切り拓き、創り出していくために、本書が多少なりとも役立てば、これ以上の喜びはない。

　最後に、翻訳にあたって少なからずお手伝い頂いた日本アイ・ビー・エムの同僚の渡辺直子さん（Chapter 08）、篠﨑明子さん（Chapter 10、11）、小宮山光雄さん（Chapter 12）、翻訳原稿のチェックをお願いした孫工裕史さん、野村尚さん、各種調整にご尽力いただいたマーケティング担当の齋藤裕美子さんに心から御礼申し上げます。また、辛抱強く原稿をお待ちいただき、数々の示唆を頂戴した東洋経済新報社の黒坂浩一さん、ありがとうございました。

　2014年11月　週末の神戸にて

上野　博

Contents BANK 3.0
脱・店舗化するリテール金融戦略　目次

原著まえがき　iii
訳者まえがき　vii

Part 01　顧客行動の変化

Chapter 01　「ハイパーコネクト」な消費者が求めるもの……2

心理的影響　5
普及プロセス　8
破壊的変化の4つのフェーズ　10
リテールバンキングの破壊的変化と「脱銀行」セグメント　17
利便性とサービスが新たな差別化要因　22
KEY LESSON　24

Chapter 02　顧客経験から得られるもの……28

タテ割りのチャネル　30
組織構造　33
支店 VS インターネット VS モバイル　39
悪しき慣性の打破　47
KEY LESSON　54

Part 02　銀行の再構築

Chapter 03　支店は存続するか？……58

銀行行かずのバンキング　61

21世紀における支店の中核機能　63
顧客関係深化に向けた店舗イノベーション　68
顧客が支店に来なくなったら？　84
すぐに実施可能な店舗改善　85
KEY LESSON　87

Chapter 04　顧客獲得と関係深化
──顧客サポートのエコシステム　89

サポート改善の必要性　89
「消費者」が「顧客」になりたいと思うとき　98
顧客中心主義とは組織変革である　101
高反応の組織構造　113
結論：戦術的チャネル改善　118
KEY LESSON　118

Chapter 05　インターネット
──収益を上げにくい理由　120

なぜインターネット購入はもっと増えないか　120
インターネットで何を売るか　124
画面（ウェブ／タブレット／モバイル）第一主義　134
既存顧客へのクロスセル　135
現在可能なインターネットチャネルの改善　139
KEY LESSON　140

Chapter 06　モバイルバンキング
──すでに巨大だが、まだほんの始まり　142

最も偉大なデバイス　142
全体概観　149

Contents | xi

非銀行取引層にもバンキングを　154
CASE STUDY：M-Pesaのサクセスストーリー　160
KEY LESSON　162

Chapter 07　セルフサービスの進化 164

セルフサービス・バンキング——その出発点　164
ATMは単なる現金引出し機を超えるか？　165
次の10年　174
結論　184
KEY LESSON　185

Chapter 08　私はブランドより大衆を信用する 187

ソーシャルメディアの台頭　187
ソーシャルメディアは何の役に立つか　193
大衆は統制できない　195
顧客支持（アドボカシー）と影響——本当の投資対効果　199
クラウドソーシング——大衆の力を利用する　208
結論：これまでの話が意味するところ　211

Part 03　未来への道
——チャネルを超えて

Chapter 09　進化し続けるテクノロジーとの付き合い方 216

より速く、より小さく、より賢く　218
銀行組織全体にとっての意味　226
KEY LESSON　229

Chapter 10 データはクラウドへ ... 231

ビッグデータ　244
拡張現実　248
結論　250

Chapter 11 エンゲージメント・バンキング
——デジタル・リレーションシップの構築 ... 252

顧客とのエンゲージメントの時代　252
対話への参画　258
リスク軽減 vs ROI　265
圧倒的優位なプロシューマーとの関係深化のために　267
「個」客と接する　269

Chapter 12 モバイル決済、デジタルキャッシュ、価値貯蔵 ... 271

モバイル決済は主流なのか？　271
モバイルワレットの登場　278
誰がワレット競争の勝者となるか？　282
仮想通貨　288
モバイル・P2P決済　289
POSの進化　292
結論：すぐにモバイル決済へ　296

Chapter 13 影響力ポイント
——バンキングにおけるコンテキスト活用とメッセージ発信 ... 300

デジタルメディアの急速な普及　300
コンテキストこそが重要　304

「プッシュ」が「無理強い」になるとき　309
影響力ポイントのジャーニー　310
結論　314

Chapter 14 銀行進化へのロードマップ……317

バンク3.0へのクリティカルパスのチェックリスト　317
チェックリスト　321
結論　327

謝辞　331
索引　333

Part 01

Changes in Customer Behaviour

顧客行動の変化

Chapter 01 The Demands of the Hyperconnected Consumer
「ハイパーコネクト」な消費者が求めるもの

　2011年、米国のジェネレーションY（訳注：米国で1975年から1989年までに生まれた世代）の人たちのニュース情報源として、インターネットがテレビと新聞を追い越して第1位となった[1]。同じ2011年、携帯電話アプリを使用する平均時間／日は、パソコンでネットサーフィンする時間を追い抜いた[2]。米国における全世帯の約25％は、金融サービスを利用できないか、利用が限定されているが[3]、その一方で携帯電話の利用率は103％、インターネットは76％に上る[4]。アジア地域では、16億人が銀行口座を持たない一方[5]、26億台の携帯電話が存在する[6]。

　2011年6月、国際連合がインターネットへのアクセスは基本的人権であると宣言した[7]。2016年には、世界人口の半分以上が自分のスマートフォンでインターネットを利用できるようになり、インターネット月次利用料金は基本無料となるだろう[8]。いまやモバイル機器経由のインターネット利用者数は、パソコン経由よりも多い。タブレットだけ見ても、今後2～3年のうちに販売台数でPCを追い抜くだろう[9]。

　「つながる」ことは、私たちが住むこの世界での基本的権利であるだけでなく、当たり前にできると思われている、日々の生活の基礎的なものである。いまや「つながる」だけでは十分ではない。私たちの多くが、複数の機器を同時に扱いながら生活を送っている。スマートフォンは1～2台、タブレット、PC、インターネット対応ゲーム機器、ストリーム配信対応のウェブ・テレビ等々といった具合だ。私たちは「ハイパーコネクト」の世界に生きている。

　私の子どもたちは3歳、9歳、12歳（本書刊行時）だが、携帯電話やインター

ネット接続が存在しない時代を知らない。子どもらには、「つながりっぱなし」のメッセージング・アプリやソーシャルネットワーク、マルチタッチのタブレット等々のテクノロジーが存在しない世界など想像もつかないだろう。彼らはこうしたテクノロジーを、ユニークで新しく先進的だとか、「代替」チャネルとしてはとらえていない。単に世界はそうしたものだと考えているのだ。そうでないことはふつうじゃないのだ。

　2012年、フェイスブックでつながる個人が10億人超となることが見込まれる状況[10]では、フェイスブックに登録していない友人を見つけるほうが難しくなる可能性が高い。絶対にATMを使わないとか、電子メールアカウントを持たないとか、携帯電話は使わないと抵抗していた人たちがどうなったか考えてみればいい。現在でもフェイスブックに対して同じ反応をする人たちはいる。確かに、フェイスブック利用者数が10億人を超えて、インターネットの現在の推定利用者数20億人に追い着く前に増加の勢いを失うかもしれないが、それをもってフェイスブックは明らかな失敗だということはまず無理だろう。

　インターネット、モバイルアプリ、ソーシャルメディア等のイノベーションがここ20年の間に登場したという事実は何も特別なことではない。それらが存在しない1999年という時代を覚えている私たちにとってはそうでも、2000年以降に生まれた子どもたちには新しいものではないのだ。単に日々の生活を織りなす一部のものにすぎない。

　だから、自分の銀行の戦略に照らして、いかに迅速かつ総合的にこれらの技術を統合してチャネル戦略に組み込むかを考える際には、次のことを念頭においておこう。今日この日から先は、これがバンキングの方法となり、その例外はない。インターネットバンキングへのアクセス、携帯電話、ソーシャルメディア、マルチタッチなどのない世界には二度と戻れない。したがって、バンキングの将来そのものの基礎となる最も基本的なテクノロジーへの投資を先延ばしにするのはまったく無意味である。これは、いまやっておけば将来いつか行なうべき投資を回避できるとか、すべての機会に乗じなくてもそれらを学ぶことは可能だとかいう話ではない。なぜならこれは、将来の収益と顧客とのつながりのために絶対的に不可欠なものだからだ。

　デジタル投資を多少遅らせても大きな違いは起こらないだろう、という意見

もある。これはまったくの間違いだ。懐疑的に思うなら、近年破壊的変化が生じているどの業界（書籍、音楽、新聞など）でもいいから見てみればよい。現状維持を奉じて迅速な投資を怠った企業が、早々にデジタル・シフトの潮流の犠牲者となっていることは明白だ。

今日の平均的消費者は、これまでATMや支店で提供されてきたのと同様のアクセスがテクノロジーを使って提供されることを、明らかに銀行に対して期待している。これは対応必須であり、他の選択肢はない。本書を読めばご理解いただけるだろうが、これらすべてのテクノロジーに「いつ」投資するかということも、選択肢でさえない。現時点でこれらすべてのテクノロジーにまだ十分投資していないなら、業界全体の動きや期待曲線の後ろに取り残されているということであり、それは消滅への道だ。近い将来、ほとんどの銀行はIT企業またはテクノロジー企業化し、バンキングがテクノロジーを通じて提供される公共サービス的なものとなることはほぼ確実だ。

平均的な個人は、アプリを使い、eメールをチェックし、テキストを書くという作業を1日に100回近く行なって、それに94分を費やしている[11]。モバイルバンキングには月に20〜30回[12]、インターネットバンキングには7〜10回[13]ログインする一方で、支店を訪れるのはせいぜい年に2〜3回だ[14]。ネット・ショッピングはモバイル経由で行なう頻度が増加しており、店舗の中でさえ携帯電話を使って、棚に並べてある商品の価格を、ネット上での価格や近くの店の価格と比較しているのだ。アマゾンはこの行動戦略を、米国のベストバイ（訳注：米国の家電販売チェーン）のような業態に対して実施している。平均的消費者にとって、こうした経験はもはや新しいものではなく、21世紀のごく一般的な生活にすぎない。

「つながりっぱなし」か「ハイパーコネクト」であることには、それ固有の問題もある。こうしたどこでも型テクノロジーの利用者は、アクセスやサービスに「つながりっぱなし」の状態から次第に離れにくくなってしまう。それが雇い主や顧客からの接続維持の要求によるものであれ、もっと悪い接続への中毒性によるものであれ、このほとんど強制的な連続接続へのニーズは、情報時代がもたらす副作用のひとつにすぎない[15]。

情報時代の顧客は、選択肢の広がり、アクセスの広がり、より高品質で早く効率的なデリバリーやサービス方式によって主導権を強めている。水面下で働く力学を知れば、テクノロジー投資に抗うことが無益だと理解することができ

る。

　行動変化を生み出す大きな要因は2つある。ひとつは情報時代がもたらす「心理的影響」とそれに付随するイノベーション、もうひとつはイノベーションの「普及プロセス」である。個々の要因がパラダイムシフトの創出に結びつき、顧客サービスやエンゲージメントのあり方について、金融機関が考えざるを得なくなっている。消費者の行動パラダイムの変革を形成するのは、「破壊的変化の4つのフェーズ」である。それは銀行や金融機関にとって重大で長期的な意味合いを持っている。

心理的影響

　現代の「ハイパーコネクト」の消費者を動かしている中核的な心理的影響要因を理解するためには、動機づけ理論に関する基礎的な研究成果——マズローの欲求段階——に立ち返る必要がある[16]。アブラハム・マズローは、アルバート・アインシュタイン、ジェーン・アダムズ、エレノア・ルーズベルト、フレデリック・ダグラスといった当時の代表的人物について研究し、個人の進歩の階層を決定した。プラスの動機づけと個人的発展の理論として説明されるものだ。

　テクノロジーが進歩し、サービス方法が効率化して自己実現欲求に対応したため、私たちの時間に対する価値観や期待の持ち方、環境の中での自己認識のあり方などが変わってきている。例えば私たちは、新しいコミュニケーションチャネルの登場によって、電話やネットで済ませられることがあれば、それよりはるかに時間効率の悪い従来の意思疎通方法にこだわることは基本的に時間のムダであると理解している。自分の時間をより賢く使えていることから、これによって私たちの自尊心（self-esteem）は高まる。次に、他人の援助なしに取引や購入を行なってそれがうまくいくと、自己支配と自己実現の感覚が得られる。それは従来のやり取りでは実現できなかったものだ。例を示そう。

　2008年の米国内で最大の住宅ローン販売業者はカントリーワイドであったが、2009年にバンク・オブ・アメリカに41億ドルで買収された。ここから、法務省がカントリーワイドを標的にし、同社がサブプライム関係で巨額の損失を負ったという事実はさておき、カントリーワイドは複雑な住宅ローン商品をネットで販

図1-1 マズローの欲求の階層

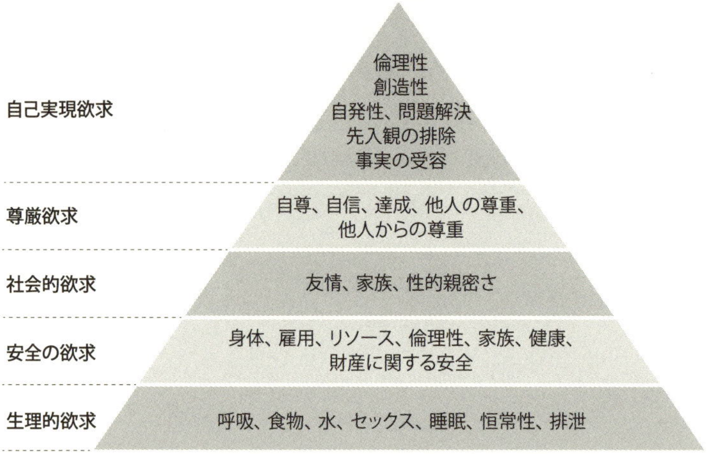

```
                    ▲
                   ╱ ╲
                  ╱   ╲
                 ╱ 倫理性 ╲
    自己実現欲求    ╱  創造性  ╲
               ╱ 自発性、問題解決 ╲
              ╱   先入観の排除   ╲
             ╱    事実の受容     ╲
            ╱───────────────────╲
           ╱  自尊、自信、達成、他人の尊重、╲
   尊厳欲求 ╱       他人からの尊重        ╲
         ╱───────────────────────────╲
        ╱                             ╲
  社会的欲求  友情、家族、性的親密さ
       ╱─────────────────────────────────╲
      ╱  身体、雇用、リソース、倫理性、家族、健康、 ╲
 安全の欲求        財産に関する安全
     ╱───────────────────────────────────────╲
    ╱    呼吸、食物、水、セックス、睡眠、恒常性、排泄  ╲
 生理的欲求
   ────────────────────────────────────────────
```

出所：Wikipedia Creative Commons

売することができ、対面でのやり取りを必要としなかったことに目を向けよう。支店擁護派からはまたもや、住宅ローンを売るには支店が必要だという声が上がるだろうが、それは正しくない。カントリーワイドが買収される際に計上していた900万件の住宅ローンは、インターネットで取り組まれたものなのだ[17]。

これは、住宅ローンの初回利用者である若年層だけに特有な行動ということでもない。ジェネレーションX（X世代）（1964～75年生）やベビーブーム世代（1946～63年生）は、ネットで住宅ローンを調べる最有力候補だ[18]。インターネット上の住宅ローン商品利用による費用節減も普及している[19]。INGが出資しているマイレートは、オーストラリアで好調なインターネット住宅ローン業者であるが、インターネットチャネルが生み出す節約効果により、借り手は30年ローンで8万～30万豪ドルの節約が可能だと述べている。モーゲージボットは、インターネットで住宅ローン申請を済ませた人の88％は19～59歳であると報告している[20]。

グーグルファイナンス・オーストラリアによると、オーストラリアのインターネットユーザーの88％が、住宅ローンを調べるのにまずインターネットを使い、6～11時間のリサーチを行なってから、候補の業者を選んでそこに連絡をとる[21]。住宅ローン業者へのコンタクトは、支店を訪れたりコールセンターに電話したり

するよりも、ウェブサイト経由のほうが増加していくだろう。英国や米国でも行動パターンは類似している。顧客は住宅ローン購入時に支店に出向くものだという神話は、まさに神話なのだ。今日、販売されている住宅ローンの過半数はネット上で顧客に選ばれているというのが現実であり、支店は申込み手続きの一段階に過ぎない。

　既存の貸し手は、最も高収益の商品がこんなにも簡単にローコスト化、デジタルチャネル化可能であることに脅威を感じるというよりも、勇気づけられるべきだ。モーゲージボットの調査（前出）によると、米国だけで見ても、貸し手の50％近くが住宅ローン申請の25％以上をネットで受け付けており、サードパーティの引受け企業経由の全住宅ローンの61％がネット上で承認されている。いまやこれが主流のやり方なのだ。新しいものでも台頭しつつあるものでもなく、現在のマス市場の行動なのである。

　さて、こうしたテクノロジーや競合選択が個人としての私に及ぼす心理的影響に話を戻そう。主導権を持つのは私であり、私の期待に応えてくれなければ、その住宅ローン業者とはおさらばだ。選択肢は豊富にあり、幅広い情報源にアクセス可能なため、より十分な情報が得られる。サービス提供業者は私の契約を取ろうと懸命になるから、条件はよくなり、よりよいデリバリー方法と競争の激化によって業者の利幅は縮小するから、私が支払う金額は減る。以前なら誰にとっても商品はひとつだけという制約があったのに比べ、いまの住宅ローン商品ははるかに的確に私のニーズに合っているから、ソリューションの品質は高くなっている。

　1970年代の消費者の例と比較して、消費者としての私はこの環境をどう感じるだろうか？　マズローの欲求段階でいえば、こうしたプラスの変化を、自己認識の中での個人的発展と進歩に結びつけるだろう。私はより高い動機をもち、自分を心地よく感じ、幸福度が高く、主導権を握っているのだ。

　時間の経過とともに、金融業界のサービス提供者に対する私の期待は総じて高くなり、いまや自己コントロール、効率性、以前は持てなかった選択肢といった要素を期待するようになっている。そしてこの期待の転換が選択の推進力となるので、この自由度と主導権や影響力を提案できないサービス提供者は、私からよい反応を得られない。

普及プロセス

　これについては後の章で詳述するが、顧客行動の変化におけるもうひとつの重要要因は、私たちが日常生活の中で、テクノロジーやイノベーションを以前にも増して受け入れていることだ。20世紀初頭、いくつかの根幹的な新しいテクノロジーが登場して実用化された。具体的には、自動車（1886年）、電気（1873年）、電話（1876年）とラジオ（1906年）、そして航空機（1903年）である。新しい工業化とイノベーションの時代の幕開けであり、当時の世界のリーダーたちは、この進歩が新しい平和と繁栄の時代の先導役となると口にした。しかし、技術の進歩によって起こる世界の変化を心に描くことができずに懐疑的となってしまったのは、19世紀の人々も私たちも同じだ。

　普及率とは、新しい考えがひとりの消費者から次へと拡散するスピードのことだ。利用率は普及率と似ているが、市場プロセスの総計というよりも、個人が経験する心理的プロセスに関するものであるという点で異なる。1800年代後半から継続的に起こっているのは、テクノロジーの利用率と社会への普及率のいずれもが加速しているということだ。電話がクリティカルマスに到達するには50年を要したが、テレビはその半分（22〜25年）しかかかっていない[22]。携帯電話とPCは12〜14年（これも半分だ）で、インターネットはわずか7年（ここでも半分）だ。

　そしていまや、iPodやフェイスブックのような新しいテクノロジーや仕組みは、年単位ではなく月単位のスピードで消費者に一挙に利用が広がるという状況だ。こうした変化の例をあげれば、アップルは2011年だけで、それまで28年かけて売ってきたMacを超える数のiOS機器を販売している。

> 「5500万台（iPod販売累計）という数字は、誰も想像しなかったものです。どういうことかというと、Macを5500万台販売するのに22年を要しました。2200万台のiPod販売にかかったのは約5年、そして同等数のiPhoneでは約3年でした。したがって現在は、はるかに高い軌道上にあるという状態です」
> 　　──ティム・クック、アップルCEO、2012年2月の業績報告セッション

　そして、アップルが2012年第1四半期に販売したiPhoneは、その前の12カ月

図1-2　過去100年のテクノロジーの普及速度

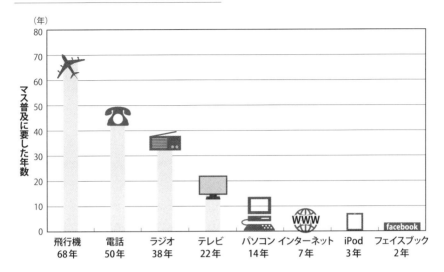

間よりも多かった。

　テクノロジーやイノベーションが私たちにとってより身近なものになったため、こうしたテクノロジーを生活の中に取り入れるまでの時間が短くなっており、そのことがさらにイノベーションを励起し、そしてビジネスへの影響を加速することになる（変化への適応時間が短くなるということだ）。

　簡単にいえば次のとおりだ。顧客が新しいテクノロジーを採用するのと同じスピードで顧客経験にイノベーションを導入しないと、より俊敏な中間業者と第三者がイノベーションの果実を手に入れてしまうため、銀行はかなり不利な状態となり、顧客を失う可能性がある。「銀行だから」とか「規制の強い業界だから」とか、旧来のシステムやプロセスのせいでイノベーションに時間を要するのだと言い訳しても、もうこれ以上は通用しない。

　問題の核心は、変化の中心であるテクノロジーとともに顧客行動が変化しているのに、顧客取引開始時の行動、アプリケーション・プロセス、チャネルの偏りの大半が、銀行では従来のまま変わっていない点にある。このため、顧客と銀行組織の間には深刻な行動ギャップが生まれる。そのギャップを現在、ペイパル、スクエア、アップル、スターバックス、P2P融資業者やその他多くの有利な立場にあるノンバンク競合企業が急速に埋めつつあるのだ。

　ROI（Return on Investment：投資収益率）の先行事例をチェックする必要

があるとか、迅速なフォロワーになればよいと思っているならば、こう考えてみよう。新興テクノロジーを組織内部に取り込んで行動を変革するのに数カ月、そして開発と導入のサイクルに12～24カ月（多くの銀行のIT部門で典型的）かかるとすれば、他社のROIの先行事例を見るまで待ってから動くのなら、少なくとも3～4年は後れをとることになる。3～4年というのは、無名のフェイスブックが創業してからユーザー5億人に達するまでの時間だ。

　ジェフ・ベゾスはそれをこんなふうに説明している。

> 「私は、これらプラットフォームのセルフサービス性を強調したい。それが重要と考えるのは、自明というわけではないが、善意ある管理者でもイノベーションを遅らせてしまうという理由からだ。セルフサービスのプラットフォームでは、『それはうまくいかないよ』と言いがちな専門的な管理者がいないため、うまくいきそうにないアイデアでも試せる。するとどうなるか。そうした可能性の低いアイデアの中に、実はうまくいくものが多くあるのだ。そして社会はその多様性の恩恵を受けられる」
>   ——アマゾン、Form 8-K 報告資料、Amazon.com Inc、2012年4月13日

　「迅速なフォロワー」アプローチだと、3年後には生き残っていない可能性があるということだ。3年もあれば、十分に破壊的威力のある他企業にあなたの銀行の顧客のかなりの部分を奪われ、自行の収益は消えうせ、残る利ざやも叩き潰されてなくなってしまう。

　環境適応と変化を続けられないなら、この時点で退場したほうがよいかもしれない。なぜならあなたの銀行はすでに時代遅れの恐竜であり、その事業構造を破壊しようとする者が存在するからだ。

破壊的変化の4つのフェーズ

　リテール金融サービスに起こる破壊的変化には4つの段階またはフェーズがあり、その個々のステージが、ゲームルールを変えてしまうほど破壊的である。しかしながら、第三フェーズがリテールバンキングに影響を及ぼすころまでには、変化はひと通り進んで抵抗不可能になり、今日私たちが知るコマーシャル

バンキングは破壊されることになるだろう。

　第一フェーズはインターネットの登場で始まり、ソーシャルメディアで増幅された。ドットコム・バブルの時期には多くの銀行が否定していたが、インターネットは顧客が取引銀行や自分のおカネにアクセスする方法を不可逆的に変えてしまった。顧客行動の心理についてすでに述べたように、顧客は以前にはなかった主導権と選択肢を与えられたのだ。顧客は突如として、自分の望む方法とタイミングで自分のおカネにアクセスできる環境を手に入れた。インターネットバンキングの対応力が上がるにつれて、支店を訪れる動機が薄れ始め、顧客は日常取引の主たるアクセス・ポイントとして、この新しいチャネルに依存するようになった。わずか10年の短い期間に、支店でカウンター越しに行なわれていた取引の50〜60%が、モバイル、インターネット、コールセンター、ATM経由で行なわれる日常取引の95%へと移行した[23]。ゲームのルールは変わっている。

　第一フェーズの後半は、第二フェーズの開始と並行しており、ソーシャルメディアが登場する。ソーシャルメディアは各4つのフェーズを通じて流れるテーマのようなものであるが、明らかにソーシャルメディアはインターネットの恩恵を受けている。ソーシャルメディアの破壊的影響を理解するカギは、「ウォール街を占拠せよ」のような反対運動だけではなく、顧客の価値交換の世界で起きた根本的なパワーシフトの中にも見られる（Chapter 05参照）。

　かつて銀行はリテールバンキングにおいて、リスクが高いとか十分収益的でないという理由で顧客を「謝絶」することができるという、うらやましいほどの立場にあった。顧客は銀行にやって来て、「KYC（Know-Your-Customer：顧客確認）」という関門の数々をくぐり抜けるのだが、それでも銀行が好まない場合、残念だが取引を認められなかった。私の銀行の友人には、これを「顧客になれる幸運」と言う者もいる。銀行は、利益向上につなげるために、リスクに基づいて顧客をすっぱり謝絶すればよいと考えて優雅に構えていた。もちろんこのことは、社会における銀行の役割についての認識、つまり銀行は基本的な社会的権利を提供しているという認識とは相入れないものである。その後、回りまわってこのことは、銀行との関係において不公平な立場にある大衆が、銀行に対して非常に批判的な目を向けることにつながった。

　ソーシャルメディア時代にこれを逆から見れば、いまや顧客が銀行ブランドをソーシャルのレンズを通して評価しているということだ。このレンズによって

Chap. 01 「ハイパーコネクト」な消費者が求めるもの　11

顧客は、名もなき群衆の推奨に基づき、取引条件の悪い銀行や銀行ブランドそのものを拒絶することができるようになった。重要なのは、友人やネットワークのパワーが強くなっていて、群衆が「あの銀行は最低だ」と意見を言うと、ブランドを回復するのにどんなに広告費を使っても無意味なくらいになっているということだ。ソーシャルメディア時代のいま、「価値」のバランスは消費者側に移り、平均的な銀行ブランドの価値提案は弱まってしまった。

バンク・オブ・アメリカが最近、ダービン条項[24]への対応として当座手数料を引き上げた際に直面したように、群衆を顧みずに顧客を一方的に扱うような銀行の勝手な振る舞いはもはや通用しない。この意思決定は、数週間もたたないうちに、ソーシャルメディアを通じた大衆の圧力によって覆された。ソーシャルの存在する世界において、信頼は所与のものではなくなった。オープンで正直で自分とつながっていて、サービスに本気で取り組んでいてこそ、人はそのブランドを信頼するのだ。

第二フェーズはちょうどいま起こっているところだ。iPhoneやグーグルのアンドロイド携帯電話のようなスマート・デバイスや携帯電話アプリは、ポータブル／モバイルバンキング普及の原動力となっている。その先は、タブレットやデバイスの「画面」によってウェブやアプリにアクセス可能な世界へとつながっていく。スクリーン化については、セキュリティやROIの課題があろうが、顧客はそんな違いを気にしない。とにかく使うようになる。すでに多くの銀行が、モバイルアプリのプラットフォーム上にキャッシュレスATMなるものを配備している。そこでは、ATMで可能なことがすべて携帯電話でできるのだ——現金の入出金だけは別だが。リモート小切手入金サービス（RDC）技術を介して小切手を入金することも可能だ。

第二フェーズの破壊的モデルを示す統計結果がいくつかある。

* 米国における携帯電話の利用率は100％を超えており（複数所有者がいる）、現在全世帯の3分の1は携帯電話しか持っていない[25]。
* 中国には米国の約3倍の9億5000万人のモバイルユーザーがいて、利用者数は過去10年間、年20％増加している。インターネットユーザーは5億人で、米国の2倍である。
* チャイナ・モバイルは中国国内に100万カ所のWiFiスポットを展開し[26]、それらは広告つきの無料無線アクセスを提供している。

図1-3 破壊的行動変化の4つのフェーズ

＊イラスト：セバスチャン・ガード

* 米国人は、年間2兆件のテキストメッセージを送信している。中国では新年の最初の2日間だけで国内で150億件のテキストメッセージが送信されており、それもあって2012年の送信数は3兆件になると予測されている。
* 2011年12月時点で、スマートフォンのユーザーは1日94分間アプリを利用する一方で、ブラウザのウェブ利用は72分となっている[27]。
* モバイルバンキング利用者の99％は残高を、90％は取引明細を見ており、モバイル送金／請求書支払いで100億ドルの資金が動いている。1500万件／年の位置情報ベースの検索が行なわれている。
* iPhoneユーザーの50％超が、過去30日間にモバイルバンキングを利用している（ジャベリン・ストラテジー社調査）。2011年6月時点で、米国人の3200万人がスマートフォンでモバイルバンキングにアクセスしており、2010年比では45％の増加となっている。
* モバイルバンキング利用者の33％は毎日、80％は毎週、口座をチェックしている（ジャベリン・ストラテジー社調査）。

さて、もし物理的な現金やプラスチックカードが必要ないとしたら、何が起こるだろうか？　これが第三フェーズだ。ここで私たちはモバイル決済へと大規模移行する。NFC（Near-Field Communication）[28]ベースのモバイルウォレットとプリペイドカードによる少額決済はすでに行なわれているが、さらに増加す

る。また第三フェーズでは、携帯電話とクレジット／デビットカードが融合する。これは今後5年間のテクノロジーの進化段階として論理的にそうなる。この変化が起こると、現金ニーズは急速に減少し、破壊的変化は大きく進行する。

英国では支払いの43％でデビットカードが使われており、クレジットカードは23％だ[29]。現金は現在でもリテール決済の32％を占めるが、全体に占める比率としては、今後5年間でさらに20％減少すると予測されている。小切手は現在、決済のわずか2％超となっており、今後5年のうちに英国で完全に姿を消しても不思議ではない。デビットカードの成長はさらに加速し、ヒトからヒトへ（P2P）等の他のモバイル決済が電話で行なえるようになれば、従来の決済手段はさらに減少するだろう。

5年後には英国でのリテール決済の85〜90％がモバイル／カード経由で行なわれるという状況は、決して想像に難くない。日本、韓国、香港などの市場では、現金決済の必要性はモバイル決済に比べてさらに低いだろう。

現金が小切手のように一夜にして消滅してしまうことはないだろうが、現実にはすでに、モバイル決済が現金利用の減少を後押ししている。オーストラリアでは2007〜2010年の間に、小売販売の場における決済方法としての現金は、40％から30％に減少した[30]。この減少速度は他のどの地域でも見られなかったものだ。米国では2010〜2015年の間に、現金利用が17％減少すると予測されている[31]。英国では2000年にリテール決済の73％が現金だったが、2018年にはほんの一握りとなってしまうだろう[32]。

銀行口座を持っておらず、現在は現金とプリペイド・デビットカードに頼って決済を行なっている非銀行利用者層（unbanked）は非常に多い。しかし、M-PesaやG-Cash（Chapter 06参照）で見られるように、モバイルキャッシュやモバイル決済では、特に問題はない。香港のオクトパスカード、韓国のT-money、日本のEdyやSuicaや他の新興テクノロジーの成功が証明しているように、コンセプトは正しい。現金需要を丸ごと急速になくしてしまうものがあるとすれば、それはモバイルマネーの技術標準が確立され、ネットワーク運営業者とデバイス製造業者によってグローバルに展開されることだ。

今後5年で現金取引の50％だけが電子プリペイドカード、デビットカード、モバイルワレットに置き換わった場合でも、現金を取り扱う現行のATMと支店インフラは、コスト負担の観点から維持できなくなる。ATMに行って物理的に現金を引き出す必要がなくなれば、現在ATMで行なっている取引のほとんどす

図1-4　米国の現金利用減少予測

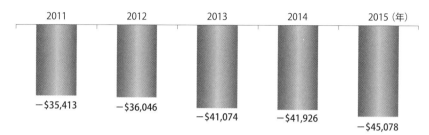

2010〜15年の間に、米国消費者の現金利用は全体で17％、または年4％減少する

出所：アイテ・グループ

べてが、モバイル電話のアプリで利用可能になる。現金取り扱いの必要がなくなれば、支店の存在理由の大部分が消滅する。

2000年には、米国におけるリテール決済の59.5％が小切手で行なわれていた。2010年にはその数値はわずか4.3％へと急降下した[33]。オーストラリアでは、減少速度はさらに大きい。1995年には80％の非現金決済が小切手で行なわれていたが、2010年にはわずか3.3％となった[34]。英国では1990年に、1日当たり1100万枚の小切手が発行され、2003年には3600万枚に膨れ上がったが、2012年に決済システムを経由した小切手数は1日当たり100万枚未満だと、前出（注32）の英国決済委員会の報告書に記載されている。しかし、より明白なのは、2018年には小切手は個人決済の0.8％未満になってしまうということだ。英国決済委員会の結論はともかくとして、小切手の死期は近い。

保守派の主張は、決済システム内における小切手の価値は高く、ビジネス取引等の決済がカードや他の仕組みに短期間で移行するとは考えにくい、というものだ。だが、この主張は、次のシンプルかつ否定できない事実を念頭におけば帳消しとなる。現在、世界で小切手利用が減少トレンドにない国はない。ひとつとしてない。小切手を救おうという主張は無意味だ。この時代遅れのモノはいまや瀕死の状態にある。モバイルワレットやP2P決済によってそれは加速されるだろう。

Chapter 12でも述べるが、グーグル、ペイパル、モバイル業者、電話機メーカー、モバイルOS企業、アプリケーション開発企業、ベンチャー、銀行等が提供するモバイルワレットを、猫も杓子も誰もが使いたいと考えるだろう。第三フェーズは、単に小切手と現金の消滅についての話ではなく、物理性の消失に

ついての話だ。ここでは、基本的な日常のバンキングにおいて銀行との物理的なやり取りの必要性はなくなる。

　第三フェーズが到来すると何が起こるだろうか？　ここからは、基本的な銀行口座をめぐる争奪戦が始まる。想定される結末は、膨大な数の非銀行利用者層（地球上の約61～64％）[35]にとっては、電話が近い将来の日常銀行口座になるということだ。一般的なバンカーは、従来からの自分の業務には何の関係もないとしてこの議論に取り合わないだろうが、銀行口座が銀行から切り離されることは、金融サービス産業にとって大規模な破壊的変化をもたらす。つまり、銀行口座がいずれは単なる価値貯蔵コモディティとなってしまうということだ。英国にあるような、電子マネー・ライセンス的な形態で消費者を規制し、保護するケースはありそうだが、預金受入れのためにフルバンキングのライセンスは必要なくなる。

　例えばこう考えてみよう。オイスターカードやオクトパスカード、プリペイドのメトロカード等と、当座や貯蓄口座の残高に何か違いがあるだろうか？　銀行口座の預金機能と、プリペイド・デビットカードやプリペイド電話契約がどう違うか説明できるだろうか？　プリペイド電話契約でNFC機能付きの電話を使って買い物代金を支払う場合はどうだろうか。

　ここに至って第四フェーズがその姿を現す。銀行免許で制限されているから、銀行以外の企業は預金を受け入れられないと考えているなら、それは注意力不足だといわざるを得ない。銀行が日常銀行口座を携帯電話や価値貯蔵コモディティに譲り渡してしまえば、残るバンキング機能は、特殊な銀行商品、投資マネジメント、資金移動に限定されてしまう。

　第四フェーズとは、バンキングはどこかに行くものではなく、単に行なうだけのことになるというものだ。顧客が銀行の機能をいつ・どこで必要としても対応するという、銀行商品やサービスを提供するベストの方法が実現される。実際、新しい世界での銀行は、単に商品やサービスをユビキタスに提供できる能力を有するだけでなく、顧客がバンキング機能を必要とする場に、銀行商品・サービスを確実に提供するための幅広いパートナーシップを必要とするだろう。ここに至れば、リテール販売網は商品製造やリスク中和と切り離される。従来バンキングと呼ばれていたものの提供者が、銀行である必要はまったくなくなる時が到来するのであり、すでにそれは始まっているのだ。

　顧客の日常生活では、金融商品や取引支援を扱う他のプロセスの中にバンキ

ングが組み込まれる。住宅ローン販売は住宅購入プロセスの中に統合されて、住宅ローン担当者と面談する必要はなくなる。旅行ウェブサイトでは、旅行保険のような商品が含まれるのに加えて旅行用のローンを利用できるので、フライトの決済にデビットカードやクレジットカードを使う必要はない。自動車ディーラーは、購入する自動車に応じたリース商品を買い手に提供する。小売業者は、私たちがモバイルワレットで購入する家具に応じたクレジットラインを提供する。顧客のオーナーは銀行以外の誰かになり、銀行は、バンキング機能の利便性を実現する製造業者およびネットワーク、プロセスになる。

第四フェーズでは、販売ビジネスとしてのバンキングと、商品製造または信用提供力としてのバンキングが完全に分断されてしまい、以前と同じバンキングに戻ることはない。銀行にできることは、商品と取引・決済プラットフォームを保有して必要なテクノロジーを統合し、広範な提携関係を許容することだ。でなければ抵抗しながら「状況はそんなに変わりはしない」と最期の息をつく羽目になる。「支店の復活」「キャッシュが一番」「小切手の復権」……それもいいだろうが、それなら、ビニール製のレコードやテレックス、ビデオカメラ、カセットテープも呼び戻すことにすればいい。

リテールバンキングの破壊的変化と「脱銀行」セグメント

心理学と商品ライフサイクルに関係した前述の変化によって、消費者はパワーを得て解放されるのだが、一方でそれは業界にとって真の脅威となる。エバンスとワースターは、著書 *Blown to Bits*（2000年）で初めてそれを指摘した。伝統的な仲介業態がさらされる脅威とは、テクノロジーやイノベーションを駆使してバリューチェーンの中で自らの存在価値を確保できなければ、崩壊の可能性に直面するということだ。このため、旅行代理店や株のブローカーのような伝統的な仲介業態は、利幅を維持して顧客の離反[36]や喪失を抑えることがますます困難になっている。

インターネットでの株取引を最初に実現したのは、チャールズ・シュワブとイー・トレード（E・Trade）のような業者で、ワールド・ワイド・ウェブ（World Wide Web）の商業化の初期段階で大きな成功を収め、現在に至っている。しかしそこには、メリル・リンチのような伝統的プレーヤーからかなりの抵抗が

あった。メリルは電子株取引を、伝統的なブローカレジ・モデルに対する脅威ととらえたのだ。

チャールズ・シュワブとメリルのアプローチの違いは、顧客経験を革新するテクノロジーがもたらした課題に対する企業の対処方法を理解する上で集約版といえるだろう。

「インターネット株取引を中心とするセルフサービス型投資モデルは、米国の金融企業にとって深刻な脅威として見なされるべきだ」
——ジョン・ローニー・ステファンズ、メリル・リンチ副会長、1998年9月[37]

対応のひとつは、変化に抵抗することだ。なぜなら変化は不快なものであり、従来からある世界観を破壊しかねないからだ。もうひとつの反応は、これは流れの勢いから必然のものであり、それに乗るか恩恵を得る方法を見つける必要があると看破することだ。時にはこうした新テクノロジーが、8トラック、ベータマックス、WAP（ワイヤレス・アプリケーション・プロトコル）などの例のように失敗に終わることもある。新テクノロジーがさらにそれ以上のものに追い越されてしまうのはよくあることだ。それでも、新テクノロジーの第一世代から私たちが得る教訓には、将来それがどう使われるかを知る点で大きな価値がある。

現在の韓国証券取引所の取引量の90％は、インターネットによるものだ[38]。NASDAQの1日の取引の60％超はECN（Electronic Communications Networks：電子通信ネットワーク）経由で行なわれ、CME（シカゴ・マーカンタイル取引所）などの地方の取引所では、取引量の80％超が電子取引で行なわれている。2006〜07年には、ニューヨーク商品取引所において電子取引の量が86％増加し[39]、それによって総取引量は38％増加した。現在その数値は70％を大きく上回る。インターネット取引経験はどう見ても成功といえるだろう。

香港では、2001年にHSBCがインターネット取引プラットフォームを市場に導入した。現在は、100万件／月超の取引がその上で実施されている。仮にこの仕組みが止まったとしたら、HSBCの従来チャネルでは、この取引量の半分も捌けない。一方、1990年代後半には香港に280以上のブローカー企業があったが、それが80に満たない数まで減少している[40]。間違いなく、インターネット取引は「深刻な脅威」であったのだ。ただし、消費者にとってではなく、変化

表1-1　商品申込みから承認までの期間比較

商品	1980年	2008年
クレジットカード	14日	即時承認
個人ローン	7～14日	事前承認か24時間
住宅ローン	30日超	24時間[41]

への適応ができなかった旧来のブローカー企業にとってである。

　この変化がもたらす利点として顧客はパワーを与えられてきたが、それは1950年代の銀行マネジャーにとっては悪夢としかいえない。例えば表1-1に示すのは、銀行商品の申込みから承認までの平均時間を、1980年と2008年で比べたものだ。

　この商品申込みから承認までの所要時間は、顧客期待の変化に対応して競争力を維持しようとする金融サービス提供企業にのしかかるプレッシャーになっている。参入障壁が低くなり、ビジネスモデルの革新によって擬似バンキングサービスが生まれ、それが顧客のデスクトップ、スーパーマーケット、街角のセブン-イレブンに流れ込んできている。

　新しい価値とは「銀行」であることではない。新しい価値とは、消費者の生活において銀行商品・サービスが果たす意味合いを理解することと、それに基づいて商品・サービスを提供することである。顧客はそうした方向で統合が行われることを期待し、望むだろう。取引を行なうために銀行自身の「場所」に来いと言い張る銀行に対して、顧客は我慢することはなくなるのだ。

　今日のリテール金融サービスのチャネル戦略には、大きな脅威が2つある。第一は、金融サービス商品購入の場所と方法について消費者の行動が変化していることだ。第二は、伝統的な金融サービス企業以外の選択肢が増加していることである。

　米国では当座や貯蓄口座を持たない消費者が増加しており、その数は何千万人となっている[42]。この非銀行利用者層は、従来の知識層が主張するように減少するのではなく、増加途上にある。アイテ・リサーチ・グループのロン・シェブリンは、「脱銀行層」といううまい用語をつくって、この増加を続ける「ハイパーコネクト」消費者グループの行動について書いている。彼らは従来の銀

行取引リレーションシップを利用しない。では、銀行口座なしでどうやっているのだろうか？

　この部分で、米国でもっとも急速に成長しつつある決済方式が主役となっている。具体的にはプリペイド・デビットカードだ。ひとつの産業として見ると、このビジネスは2005年の27億ドルから、2012年には2020億ドルへと成長した。2011年11月に、金融サービス・イノベーション・センター（CFSI）が2010年の非銀行利用市場に関するデータを発表した。調査で判明したのは以下のようなことだ。

* 2010年、金融サービス提供企業は、米国において非銀行利用消費者から約450億ドルの手数料・金利収益を上げた。
* 2010年の非銀行利用市場の規模は、借入金額、取引金額、預金の総額で約4550億ドルであった。
* 急成長を示している分野が見られる。決済サービスは2009〜10年に6％増加した。信用サービスは同期間に2％増加している。
* この消費者グループの約半数は大学教育を受けており、25％近くは信用評価がプライムである。

　2009〜2010年で見ると、いくつかの商品が非常に高い成長率を示している。インターネットベースのペイデイ融資（35％）、再チャージ可能プリペイドカード（33％）、給与カード（25％）などだ。

　これは、世界的な現象でもあるようだ。中国では、プリペイド・デビットカード市場が2011年には2500億ドルに達するまでになっており、さらに年30％近く成長している。プリペイドカード・プログラムの主体はどんな業態でもよい。例えばスーパーマーケット・チェーン、民間企業、電話会社、小売業者、スポーツクラブやメンバーシップ企業などだ。現在では、基本的な銀行口座を提供しているノンバンク企業は山ほどある。

　iTunesや他のロイヤルティカードのようなニッチ決済ソリューションが、日常取引の場として次第に普及しつつある。『ウォール・ストリート・ジャーナル』紙は、スターバックスカードの取引量は他のどのロイヤルティカードよりも多いと報じた[43]。2011年には9月までで計220億ドルがスターバックスカードにチャージされ、2006年の同期間と比べて151％増加した[44]。

銀行口座は銀行から切り離されつつある。モバイルはこの動きの最終破壊者だ。電話で決済できて、それが価値貯蔵につながれば、バンキング上の利便性は当座や貯蓄口座よりもはるかに高い。いまだに小切手帳を発行する銀行は、モバイルワレットと比べて競争力の高いプラットフォームを提供できていない。そして、企業がワレット上の価値貯蔵機能を持つのに銀行免許を必要としないことは、すでに述べたとおりだ。

　では、このことがバンキングの未来にどんな影響を及ぼすだろうか。価値貯蔵手段が巷にあふれ始め、iTunesストアからフェイスブック・クレジット、ロイヤルティカード、交通システムその他何もかもにモバイルワレット機能が備われば、銀行口座は差別化力を失い、究極のコモディティとなってしまう。英国や香港のような市場では、規制当局がこうした圧力の増大に対応して、電子マネーや預金受入れに対応した派生型バンキングの枠組みをつくっている。

　銀行にとっての問題は、貯蓄や預金受入能力が、まともな銀行免許を保有する「銀行」単独のドメインでなくなってしまったということだ。これにかかるコストは重大だ。2011年には、400億ドル近くの預金が従来の銀行から離れてクレジット・ユニオン等に流れた。さらに2000億ドルはプリペイドカードに流入し、その結果、銀行はほぼ120億ドルの収益を失うことになった（当座貸越手数料、月次口座維持手数料、融資手数料、交換手数料が含まれる）。ここでもまた、脱銀行消費者がこの変化に影響を与える集団として登場しているのが注目される。

　もうひとつの銀行にとっての問題は、ノンバンクの価値貯蔵手段を購買力行使に使っている脱銀行セグメントは、銀行が想像しているような、失業に苦しみ信用格付けが低く恵まれない貧困層ではないということだ。テクノロジーを使えるプロフェッショナルや大学卒業者で、信用格付けもプライムの人たちが増加している。間違いなく高価値の将来顧客なのだが、現在でも顧客として魅力がないとはとても言い難い層だ。

　「高収益の富裕層顧客か住宅ローン顧客の大半が、銀行システムから完全に離れることなど、まず考えられない」という主張はあるだろう。それは正しいかもしれない。しかし銀行口座とのつながりがなくなることの問題は、ハイエンドの資産運用層のビジネスを失うことではない。問題は、顧客との日々のつながりがなくなることなのだ。

　第四フェーズの破壊的変化を真に理解するためのカギは、私たちはみな、バ

ンキングの利便性を必要としているものの、その利便性を銀行から提供してもらう必要がなくなってきているという点にある。銀行リレーションシップの中核価値は利便性であって「銀行」そのものではないのを理解するということは、ほとんどの銀行員が観念的に受け入れ難いが厳しい現実として認識するべきことだ。しかし受け入れられなければ、アマゾンに対抗する書店がそうだったように、破壊者の餌食となってしまう。

　顧客経験に起こる破壊的変化のどれもが、時代遅れで旧態依然の顧客プロセスに潜在する障壁を取り除くものだ。手作業で書類を記入してもらうとか、物理的場所に来てもらうことが必要だと顧客に依頼するたびに、成長中の市場セグメントからの反発は強まっていく。フェース・トゥ・フェースの役割や支店経験の濃密さを熱心に説く人々は多いが、ほとんどの顧客は以下の2つの理由からそれを否定するのが現実だ。

　第一に、顧客は時間がないか、別の手段のほうが早いことがわかっている。利便性は常に、アマゾンやiTunesなどの破壊的変革者にとって重要な推進力だ。第二に、私たちはどこのノンバンクでも完全デジタルで取引が開始できることを十分に経験している。したがって、KYC（顧客確認）を別にすれば、スピードの速いデジタルでの顧客取引開始処理（オンボーディング）がお勧めとなる。ユーザビリティ用語ではデザインパターンと呼ばれるもので、行動期待を定着化させることから、消費者の期待の増進につながる。

　デジタル世代は、フェイスブック、iTunes、ペイパルや他のサービスへは完全に電子的に登録できるのに、銀行ではなぜいまでもサインが必須なのか理解できないだろう。法規制のためだからとどんなに騒いでも、それは現代の消費者の論理を無視し、基本的な期待に対応していないわけだ。ここにもこの世代の脱銀行化が進む理由がある。

　このため、スピードが遅く、すべてを計算し、リスク回避的な企業である銀行には、破壊的変革者が最終的には機会をとらえて、銀行と顧客の間隙に「不具合の解消者」として入り込むことを妨げられないだろう。

利便性とサービスが新たな差別化要因

　破壊的変化の第四フェーズが進むにつれて、昔から銀行が持っていた強みは

消滅することになる。

　過去のリテール金融機関は、商品、金利、場所・ネットワークが競争の枠組みであった。しかし、情報が自由に流通する透明でオープンな世界では、商品は単なるコモディティである。低金利環境下では、25ベーシスポイントの差などほとんどないに等しい。そして私が取引銀行の支店に年1～2回しか行かないとしたら、それは、他の競合先よりも私がその銀行を選ぶための根本理由にはほとんどならないだろう。

　むしろモバイル機能やインターネットバンキング、口座開設のしやすさや日々の問題解決提案力のほうがよほど、私がその銀行と付き合う意思決定をする際の推進力となりそうだ。このハイパーコネクト時代には、銀行が総体としてすばらしいチャネルサービスを提供できないかぎり、私が最終的にそこに顧客としてとどまることはないだろう。

　こんなふうに考えてみよう。すばらしい顧客経験や自行ブランドのサービスを提供するために顧客に物理的に特定の場所に行ってもらうことに依存しているなら、その銀行は、デジタルチャネルを通じて週に10回も顧客とコンタクトしているブランドに比べて非常に不利な状態にある。顧客を満足させるのに支店に頼っているような銀行は、現代の顧客をめぐる戦いにはすでに敗れている。

　これらすべてが、顧客が主導権を持ち、選択権を握っていることを顧客に告げている。単に初めて預金口座を開設した銀行だとか、変更が難しそうだという理由では、顧客はその銀行にとどまらない。顧客にサービスを提供しないサービス企業は、もはやその地位を守ることはできないのだ。

　私の日常の取引関係が、さまざまな価値貯蔵につながるモバイルワレット——銀行口座の機能を提供してくれるが、本人確認の煩わしさがない——に移行するにつれ、銀行は取引関係発展に不可欠な基盤を失っていく。そして消費者としての私は、特定銀行との取引関係を必要としない決済の利便性と基本的なバンキング機能（現金引出し、インターネット決済、請求書支払い等）を手に入れる。

　私が、最後は銀行に足を運ぶのはなぜだろうか？　そこには3つの期待がある。自分のおカネが安全であること、必要な時に・必要な場所で利用できること、そして私の金融行動のレベルが上がるにつれ、借入れやアドバイザリー・サービスの利用を通じて私の金融生活を円滑なものにしてくれることだ。

私は自分のことに主導権を握っていたいし、必要なときは迅速でシームレスなサービスの提供を期待する。過去3年間に4回も細かい内容を尋ねられた上、同じことをまた申込書に記入するよう要求されるのは願い下げだ。私が銀行のためにここにいるのではなく、銀行が私のためにここにいるのだ。せっかちな私は、お待ちくださいと言われるのもいやだ。これこれのことをするのに支店に来る必要があると指図されるのもごめんだ。なぜなら、きちんとしたシステムを持った進んだ金融サービス業者では、そうしたことがないとわかっているからだ。私を理解してくれれば、私が何を必要とするのかが事前にわかるはずだ。銀行は専門家なのだから、銀行から私に教えてくれるべきだ。そしてソリューションを薦めるときには、私を初心者のように扱ってほしくない。私は十分情報を持ち、銀行職員よりも他の選択肢について知っているものとして対応してほしい。商品を薦める理由や、それが私のニーズにどうマッチしているのかを説明してもらいたい。
　私の基準に沿ってサービス提供を行なってもらいたい。私は顧客だ。重要なのは私の顧客経験全体だ。

KEY LESSON

　顧客行動は2つの要因によって急速に変化している。自己実現の心理と、技術革新とその利用（普及）である。
　銀行は、伝統的な仕組みと行動を強化することも、自らの振舞いの変化を予測して新しいメカニズムを構築することも可能だ。
　行動変化の速度と割合は、減速ではなく加速している。したがって、金融機関がそれに反応し、変化がビジネスに及ぼす影響を予測する時間は短くなっている。企業が「待ち」状態で動かないでいると、顧客期待とサービス能力の間のギャップは拡大する。
　行動の変化には4つのフェーズがあり、私たちはすでに、物理性の消失と決済のモバイル化という第三フェーズに入っている。第四フェーズで起こる銀行と銀行口座との分断は次の10年間に徐々に進行し、バンキングは以前とまったく異なるものになる。その理由は、バンキングがどこにでもある存在になり、誰もが銀行の利便性を提供可能になるからだ。「脱銀行」セグメントの登場は、銀行を超える利便性の高いバンキングを重視する消費者トレンドが増大してい

ることの証左である。

　銀行口座が携帯電話になる時代に、銀行とは一体どうなっているのだろうか？

［注］
1) ペウ・リサーチ・センター（Pew Research Centre）の統計は、30歳未満の米国成人の新しいニュースソースとして、インターネットがテレビを超えたことを示している。
（http://www.lostremote.com/2011/01/04/internet-surpasses-tv-for-news-among-18-29s/）
コムスコア（comScore）の2009年のデータでは、グローバルでインターネットのニュースソースがテレビと新聞の双方を上回った。
（http://techcrunch.com/2009/12/23/google-news-cnn/）
欧州インターネット広告局（Internet Advertising Bureau European）の調査では、欧州のインターネットユーザーの91％がニュースのウェブサイトを毎週訪れることを示している。
（http://blog.hi-media.com/426-9m-europeans-go-online-every-week/）
2) フラリー（Flurry）：http://blog.flurry.com/bid/63907/Mobile-Apps-Put-the-Web-in-Their-Rear-view-Mirror
3) FDICプレスリリース、2009年12月2日。
（http://www.fdic.gov/news/news/press/2009/pr09216.html）
4) CTIA The Wireless Association：http://files.ctia.org/pdf/CTIA_Survey_MY_2011_Graphics.pdf
5) 世界銀行：http://www.cgap.org/gm/document-1.9.49435/Access_to_Financial_Services_and_the_Financial_Inclusion_Agenda_Around_the_World.pdf
6) アジア太平洋地域におけるモバイル運営業者リスト。
Wikipedia：http://en.wikipedia.org/wiki/List_of_mobile_network_operators_of_the_Asia_Pacific_region
7) ワイアード（Wired）：http://www.wired.com/threatlevel/2011/06/internet-a-human-right/
8) 以下の情報源に基づく著者自身の推計。
http://thenextweb.com/insider/2012/01/30/study-says-web-economy-to-nearly-double-by-2016-driven-by-mobile-growth/、http://articles.businessinsider.com/2012-02-29/research/31109566_1_smartphones-pc-sales-mobile-phone-sales/2
9) NPD調査：http://thecrunch.com/2012/07/03/npd-tablets-to-overtake-notebooks-by-2016-as-the-most-popular-mobile-pc
10) アイクロッシング（iCrossing）：http://connect.icrossing.co.uk/facebook-hit-billion-users-summer_7709
11) 平均的なアメリカのティーンエージャーは月間3364回のテキストを発信する（ニールセン：How the class of 2011 Engages with Media）。
12) Monetise, Forrester and mFoundryの利用データ。調査結果が示しているのは、平均的な

ユーザーはモバイルバンキングを毎日1回程度利用することである。最多利用は月60回に上る。
(http://blogs.akamai.com/2012/06/making-up-for-lost-ground-in-mobile-banking-.html)

13) 著者自身の調査による。
14) 米国、オーストラリア、日本、英国の銀行に関する著者自身の調査による。以下も参照。http://www.businesswire.com/news/home/20111102005712/en/Phone-Bank, http://whatjapanthinks.com/2010/03/20/almost-two-thirds-use-net-banking-in-japan/
15) 情報化時代の定義について次を参照：http://en.wikipedia.org/wiki/Information_Age
16) A. H. Maslow "A Theory of Human Motivation," *Psychological Review*, 50 (1943): 370-96
17) カントリーワイド（Countrywide.com）
18) Matt Coffin "The next generation of mortgage lead generation," LowerMyBills.com. その他出所：Forrester Research Inc, Federal Trade Commission
19) "Online mortgage sites offer net gains," *Australasian Business Intelligence*, 18, September 2006
20) Mortgagebot's, *Benchmarks 2011 Report*
21) Google Finance Australia
22) フォーブズ（Forbes）等では、米国、英国、フランス、ドイツ、オーストラリア等の先進国人口の25％あるいは世界人口の1億人というベンチマークによって、マス市場への普及またはクリティカルマスを判定している。以下も参照のこと。
(http://photos1.blogger.com/blogger/4015/329/1600/technology_adoption_11.jpg)
経済社会行動学の研究において、クリティカルマスとは、「社会システムにおけるイノベーションの普及が十分な量に達したことであり、そうなると普及率の増加は自律的となり、さらなる成長が起こる」（Wikipedia）
23) ジェマルト（Gemalto）：http://www.ebankingsecurity.net/stats/。銀行当局は2004／2005年には既に、米国、英国、オーストラリア、カナダ等の市場では、トランザクションの95％は電子的に行なわれていると述べている。（http://thebankwatch.com/2005/01/09/banking-on-technology/）
24) ダービン条項（The Durbin Amendment：2010年ドッド・フランク・ウォール街修正および消費者保護法）によって、米国における販売の場でのクレジットカード・デビットカードの利用から銀行が得る所得が減少した。
25) CTIAアドボカシー調査：http://www.ctia.org/advocacy/research/index.cfm/aid/10323
26) Wikipedia：国別利用携帯電話数リスト
27) テッククランチ、フラリー・アナリティクス、コムスコア、アレクサ（TechCrunch、Flurry Analytics、comScore、Alexa）
28) NFC：ニア・フィールド・コミュニケーション（Near-Field Communication）
29) APACS（英国決済委員会、UK Payments Council）、決済手段報告（*The Way We Pay Report*）、2010年4月
30) オーストラリア準備銀行
31) アイテ・グループ（Aité Group）：http://www.aitegroup.com/Reports/ReportDetail.as

px?recordItemID=745
32) APACS（英国決済委員会、UK Payments Council）、決済手段報告（*The Way We Pay Report*）、2010年4月
33) 連邦準備制度、電子決済協会、全米小売連盟（Federal Reserve、NACHA、National Retail Federation）
34) RMIT大学、会計・法学部
35) 「世界の非銀行取引貧困層（The World's Unbanked Poor）」ニューヨークタイムズ、2012年4月30日。
   (http://economix.blogs.nytimes.com/2012/04/30/the-worlds-unbanked-poor/)
36) 離反（churn）とは、ある特定の商品カテゴリーにおいて、価格、価値その他の要因に基づいて、サービス提供者を変更すること。
37) 「金融サービスのモンスター・マッシュ（Financial Services Monster Mash）」ワイアード、2000年5月号。
   (http://www.wired.com/wired/archive/8.05/newmoney.html)
38) KOSDAQ統計、2007年2月。
39) PRNewswireプレスリリース、ニューヨーク、2007年12月14日——NYMEX Holdings, Inc.（NYSE: NMX）
40) 香港証券先物委員会（Hong Kong Securities and Futures Commission）
41) UBSのウェルスマネジメント部門は現在、住宅ローン承認を分単位のオーダーで実施しており、近い将来には即時承認を目指している。
42) 推計値の広がりは、国勢調査とFDICデータによる3000万近く（非銀行利用層：Unbanked 800万、銀行利用不適格層：Underbanked 1800万）（http://www.fdic.gov/householdsurvey/）から、7000万近くとしたフィナンシャル・タイムズ（Financial Times）とレクシス・ネクシス（Lexis Nexis）(http://insights.lexisnexis.com/creditrisk/2012/04/16/the-population-dynamics-and-credit-quality-of-the-underbanked-market/) のものまである。
43) 「スターバックス、カードで新たな成長を展望（Starbucks Sees New Growth on the Card）」ウォール・ストリート・ジャーナル（Wall Street Journal）、2012年1月17日。
   (http://online.wsj.com/article/SB10001424052970203735304577165001653083914.html)
44) スターバックス（Starbucks）

Chapter 02 The ROI of Great Customer Experience
顧客経験から得られるもの

　すでに確認したように、私たちはバンキング行動の抜本的変革を目の当たりにしている。新しい行動によって従来のものが覆り、日常の銀行とのつながりの中で取引形態やチャネル選好が変わっていく。新しい行動によって、現行リテール銀行のプロセス、構成概念、業務ルール、評価基準、システムの大部分が実態に即さないものと化してしまう。新しい行動によって、銀行およびバンキングサービスを提供することの意味が再定義されている。ずいぶん大きく出たな、と思われるだろうか？　確かにそうだが、日常のバンキング経験の行動について考えてみよう。

　2016年には、先進諸国の平均的なリテールバンキング顧客の銀行との付き合い方は、図2-1のようになると予測される[1]。

　この予測が意味するのは、銀行の顧客経験（銀行ブランドと顧客とのやり取りの方法）は、人への投資によってではなく、主にテクノロジーへの投資によって決まるということだ。

　ひとりの顧客としての私が、モバイル、ウェブ、タブレット、ATMを介して年間500回は銀行とやり取りする一方で、銀行の職員と話す機会は、1年を通じて5回もないというのは十分想像できる状況である。平均的なリテールバンキング顧客が支店を訪れるのは年に2回程度だろう。年3〜4回になると、おそらく異常値だ。

　1970年代に遡ると、顧客としての私にとって銀行との唯一のチャネルは支店だった。銀行に電話するときでさえ支店のマネジャーに電話したものだ。次に、80〜90年代初期にコールセンターとATMが登場した。銀行がコールセンター

をチャネルに加えたことで、私から電話をかけて話しかけたり、簡単な質問に答えたりというやり取りができるようになった。またATMのおかげで、テラーカウンターに行かなくても現金が入手できるようになった。次いで90年代後半にはインターネットが登場し、銀行取引に大きな変化をもたらした。銀行が支店内で提供していた業務取引の大部分がオンラインでできるようになったのだ。インターネット利用のさらなる普及を阻害したのは、おそらくシステム上の制約や業務プロセス、コンプライアンス規則であり、必ずしも利用者側の問題ではない。

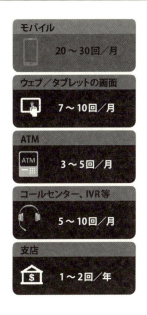

図2-1　顧客経験は主にデジタル手段となる
　　　── 2016年のリテールバンキングにおける
　　　　　チャネル別取引（予測）

　これらチャネルの多様化の中で、銀行は一貫して支店をバンキングの中心に据え続けてきた。しかしながら、数年後には前述のような複数の取引チャネル構成になるだろうと予想していたならば、その支店の位置づけは論理的ではないだけでなく、経済的にも破綻を招くものだ。実際、まったく道理にかなっていない。日々のバンキング行動が従来と大きく変化することを前提とすれば、支店主導のリテールバンキングを支持する統計やデータは存在しない。

　年1〜2回支店に来てもらえれば、顧客経験、ロイヤルティ、リレーションシップ等々のすべてを十分つなぎ止められると期待しているのだとしたら、それは完全に間違いだ。
　第一に、もし私が競争相手で、より優れたデジタルチャネルのコミュニケーション戦略を持っていれば、対面チャネルでのリレーションシップでは、銀行

は私に肩を並べることさえできないだろう。「この2回の来店こそが重要であり、支店での対面対応こそが顧客と銀行との間に築かれるリレーションシップの基礎となるのだ」と銀行は主張するかもしれない。しかしそれは、すばらしい顧客経験を総合的に築こうとするというよりも、支店網の存在を正当化しているように聞こえる。もし完全に顧客中心としたいなら、顧客がどのチャネルを選択しても、常に最高の経験を提供できるようにすべきである。では、デジタルが大半となる複数チャネルを通じて銀行ブランド全体としての顧客経験を測定し、その結果を改善していくにはどうすればよいだろうか？

リテール銀行は顧客の日常生活の中にバンキング経験をうまく組み込めるだろうか。例えば、自動車の販売店で自動車ローンを契約できれば、銀行の支店にわざわざ出向いて、自動車購入と別に契約を交わす必要がない。さまざまな顧客セグメントのニーズによって、小型店舗や営業所の場所や営業時間を柔軟に設定することは可能だろうか。こうした分析には、コスト重視で行なわれているものと、マーケティング重視のものがある。しかしこうした部分的な変更は、全体としての顧客経験で個々の改善をもたらすにとどまることになる。その理由は次のとおりだ。

第一に、**チャネルは現在でもタテ割りになっていて**、積極的な相互の顧客学習が進みにくい。そのため、最もすばらしいサービス機会が失われてしまっている。第二に、**組織構造や伝統的なビジネスモデル**が変化を阻害している。しかしながら最も大きな問題は、多くの場合、こうしたすべての変革が顧客の意見を抜きにして進められていることだ。金融機関内部で検討するソリューションに**顧客が参画していることはほとんどない**。この3つの理由についてよりくわしく論じよう。

タテ割りのチャネル

顧客はチャネルや金融商品を個々別々のものとして取引するわけではない。顧客は日々、さまざまな方法で金融機関と取引する。誰かに電子送金したり、ATMで現金を引き出したり、インターネットバンキングで給料が口座に入金されたかを確認したり、公共料金を支払い、クレジットカードで小売店から商品を買い、インターネットで個人ローンの申込手続きやカードの紛失連絡を行な

う。それ以外にも、株取引を行ない、資金をユーロ外貨口座から米ドル口座に移動し、まとまった金額を投資信託に入金し、インターネットで住宅保険を契約する、といった具合だ。

初期のインターネットやコールセンターでは、電話やネットでのバンキングを24時間行なえるのは珍しかった。その理由は、バックの勘定系システム上で、個々のチャネルのデータベース／ログを更新するバッチ処理が夜間に走るからだ。そのため、ATMや支店経由で取引を行なうと、それをインターネットの取引記録で参照したりコールセンターで確認できたりするのは、翌朝になってしまう。

現在では、私のインターネットバンキングの口座ビューで、クレジットカードの利用可能残高が1万ドルであるのが確認できる。しかし、まだカード明細に反映されていない取引がある場合には、実際の利用可能残高は250ドルかもしれない。この相違の説明を銀行に依頼すると、未反映の請求分は小売業者かカード発行企業のところで処理が止まっていると答えが返ってくる。しかし顧客としての私にとっての問題は、カードが利用限度額に達するまで250ドルしか使えないということだ。

新しいチャネルは、追加されるたびに分散アーキテクチャとしてメインフレーム上の既存システムに構築されてきたが、その既存システムがリアルタイム稼働に対応した設計になっていないということが、分散アーキテクチャとしての統合チャネル基盤を実現する場合、技術上の課題となることが多い。

さらに重要な問題は、個々のチャネルの所管部門の間でめったに議論が行なわれないということだ。実際にほとんどの場合、所管部門同士が、お互いを予算の割り当てや顧客のマインドシェアやワレットシェアを争う競争相手として牽制している。これが商品部門に波及し、所管部門同士は顧客の注意を引こうと常に競争している状態だ。タテ割りサイロの所管部門には、社内競争や収益を後回しにして顧客へのよりよいサービス提供を増進するための評価基準やインセンティブは、ほとんど存在しないのである。

この組織上の課題は、これらビジネスユニットやプロフィットセンターの主たる評価基準が、新規顧客の獲得と既存顧客の維持のままで変わっていないことにある。顧客に新たにプラチナカードを持つよう勧めた場合、ゴールドカード部門は業績評価基準上はマイナスとなってしまう。数字が悪化してしまうため、顧客に別の商品を勧めるためのインセンティブはゼロだ。顧客にとってベ

ストかそうでないかに関係なく、顧客の口座を自部門の商品サイロの中で維持するのが唯一の関心事なのである。この手の企業では、顧客をないがしろにするプロフィットセンターを高く評価する一方、より質の高いオールラウンドなサービスを総合的に提供する営業活動は、非効率かさらには不適切なものとして片づけてしまう。

　顧客チャネルでも同じことがよく発生する。チャネル部門は通常自ら顧客を放置するつもりはないのだが、他のチャネル活動を自分たちの業務とは無関係なものとして無視する結果になる。コールセンター部門はインターネット部門と会話しないし、支店部門はコールセンター部門と会話しない。IT、PRおよびマーケティング部門は、ウェブチャネルの管理を巡って頻繁にバトルしている。電子メール・マーケティングとモバイルのプッシュサービスは個別事後対応ベースで取り扱われており、最終的に顧客に届くメッセージは誰も管理していない。法務・コンプライアンス部門は、物事の見方が保守的なため、申込プロセスの簡素化から新チャネルまで、チャネル部門を頻繁に妨害する。

　もし金融機関が日々のオペレーションから一歩引いて、顧客が銀行とどう取引するのかを眺めたら、**商品／プロセス／チャネルの観点から見ると顧客には何のこだわりもないこと**に気づくだろう。要は、顧客はバンキングという取引をすませたいだけなのだ……。

　顧客は自分にとって適切なチャネルを適切なタイミングで選択する。それには時間的制約、アベイラビリティ、複雑さ、「契約」できるかなどの複数の理由がある。

　顧客は「今日は銀行の支店に行って旅行保険の申込手続きをしたいな」というふうには考えない。「おっと、金曜は旅行だけど、旅行保険の更新を忘れていたぞ。旅行の前に片づけておくにはどこに行けばいいかな？」というふうに考える。ウェブ利用に問題がなければ、顧客はすぐにログインして申込みをするかもしれない。そうでなければ、コールセンターに電話して申込みができるかどうかやってみる。あるいは旅行代理店に電話するか航空会社のウェブサイトに入って、航空便／ホテルのパッケージに付属した旅行保険があるかをチェックする。ところが、バンキングが公共サービス的になった世界では、顧客は旅行サービスの購入に旅行保険をバンドルするという選択肢を持つ。あるいは、旅行への出発の準備をして空港に向かう途中に、電話経由で位置・時間感応型の

お知らせを受けるということもあるだろう。

　こうした状況であるにもかかわらず、なぜ金融機関は、孤立したサイロを築くのをやめて、顧客行動アプローチをとらないのだろうか？　主要な課題は、組織構造が現在でも支店ベースのトランザクション・バンキングを中心に据えたコンセプトでつくられており、マルチチャネルや顧客主導アプローチになっていないことである。

　顧客の現時点での取引環境を前提として、チャネルごとに最も実行されている取引は何かという観点だけで、今後のチャネル移行計画を考えるのは危険である。テクノロジーが使えるからといって、新しい案件を個別にオファーするよりも、統合的なチャネル活用を提案して、顧客が銀行取引全体をひとつのものとして俯瞰できるようになることのほうが、はるかに重要である。

　収益、申込件数、取引件数などは、同等規模の競合他社との業績比較では役立つだろうが、より積極的で新しい競争相手たちは、先入観なしに金融サービスの戦場に参入してくる。ビル・ゲイツは1994年という早い時期に、「バンキングは必要だが、バンクは必要ではない」と言っている。

　金融機関は適応・変化して、新たな業務形態を探すべきであり、それを忘れば市場シェアは後退する。銀行が持つ伝統的な「業務機能」の多くを、今や他の仲介企業、専門企業、ノンバンク企業が取り扱っている。Bank 3.0のパラダイムでは、バンキングの伝統的モデルに対する破壊的変化は加速に向かうしかない。

組織構造

　顧客は銀行との取引において、一度にひとつのチャネルしか使わないという前提を金融機関が基本に置いていることは、顧客の行動を詳細に観察すれば、紛れもなく明らかだ。したがって、ウェブ部門が支店の取引量の30〜40％を取り込んで、インターネット経由でサービスすればよいと考えるのは不思議ではない。同様に、支店主義の主唱者が「支店は復活する」として、顧客維持のためには不動産と支店の多様化に投資することが成功戦略だと述べるのも自然なことだ。また、銀行内で個別の「プロフィットセンター」が発信するダイレクトメールや電子メールのオファー、SMS（ショート・メッセージ・サービス）の

プロモーションを顧客が何十件も受け取るのもよくあることだ。

　現在では、日々の取引の95％は電子的に行なわれており[2]、その大部分はダイレクトチャネル（ATM、コールセンター、モバイル、インターネット）で実施されるのが通常である。2007年2月、香港のHSBCは『サウス・チャイナ・モーニング・ポスト』紙で、1日の取引の90％は電話、インターネット、ATM経由であり、残りが支店だと述べている[3]。ラボバンク、ファースト・ダイレクト、INGダイレクト、ユーバンク（UBank）などの金融機関は、支店網に依存せずに問題なく営業できている。これは支店に対する批判ではない。なぜなら、支店は将来のバンキングにおいて不可欠の要素として残ると私は考えているからだ。しかし、現在のほとんどの銀行の組織構造を見れば、顧客行動を理解する機能が組織図から完全に欠落していることがわかる。ほとんどの銀行の組織構造が消費者行動の現実に追いついていないことは、非常に深刻だ。

　ほとんどのリテール銀行の組織図をくわしく見ると、支店網の長はリテールの長に次ぐ存在で、CEOに直接報告となっている。対照的に、インターネットを担当する部門長はITかマーケティング部門の下にいて、支店網の長と同等の組織レベルからは3つか4つ下層になっている。これを正常化しなければならない。90％の銀行取引が、組織構造内でわずかな権限しか持たない部門長が管理するチャネルを通して行なわれている一方で、支店の長はCEOに直接報告するのに銀行の日常の取引の5〜10％しか取り扱っていないのだ。

　これでは、わずか4年後にはモバイルが日々のバンキングチャネルのナンバーワンになるという事実への対応が始まっているとさえいえない。銀行はおそらく独立したモバイル機能の部門長さえ置いていない。あるいは、顧客の50％がフェイスブックとツイッターを使っているのに、ソーシャルメディアの部門長もまだ置かれていない。このことが、組織の優先順位が顧客行動と連携していないことを示している。

　「ああ、でも収益は支店が生んでいるのですよ……」。その議論はいままでもあった。これこそ、従来の構造を維持するための正当化の好例だ。詳細に見てみよう。

　クレジットカード取引の獲得を例にとってみよう。クレジットカードはどうやって作成するだろうか？　現在ではダイレクトメール、新聞広告、そして顧客がビザやマスターカードの契約をしてくれたら「無料ギフト」を提供するキャ

図2-2　従来型のリテール銀行組織図の一部（チャネルの優先順位と関連）

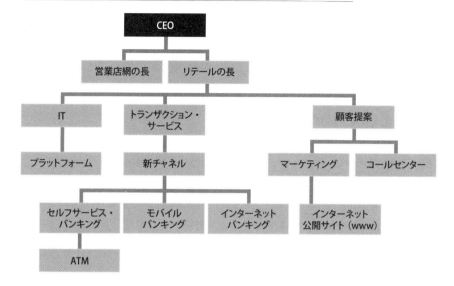

ンペーンなどが使われているだろう。顧客にはおそらく申込方法として2〜3の選択肢が提示される。第一の選択肢はコールセンターに電話することだが、コールセンターは支店に照会をかける。理由は、銀行がオファーを出すにあたって、顧客は所得証明と本人確認証明を銀行担当者に提示する必要があるからだ。インターネットの場合も同じことがいえるが、申込フォームはインターネット上で記入可能だ。しかしその後銀行は顧客に連絡して、申込書完記のために支店に来てもらうよう依頼する。

　クレジットカード申込みでは、どの部門に売上が計上されるのか？　コールセンターでもインターネットチャネルでもなく、申込書と、本人確認のコンプライアンスチェック書類と、所得証明に最後にサインをもらった物理的な支店に計上される。ところが実際には、営業活動への支店の関与は実質上ゼロであり、時代遅れのコンプライアンス手続きにくっついた必要な「手順」として存在しているだけだ。だとすると、支店は現実に収益を生み出しているのか、それとも単に管理会計の仕組みがそうなっているのか？

　多くのリテールバンキングの上級役員は、支店が本格的なバンキングのチャネルであり、他の「代替」チャネルは単に「ホンモノ」の代替手段でしかない、という姿勢でいる。ただし、顧客はまったくそう考えていない。これが問題だ。

銀行が他のチャネルからデジタルチャネルを「代替チャネル」とかeチャネルと呼んで区別するなら、その銀行は、これらが現在の主要チャネルであることを理解しておらず、顧客基盤の現実をまったく理解していない。そんな銀行が顧客の行動に対応できるはずがない。

顧客は支店に高い価値や優先順位をおいていない。自分のバンキングのニーズを実行できる数多くのチャネルのうちのひとつとしてしか見ていない。実際、今日の多くの顧客は、列に並んで待ちたくないとか営業時間内に支店に行くのが簡単でないとかの理由で、明らかに支店に行かないという選択をしている。確かに支店はプレミアムサービスのチャネルだが、「唯一の」チャネルではない。さらに、プレミアムサービスをどう測ればいいだろうか？　インターネットとモバイルのチャネルを非常にうまくつくれば、顧客は、時間とサービスの便益に対して、それらのチャネルを利用することに対価を支払おうとさえするかもしれない。なぜ理解のギャップが広がっているのだろうか？

❖──不満の拡大は変化へのニーズのシグナル

組織の顧客対応力発揮を阻害している重要問題のひとつは、リスク緩和とか低減という名の銀行方針が、以前にも増して採用されていることだ。近年のグローバル金融危機の時期に、この組織と目的の相克が発生したときが最大の契機だった。

政府救済ファンド方式は、1929年型の世界恐慌を防止するための仕組みとしては非常に高くつくということで、米国、英国、EU、オーストラリアで激しく攻撃または議論された課題であった。難局にある銀行システムへの資本注入に関しては、常に2つの主張があった。1つ目は、サブプライム・バブルの根底にある資産担保証券は「不良化」しており、この不良資産を購入することによってのみ、市場はこれら資産の織込みを受け入れ可能だったというものだ。2つ目は、金融危機によって銀行に流動性と資本の危機が生じたため、流動性改善のために公的資金に門戸を開くしかなかったというものだ。

1つ目のゴールは、まだその影響が残っているとはいえ達成された。しかしながら2つ目は、顧客期待値の点では失敗に終わった。

銀行は自らのキャッシュフロー問題を軽減する資金の上積みを喜んで受け入れたが、不景気のときはリスク管理が優勢となったため、最高レベルの顧客以外に融資を行なうのにはリスクが高すぎるということになった。そのため、銀行

は融資資産の凍結にかかり、返済スケジュール対応で問題のある取引先を積極的に追いかけ、資金が必要な先（中小企業と個人）への融資は基本的にすべてストップした。中小企業活動とリテール消費者は、景気後退から経済が抜け出すきっかけとして重要な2つのテコであるため、銀行の融資方針は景気回復サイクルにマイナスの影響を及ぼした。その一方で、規制当局は銀行と投資会社への対応を厳格化したため、金融機関側は規制によって将来の選択肢が限定されることを警戒して、手数料と融資商品の利ざやを最大化しようとした。

　ただし、ここにはもうひとつ重要な要因がある。政府資金を受け入れると、多くの銀行のキャッシュポジションが数カ月にわたって上昇することになった。銀行は顧客に融資していなかったので、この資金をどうしただろうか？　もちろん運用した。ウォーレン・バフェットの成功投資理論に基づけば、いったん経済指標が改善し始め、ヒストリカルな平均値に戻っていくならば、平均への回帰は確実で市場価値が回復されることを、私たちはみな理解している。ほとんどの消費者はそこまで確信がなかったが、バンカーたちはそれを見て、取引して儲ける機会だということがわかっていた。

　政府救済ファンドからの証拠金取引は、原則的にノーコストの資金であり、わずか6～9カ月の期間で良好なリターンを生み出した。したがって銀行は、救済資金を、それを必要とする先への融資強化に使うのではなく、銀行自らの利益を生み出すために使ったのだった。ここで、これが株主配当の増大と、銀行の消費者向け融資方針の緩和につながれば、結果として妥当だっただろう。しかしそうではなく、この資金の投資があまりにうまくいったため、バンカーたちは自分たちの頑張りへの見返りとして、たっぷりのボーナスをもらってもよいだろうと結論づけたのだ。

　当然のことながら、そうした非道徳的な利益指向によって政策と銀行戦略の実現に向かう姿勢は、顧客の心を動かさなかった。顧客は銀行がサービス企業として行動し、経済が不安定なこの時期に顧客を支援する機会を増やすことを期待していた。業界のやり方への顧客の反応は凄まじいものだった。

　2008年以来、銀行の欠点を喧伝するブログの数は400％以上増加したと見られている。ハフィントン・ポストが最初に報道し、ABCなどの大手テレビ網が支援した米国のある特定の運動が消費者を促して、大銀行からクレジット・ユニオンへの資金の預け替えが起こった[4]。顧客はクレジットカードの金利と貸越

図2-3　バンク・トランスファー・デイ（2011年11月5日）のポスター

出所：BankTransferDay.org.

手数料が便乗的に引き上げられたのに腹を立て、銀行がどんな仕打ちをしたかを雪崩を打ってYouTubeに投稿した。オバマ、キャメロン、サルコジや他の政治指導者たちは、「金満」バンカーとそのボーナスの仕組みを批判し、将来思いがけない大金が入った際に重い税金を課すとまで言った。

　バンカーたちの動揺はまだ収まらない。2011年にはクリステン・クリスチャンというカリフォルニア州ロサンゼルスの画廊オーナーが、バンク・オブ・アメリカのとんでもない手数料とひどい顧客サービスに不満を持ち、フェイスブック上に「バンク・トランスファー・デイ」[5]というイベントを立ち上げて、2011年11月5日までに、大手の利益追求主義の銀行の口座を閉鎖して、クレジット・ユニオンや地元のコミュニティ銀行におカネを預けようと友人に声をかけた。

　バンカメは、いわゆるダービン条項のインパクトを軽減するために新たに5ドルの口座手数料を課そうとして、「無知で傲慢な銀行家」として槍玉にあげられ、結局その試みは潰えた。クレジット・ユニオン協会は、バンカメが新手数料を導入した9月25日から11月5日（バンク・トランスファー・デイ）までに、預金450億ドル[6]と新規顧客44〜65万人が増加した（新規口座数では50%増）と報告している。

　顧客が大手銀行取引以外の選択肢を求めているのは、銀行が現実から遊離してもはや顧客のことを考えていないと感じているからだ。そして、それは概ね正しい。大手上場金融機関にとっては、1株当たり利益と利ざやが長いことがその業務推進力だったからだ。

　リスクを回避し、株主利益をあげることで、現代の商業銀行の頭はいっぱい

だ。これと顧客サービスとのバランスは、もはや失われている。銀行が、顧客に対してやるべきことができないのは環境のせいだと言い訳をして以降、この不均衡は仕組みとして取り込まれた。

銀行は、プロセスが劣悪で手に負えず、えらく時代遅れなときに、さまざまなプロセスは銀行（と顧客）をリスクから守るためのものだと主張することがある。

銀行は新しい革新的な領域から手を引いたり、モバイルやソーシャルメディアといった新しいテクノロジーへの投資を絞ったりする一方、顧客がもうほとんど来ない、とんでもなく高コストの支店を維持している。支店は残さなければならないと熱烈に訴えるバンカーもいる。そうしている間にも、顧客はモバイルやタブレット・コンピューティングにそれまでにない勢いで飛びついているというのに。

では、一般に銀行はどのように対応しているのだろうか？　業界から聞こえてくる声は、ソーシャルメディア、モバイル、インターネットは安全とはいえないため、新しいテクノロジー導入の際には慎重になるべきというものだ。一方で銀行は、いまでも顧客に取引ステートメントやクレジットカードを郵送している。間違いが多く安全性も非常に低いチャネルなのに、ばかげたことだ。

問題は、グローバル金融危機でも、ダービン条項対応の手数料でも、銀行のボーナスでもない。問題は、現行バンキング・システムが持つ勢いや慣性が大きすぎるために、顧客や顧客の行動様式と銀行の行動様式との間のギャップが、ほとんど越えがたいものになっているということだ。

ゲームに残りたいなら、リテール銀行は根本的に行動を変え始める必要がある。顧客経験のリエンジニアリングと、継続的変化を許容する新しい経営層の整備が出発点となる。

支店 VS インターネット VS モバイル

驚くべきことだが、最近グーグルが発表した調査によれば、現在の先進国の顧客の88％が金融商品の購入時に、まずはインターネットを利用して検討を始めるという[7]。預金とクレジットカードの場合、選択肢を調べるのに使う時間の78％がデジタル空間上で使われ、平均で3時間20分だ（2008年から58％増加）。

住宅ローンでは、事前リサーチのうち62％がインターネットで行なわれており、商品が決まるまでに11時間25分もの時間が費やされる。調査対象者の77％は、これらリサーチを始める前は最終的に選んだ商品について知らなかったと回答している。

　このデータは、選択プロセスについて大きな行動変化が起こっていることを示している。伝統的なマーケティング理論は、消費者が商品を選ぶ際の行動に、ブランド・マーケティングとキャンペーン・マーケティングが強い影響を及ぼすとしているが、この最新のデータは、既知の理論と真っ向から対立する。顧客の51％は最初の時点ではブランドを好むが、インターネット検索を使ってこの課題に対応した人の58％は、好みのブランドを検索しなかった。好みのブランドから始めた人も、31％は最終的に別のブランドを選んでいる。

> 「顧客は平均4.5行の銀行を検討しているが、より詳細な評価の対象候補者リストには3.4個の商品しか残らない。好みのブランドがある顧客の31％が、最終的に別の銀行のインターネットで商品を選んでいる」
> ──カレン・グリンター、「グローバル・レビュー」の主席顧客アドバイザー（2010年11月）、Google Think：銀行スポンサー調査

　では、実際の申込みプロセスにおいて支店、コールセンター、他チャネルの役割はどうなっているだろうか？　調査対象者の68％はインターネットでの申込みを選好したのに対して、支店での手続きを好む人は29％にとどまった。しかしながら、そのうち89％の人は、将来、銀行や金融サービス企業が一定水準の承認プロセスを準備すれば、インターネットでの申込みを受け入れるとしている。ほぼ全員といえるだろう。だとすれば、なぜもっと多くの顧客が金融商品をインターネットで申し込んでおらず、インターネットでの本人確認や商品提供の投資収益率が高いことの豊富な証拠がないのだろうか？

　調査が一貫して示しているのは、使い勝手の悪さが主要な理由となって、顧客がウェブサイトを使うのをあきらめてサイトから出てしまい、競合先のブランドや商品をインターネットで選んでいるということだ。同じくグーグルの調査が以前に示していたのは、全体を通じてインターネットにとどまり続ける可能性が最も高い顧客は、所得が10万ドル超の層だということだ。この調査で実際に明らかになったのは、高所得顧客の82％を対象にインターネットで総合調査を

行なったところ、その74％が、預金口座やクレジットカード等の商品の申込みにはインターネットが好ましいと回答したことである。

　私は数多くの大手ブランドと仕事をしてきたが、バンキング業界のグローバルブランドで、使い勝手や顧客経験に特化した組織を設置して、新規顧客獲得を主眼に顧客との重要なやり取りやインターネット・プロセス設計を改善する施策を実行している企業はほとんどない。現在の米国銀行のビッグ4（バンカメ、シティ、チェース、ウェルズ）のうち、顧客経験の観点からホームページになんらかの手を加えたのは、最近でいえばシティとバンカメだけだ。現在多くの銀行のホームページは、リテール部門（銀行全体のケースもある）のあらゆる商品チームを巻き込んで激しい争奪戦の的となっており、ハイパーリンク、商品プロモーション等、ホームページ上の表示内容について行内競争が行なわれている。これはまったく非生産的だし、ホームページが煩雑でわかりにくいものとなり、結果としてバウンス率（顧客がサイトを見てすぐに離脱してしまう比率）を上げてしまうリスクを伴う（別の章でくわしく論じる）。

　私たちが「貯蓄口座」とか「当座」とグーグルで検索すると、ある程度最適化された商品リストを結果として得られることもあるが、いまでもSEO（検索エンジン最適化）[8]は多くのブランドの課題となっている。ブランドを選ぶときにインターネットが非常に重要な役割を持つことを理解していれば、顧客ジャーニー（顧客の購入までの一連のプロセス）の最適化には何百万ドルもの費用が注ぎ込まれてもよいものだが、過去5〜6年を見ると、ほぼ機能追加程度の改善しか行なわれていない。金融サービスにおけるウェブチャネルの活用は、全体として悲惨な状況にある。スターバックス、アップル、ペイパル、アマゾン等は、インターネットの活用力において、多くのリテール銀行よりも2〜3世代は先行しているというのに。

　2012年、利ざやとエンゲージメントの領域では大規模な変化が起ころうとしている。米国だけ見ても、新しい規制によって手数料収益は250億ドル[9]、低金利環境の持続から金利収益が500億ドル減少する[10]と予測されている。その一方で銀行は、消費者行動の変化に伴いオペレーションを適正規模に見直す対応ができていない。顧客が急速にインターネットへと動くなかで、銀行はどうすれば、サポートの低下に苦しむ支店のオペレーションコストを低減させつつ、

過去培ってきたサービスレベルを維持することができるだろうか。

　今日のリテール金融サービスの経営環境において、金融商品の販売を行なっているのは、支店とその職員や代理人ではない。ブランドが実施しているのである。現在のリテール金融サービスブランドとは経験の集積であり、それは従来以上にマルチチャネルでのやり取りと、ソーシャルメディア空間における議論や論争で決まるようになってきている。新規顧客獲得や商品販売の業務プロセスが支店や対面での処理に偏っているとすれば、いまの金融機関は現在の顧客のブランドとの関係の持ち方について理解していないといわれかねない。

　では、金融機関は、マルチチャネルでのブランド経験についての感覚や深さをどの程度理解しているのだろうか。私の知るかぎり、一般に、チャネル・ミックスについて明確に理解している銀行はほとんどない。なぜなら、個々のチャネルが単独で評価されるためだ。組織構造上、個別のチャネル戦略アプローチしかできないため、相互に関連し合うことを理解できないのだ。
　大多数の銀行では、今月どの商品が支店で販売されたかとか、どの商品がインターネット（その機能がある場合だが）やコールセンター経由で販売されたかということを、業績判断としておそらく把握している。しかしながら、もし私が平均的なリテールバンカーに対して、インターネットチャネルではどの商品が一番売れているか尋ねたら、実績としてどんな回答が返ってくるだろうか。私がIVR（音声による自動応答）かATMチャネルを使って新たに収益を生み出そうと考えているバンカーだったら、正しい販売方法とその導入方法をどう検討すればいいだろうか？　住宅ローン顧客がインターネットでの商品調査を一通り終えてコールセンターや支店にコンタクトし始めるタイミングはどの時点かということを、もし私が質問したら、ほとんどの銀行は、その顧客はまず銀行のウェブサイトで検討し、実はそれが販売に結びついた事実さえも私に説明できないだろう。これは、消費者行動の理由と実態に関して、本当に重要な部分だ。

　ここでは重要な疑問が2つあって、それについては本書後段で詳細に議論する。第一の疑問は、金融機関が商品を特定チャネルだけに乗せた場合、顧客はその商品のためにそのチャネルを使うようになるだろうか？　というものだ。2つ目の疑問は、顧客の採用と利用を最大化するような最良のソリューション導

入方法はどんなものかということだ。具体的にいえば、これはオリジネーション（商品組成）、セグメンテーションやマーケティング・ミックスについての話ではない。どの商品やサービスがどのチャネルで機能するか、顧客がアクセスするのがどの程度簡単か、そしてどれをどう計測するかという問題である。

　長年守られてきた伝統が徐々に変わりつつあるとはいえ、バンカーたちは、支店が主要な日々のバンキングのチャネルであって、インターネットはトランザクションのチャネルで付加的な収益機会をもたらすものであり、モバイルはトランザクションにおけるウェブのミニ版であって、ATMとコンタクトセンターは限定的なクロスセル機能を持つコストセンターだというふうに考えがちだ。しかしそれは、顧客の銀行やチャネルの使い方とは一致していない。

　先進国市場での調査のほとんどは、顧客はウェブを主要な日々のバンキングチャネルとみなしていて、モバイルは急速に伸びつつあるサポートチャネルで、ATMは現金を得る場だということを示している。これが日常であり、バンキング経験の定番なのである。コールセンターは、問題があったり、ネットで必要なものが見つからなかったりしたときに連絡する場所だ。そして支店は、手続きや施策の関係から他チャネルで取引ができないときや、特に厄介な問題を解決する必要があるとき、あるいはアドバイスが必要なときに行く場所である。そして、こうしたことは1年に3〜4回も起こらない場合が多い。

　リテールバンカーが顧客の目で世界を見たら、現在のチャネルの優先順位づけはどうなるだろうか。バンク・オブ・アメリカやHSBCといったメジャーブランドを例にとれば、それぞれが支店に年間10億ドルを超える金額を、ウェブとモバイルバンキングには約5000万ドルを費やしている。皮肉なことにHSBCは、本書出版時点で、まだほとんどの顧客に対してモバイルアプリを提供していない。現在のコスト配分は、チャネルの相対的なコストパフォーマンスを考慮に入れても、ウェブに2億5000万ドル、支店に5億ドルといったところだ。ソーシャルメディアを語るのは脇においておこう。行動経済学を前提とすれば、現在の費用配分はまったく意味をなさない。

　現在のリテールチャネル予算を振り返って確認し、全体のチャネル予算の少なくとも30％をモバイル、タブレット、ウェブに投資する施策を考えてみよう。そうすれば、組織構造と予算編成を、近未来の顧客を支援するための要件に合致したものへと改善していけるかもしれない。

❖──どの商品がどのチャネルに最も合うか?

　はじめに、商品の複雑性について一定の前提をおこう。商品が複雑になるほど、顧客がその金融商品を契約するまでに細やかな支援が必須になるのは明らかだ。例えば、投資商品は、法規制上、それぞれの投資商品タイプに内在するリスクを顧客に説明することが必須である。また、生命保険がよい例であるが、顧客の手に余るほどの選択肢があり、本人特有の状況に合った商品を選びきれない場合もある。住宅ローン商品は、非常に複雑な商品と考えられているため（コモディティ化が進んではいるが）、適切な契約条件を決めるために、顧客は承認を得る前のどこかの時点で住宅ローン担当の行員に相談する必要があるというのは、至極妥当な前提である。

　2011年4月のEFMAとマッキンゼー社の調査[11]は、この商品の複雑性と対面チャネルを通じたアドバイスへのニーズとの関連性を指摘している。この調査は、欧州のみのリテールバンキング分野で、3000名の顧客と150の銀行を対象としてインターネットで実施された。そこでは、複雑度の低い商品では、いわゆる「ダイレクト」または「リモート」チャネルへの移行がかなり早く進んでいることが明確に示されている。

　この調査は、顧客行動において多くの重要な変化が起きていることを明示している。2010年のデータによると、完全に支店離れした消費者の割合が増加している。2010年には、オランダの人口の半分は支店に行かず、フランス、ドイツ、イタリア、英国ではその比率が20%にのぼった。若年層消費者（20〜35歳）が高年齢層よりもマルチチャネルの利用が先行しているのは想定内だ。一方商品購入の観点では、ダイレクトチャネル（インターネット／ATM／モバイル）が契約や販売においてさらに重要になることが、明らかに予想される。

　となると、投資商品、生命保険、住宅ローンがすべて、対面でのやり取りを期待されているのだろうか？　いや、これはそんなに単純な話ではない。

　上述の調査は、グーグルがそれより前に示したこととほぼ完全に相反している。実際のところ、商品購入に関するリサーチ結果は、現実の消費者行動とほとんど相関性がない。グーグルが、インターネット利用者の88%がインターネットで住宅ローンを探すことから始めるとする一方で、EFMA／マッキンゼーが消費者の80%が住宅ローンを支店で申し込んでいるとしているのだ。

　問題は二重構造になっている。第一に銀行は、興味の喚起とリサーチから最

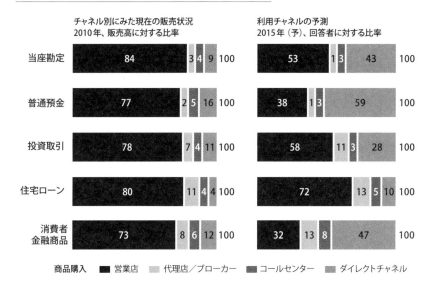

図2-4 チャネル別商品購入 2010年 VS 2015年（予測）

出所：EFMAインターネット調査（欧州150銀行余り）

終的な申込み／購入の選択までの顧客ジャーニーややり取りの全体を測定していない。現在の販売は、もはやひとつの接点だけで終わる世界ではない。それはジャーニーであり、経験とやり取りの集積であり、その結果が契約か望むらくはリレーションシップにつながるものだ。第二に、商品がインターネットで販売されたとしても、収益は顧客の取引支店に配分されることが多く、それが銀行内部の業績評価を歪める。そのため経営陣は、収益を確認する際に正確な全体像を得ることができない。第三に、新規顧客向けの身元確認（KYC）とコンプライアンス規則により、銀行は顧客に対面で応対し、その本人であることを確認しなければならない。だから私が新規顧客の場合、私が実在の人物で実際に本人であると対面確認する必要ありと銀行が決定すると、私がインターネットで申し込みたくても無理だ。そうすると私は支店に出向かざるを得ないが、これは支店が顧客を獲得したと「誤判定」されることにつながる。

したがって、EFMA／マッキンゼーの調査は大きな間違いだと私は言いたい。それは現実の消費者行動を説明しているというよりも、業績評価やコンプライアンスのプロセスの総体を説明するものだ。それは、コンプライアンスのプロセスの最終段階がどこで行なわれるかという一片のデータに基づいている。顧

客ジャーニー全体を評価したものではない。

　グーグルの調査は顧客行動をより正しく説明している。その理由は、人々が金融商品を必要とするときに行なう検索ややり取りをリアルタイムで計測しているからだ。顧客がインターネットを抜きにして支店を選択するという考えは、住宅ローンでは機能しない。なぜなら、顧客が支店で住宅ローンを申し込むという事実は、支店に足を運ぶ前にインターネットで行なう商品検討プロセスとは、ほとんど何の関係もないからだ。重要な問題は次のとおりだ。

　私たちは、顧客とのエンゲージメント（関係構築）のジャーニーについて、最終段階だけではなく、ジャーニー全体を正確に評価する必要がある。

　顧客としての私は、投資の選択肢を調べるのにインターネットを使うだろうから、支店にいるアドバイザーのところに行くかアドバイザーが私のオフィスに来る前に、投資資産区分、投資ホライズン、取りうるリスク水準等についてすでに決めている可能性が高い。インターネット上でリスク特性のアンケートを使って、自分が取りうるリスクレベルを知っておくこともできる。ウェブサイトや投資雑誌を使って、ローカル不動産市場や、ブルーチップの銀行株への投資によいタイミングかを調べておくこともできる。インターネット上の投資クラブに加入するかもしれないし、取引銀行の口座とは別に、自分のインターネット証券口座を開設しておくことも可能だ。私は最終段階でアドバイザーとやり取りして売買取引を行なうのだが、前述のとおりなら、人間のアドバイザーに会うはるか前の段階で、重要な意思決定はすでに実施してしまっているだろう。
　つまり、多くの顧客が人的なやり取りを介して、複雑な商品の取引を実行すると想定することはできるが、それがその商品について顧客がコンタクトする全体像であると想定するのは無理があるということだ。
　どの顧客が、購入サイクルや意思決定のどの段階にいて、どの時点でどのチャネルを使うのかを理解しなければならない。顧客とのすべてのやり取りに対して、即時に対応可能なようにしておく必要がある。比較的単純な金融商品はより簡単に予測可能な点は都合がよい。では、どの商品がダイレクトチャネルでの取扱いに最適なのだろうか？　その答えは……対象とする市場とその顧客特性によってさまざまだ。
　2007～2009年のインターネット利用に関する一連の調査から得られた結果を

図2-5　リテールバンキング商品のインターネット購買選好（商品別）[12]

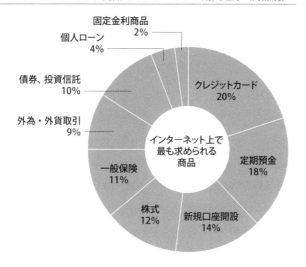

図2-5に示す。金融商品ごとに将来インターネットで購入または申し込む可能性が高いかどうかを質問したものだ。将来その商品タイプの購入／申込みをインターネットチャネルで行なう可能性について「非常にそう思う」か「そう思う」とした回答者の比率が調査対象者の40％以上の商品のみを示している（世界45カ国の合計値）。

ここにはひとつのパターンが見られる。投資・トレーディング商品を除けば、その他はかなり単純な金融商品ばかりである。具体的には、クレジットカード、一般保険商品、個人ローン、定期預金、債券、新規口座開設だ。これらはまた、インターネットチャネル上で取引できるとわかっている商品でもある。

悪しき慣性の打破

エンゲージメント・バンキングについてはChapter 11で詳述する。しかしながら、金融商品ごとにどの販売チャネルが適切か理解するためには、それぞれの金融商品に関する顧客行動を理解することが重要だ。

既存のリテールバンキング、投資、保険のどんな商品であれ、消費者ニーズに合致するためには、商品自体ではなく、商品が持つ有用性、つまりそれが何

のために使われるかが基点となる。前述したように、人は住宅ローンを買うのではなく、家を買う。自動車ローンやリースを組むのではなく、自動車を買う。クレジットカードを買うのではなく、買い物に行ってレジでの支払いやすさを求める。株やETF[13]に投資するのではなく、手持ちの資金から利潤を上げたいのだ。

あらゆる金融サービスは、顧客のおカネに関する利便性と、そのおカネが生活にどう役立つかに関するものだ。リテール金融サービスは、顧客が社会で生きられるようにする金融面の接着剤であると考えてみよう。そこでは資金と資金の流れ、そして商取引が不可欠だ。商品の利便性に関する背景を理解すれば、チャネル・デリバリーの選択肢が明確になってくる。

選択肢が明確になると、商品の利便性と提供力を最大化するのに、物理的なネットワークや販売拠点は必要ないということが徐々にわかってくる。これは恐ろしいことだが、真実を解き放つことでもある。

問題は、現在の環境では、「バンキング」の周囲に巨大な慣性が存在していることだ。規制当局が2001年以降、必須条件としていないにもかかわらず、多くの銀行は、物理的な署名カードになおもこだわっている。銀行は融資条件をクリアするためには銀行ステートメントを持参する必要があると顧客に要求する。顧客が融資を申し込んだその同じ銀行に口座を持っている場合でさえそうだ。銀行員が使う用語は、それ専用の辞書さえ必要だ。ドラフト（文書の下書きではない）、電信送金（電信を使っていなくても）、インストラクション（取扱説明書ではない）、アニュイティ（何だ？）、支店コード、SWIFTコード……。

この慣性を打ち破ることは、顧客ジャーニーや顧客経験を構築することと同じくらい重要だ。これこそ、標準的なリテールバンキング企業の法務・コンプライアンス専門家に対して私が異議を申し立てたい部分だ。なぜなら、既存の慣性や現行の内部プロセスや専門用語を打破するためには、まずコンプライアンスか法務部門に変革を認めてもらう必要があるからだ。

私はよく、銀行のコンプライアンス・法務部門は「ノーの国」の住人だと冗談を言う。つまり、プロセスや方針の変更が求められた場合に、最も簡単かつ低リスクの対応は「いいえ、それはできません」と言うことだ。なぜか？　それは、長い時間をかけて築き上げてきたプロセスは実績のある仕組みであり、認可を受けた金融機関として法律や規制の枠組みの中で運営をしていくにあたり、顧客との関わりや新規顧客受け入れのリスクを中和してくれるものだからだ。

ここでもまた、状況はやや不透明だ。

例として銀行のステートメントを考えてみよう。先進国の顧客のおよそ15〜20%は、現在すでに電子ステートメントを受け入れている一方、残り80%の顧客は現在でも銀行から郵便で月次ステートメントを受け取っている[14]。私は早い時期に電子ステートメントを申し込み、その際銀行から送られるダイレクトメールのマーケティングの量も減ることを期待したが、そうはならないことを理解しておくべきだった！　ということで、現在も私が物理的な郵便箱で受け取る郵便の50%は、銀行からだ。しかし、DMは私には価値のないものなので決して読まない。

さて、次のようなシナリオを考えてみよう。紙のステートメントを送る銀行はなく、すべて電子的に送られる世界（私たちの世界でも10年後はそんな感じだろうか）にいるとしよう。バンカーであるあなたはコンプライアンス部門を訪れて、紙のステートメントというまったく新しいプランを提案する。

バンカー：「では、当行はすべてのトランザクション情報を紙の束にプリントアウトして、トランザクションリストの一番上に顧客の名前と住所を貼り付けて、それらをまとめて封筒に入れ、お客様に送付するということですね。お客様が月次の活動をすべてひとつのドキュメント上で一覧できるのはすばらしいと思います。後々まで記録が残りますし、私たちは他のオファー（クロスセルやアップセル機会を向上させるマーケティング物）を封筒に詰めることができますね。このプランのROIは間違いなく非常によさそうです！」

コンプライアンス・オフィサー：「それにこれなら完全に安全ですね。封筒は不正開封防止機能付きだし、顧客は受取り時にサインしなければならないのですよね？　書留郵便か宅配便のように」

バンカー：「ああ……そうではないです。それではコストが高くなりすぎる。通常の郵便で、通常の封筒で送ります。それが利用可能な最も低コストの配達の仕組みですから。可能なかぎり低コストにしないと、大量に扱えません」

コンプライアンス・オフィサー：「では、その方法はやめて、この情報を電子的に送付すればはるかに安全ですね。ちなみにこのプロセスの場合、どんな人が何人封筒に接する機会がありますか？」

バンカー：「えーと、よくわかりませんが、物理的に触れる人が数人〜12人程度いますかね。封筒詰めは外注の人が行ない、郵便の職員が封書を受け取って

配達しますし、仕分けの機械もあります。もちろん、正しい住所に届かないことがありえますが、最近ではその可能性は非常に低いし、誤って誰かが受け取ったとしても、その人が他の人宛ての私信を開くことはないでしょう」

コンプライアンス・オフィサー：「何を言っているんですか。私たちが、盗難から守ろうと毎日戦っているセキュアな個人情報のほとんどすべてが記載されている紙を外部に持ち出し、まったく安全対策のないものに封入して、それを12人もの人に監査証跡もなく触らせ、そのうちの誰かがその情報をお客様の郵便箱に届くまでの間に入手してしまいかねないってことですか！　こんな方法は絶対認められません！　なんでこんな提案を持って来ようと考えたのですか？」

　現行プロセスが持つ慣性の問題とは、そのプロセスが新しいものと比べて、銀行にとってよい面があり、より安全で、リスクが低く、コストも低いという、誤ったセキュリティの感覚を築き上げてしまっていることだ。現実には既存のプロセスが、時間の経過とともにリスクが高くなり、コストが上昇し、安全性が低下して顧客が使いづらくなっている場合でも、リスクやセキュリティ問題の発生を恐れて、新しいテクノロジーを使った施策に抵抗してしまう。1980年代にステートメントが通帳に取って代わる際には、明確な価値訴求が示された。しかし現代の顧客の視点では、ステートメントは高コストで、露出性が高く、自由度が低くて役に立たないものなのだ。

　こうした事実があるのに、なぜ銀行は、紙のステートメント郵送サービスを有料化して、電子ステートメントを無料の選択肢としないのだろうか。そのほうが十分理に適っていると思うのだが。

　しかしながら、組織に内在する慣性は、顧客は紙のステートメントという手に触れられるリアルなものを郵便で受け取る方法を「好む」のだと主張する。それは正しいだろうか？

　2008年のフォレスター・リサーチのレポート[15]やその後の類似調査では、消費者の大多数（少なくとも70％）はペーパーレスへの移行を歓迎している。問題は、消費者は概して怠惰な生き物なので、もし銀行が、ペーパーレスに移行するためには支店を訪れて紙にサインする必要があると言えば、おそらく消費者は現状の契約をそのまま変えないだろうということだ。しかしながら、まったく同じ意味で（現代の消費者行動の理解について）、翌年1月1日にすべてのイ

ンターネットバンキング顧客は電子ステートメントに移行し、その時点からは郵便で紙のステートメントが必要な場合は、月2.5ドルの手数料を徴収する計画をアナウンスしたとすれば——おそらくほとんどの人が電子ステートメントへの自動移行を容認するだろう。

ここでは、コスト、コンプライアンスあるいはセキュリティの観点から意味をなさないものの例として、紙のステートメントを示した。しかし同様に、前世代のバンキングから残ったままで、まったく時代遅れとなってしまった類似のものが数多くある。組織内に現在も慣性として残るが、これから消滅するものとしては、紙の申込書や署名カード、小切手帳、収支記録としての銀行ステートメント、物理的な本人証明、ATMレシート、チャネル評価基準（相互に競合する場合）などがあるだろう。

その他にも次の2つがある。

❖──口座開設および口座管理

新規口座獲得コストが平均250〜350ドル[16]にもなるというのに、口座開設時における署名カード（および関連の物理的な取扱い）の必要性と口座獲得コストを関連づける者は誰もいなかったのだろうか。最も簡単に口座獲得コストを低減するには、紙をなくすことだ。当座預金口座の年間維持コストも同様だ。当座預金口座の維持コストは1口座あたり年間平均350ドル程度だ。紙のステートメントを郵送し、まったく使われない小切手帳を印刷し、電信送金に多額の手数料を課して瀕死の小切手ビジネスを支えようとする。すべてが惰性で進められているビジネスという感じだ。

❖──口座残高確認

口座残高は今日、最も多く顧客から銀行に要求される情報であり、銀行はインターネットバンキングでそれを提供可能にしているにもかかわらず、顧客がこの情報を得る主な方法は、いまでもATMかコールセンター経由である。大きな取引が発生したときか、定期的（例えば週1回）か、または顧客の決めたタイミングで、口座残高情報をテキスト送信する方式なら、よりシンプルである。残高情報を月10回顧客にテキスト送信するコストのほうが、同じ情報をコールセンターから1回架電するよりも低く、ATM残高照会取引2回分よりも低い（現

行のチャネルコスト推定に基づく）。モバイルワレットの導入も、現行コストの大幅低減に寄与する。

❖──慣性が問題である理由

今日のバンキングのアキレス腱はここである。

慣性＝摩擦

この摩擦のせいで、主たるチャネルと顧客エンゲージメントに劇的な変化が生じている。リスク・モデリングは、意思決定エンジン（予測型またはリアルタイム型のルールとして、書面依存型のものよりも使いやすい）に道を譲っている。また摩擦によって、古くて磨耗したプロセスがより優れた顧客エンゲージメントや顧客経験へと置き換えられている。紙を必要とする時代遅れのやり方は競争劣位となっている。物理的なやり取りを必要とする方法は、規模拡大の大きな制約となってしまう。先入観や規制への懸念のない新興企業は、そうした制約をまったく気にしない。

顧客行動がビジネスモデルの変化を引き起こすのに伴って、組織構造にも大幅なシフトが生じる。支店部門の長はチャネルチームのラインマネジャーに格下げされ、インターネット、モバイル、ATMバンキング、コールセンターの長と同格になる。顧客関係深化力が、一般的なプッシュ・マーケティング力を上回るものとなる。そして広告は、関係深化モデルにおける補助ツールとなる。

しかしながら、顧客経験における慣性と摩擦を取り払えそうな部分を見れば、顧客とのやり取りや顧客経験を一から考え直し、予算配分の仕組みも変更することが必要だ。

チャネルにとらわれずリアルタイムの世界で顧客との関係深化の仕組みを見直すことができるようになるためには、新しいスキルセットと、新しいインセンティブ・プログラムが必要になる。将来的に、銀行の利便性が差別化につながってサービス機会を最大化するようになると、銀行はインタラクティブ・デザインの科学に解を求めることになる。当然ながらそれは、顧客経験と相互作用のデザインだけにとどまらない。デザインプロセスとともに行動分析、デモグラフィクス、サイコグラフィクスの導入も必要だ。マーケティングとコピーライティングのスキルも必要だ。メッセージングのアーキテクチャも必要になる。しかしながら、それらすべてにも増して必要なのは、顧客の行動について深く理解することである。

図2-6 新たなエンゲージメント層はバンキングの摩擦を克服する

デザインプロセスへの顧客参加をできるだけ早期に行なわないと、コスト面のマイナスが非常に大きくなる。多くの金融機関が初期投資を拒むが、デザインの悪さが招く損失は大きく、それを最重要と認識して正しく扱った場合よりも、コストははるかに高くつく[17]。

> 「インターネットは現在の私たちの暮らしの非常に大きな部分を占めているので、消費者は購入を行なう前にネット上で下調べを行なうことが多い。英国の調査では、500人の成人のうち、88％がインターネットを下調べに使っており、ショッピングには94％が利用しているとされている。つまり、インターネットで商品を売っていない企業にとっても、サイト訪問者に提供するウェブ経験がカギとなるということだ。消費者は情報を探していくつものウェブサイトを訪れ、実際の購入の前に商品やサービスの下調べを行なう。かなり魅力的で記憶に残るような消費者とのやり取りを提供して、購入行動にプラスの影響を及ぼせるビジネスにとっては、すばらしい機会が目の前にあるということだ。反対に、マイナスのインターネット経験は『ウェブ・ストレス』のレベルを高じさせてしまい、顧客はクリックして離れていくことになる……」
>
> ——CA Web Stress Index、2009年

「経験則では、使い勝手に気を配る企業では、使い勝手のコスト－ベネフィット比率は1ドル：10～100ドルである。いったんシステム開発に入ると、問題の修正には設計段階での問題修正の10倍ものコストがかかる。システムがリリースされると、設計段階の修正の100倍のコストになる。」

——トム・ギルブ、*Usability is Good Business*、1988年

　銀行は、どのようにして顧客をこのプロセスに巻き込めばよいだろうか？　まず最初の巻き込み方としては、フォーカスグループや重要顧客との対面インタビューでニーズを聴取することかもしれないが、多くの銀行がすでにこのやり方を実施している。もっとよいアプローチは、顧客を実際にデザインプロセスに巻き込むことだろう。顧客に初期段階のインターフェイスとメニュー構造（IVR、ウェブ、ATMなど）のプロトタイプを試作してもらおう。あるいは、顧客に現行チャネルを使ってもらって、彼らの利用状況を観察してデザイン上の問題を評価した上で、デザイン見直しにとりかかろう。

　使い勝手のテストと観察フィールドスタディを行なえば、テスト・プロセスに入ったわずか5人の顧客によって、重要問題の80％が特定できるだろう。よく言われるように、それで銀行がつぶれるわけでもない。

　ソーシャルメディア、クラウドソーシングの登場や、金融サービスの進化に重要な役割をもつブランド・エンゲージメントへの新しいアプローチについては、Chapter 08で検討する。

KEY LESSON

　顧客経験はもはや支店だけの領域ではない。ブランド全体にかかわるものである。それは銀行のあらゆる振る舞いからにじみ出るものであり、顧客はよりよい経験を求めている、それがすべてだ。現実に、私が平均的な顧客だとすると、私はATM、携帯電話またはインターネット経由で、支店に行くよりも30～40倍のブランド経験をするだろう。唯一の基盤であるとかサービス品質の基準であるとして支店に依存しているとしたら、まったくの勘違いだ。

　チャネルとタテ割り組織の間で、組織構造とサービス・レベルに不整合があると、できるだけ効率的に銀行取引ができればよいとする顧客をイラつかせることになる。本書のPart 03で議論するように、銀行は顧客経験を構築するため

に、以下のことに取り組む必要がある：

* 顧客中心リーダーを決めて、すべてのチャネルをマネージさせる
* 個々のチャネルや接点での不具合を特定する分析の仕組みを構築する
* デザインプロセスの、特にインターフェイスや用語のタスクに顧客に参加してもらう
* よりよい顧客経験の構築に関する意思決定のため、タテ割りのチャネルやそのオーナーたちよりも上に立つチームを新たにつくる
* 実験室またはクラウドソーシングの仕組みを構築し、顧客に継続的な対話に参加してもらい、この透明性の高いプラットフォームからアイデアを収集する
* すべてのチャネルを通じて顧客がもっている銀行とのリレーションシップを全体として理解する

　顧客経験は、リテール金融サービスにおける新たな至高の目標として表舞台に出つつあるが、重要な教訓は、プレゼンスやサービスのあり方というよりも、顧客の中核的なニーズを理解することにある。

　最適な顧客経験を提供するためには、顧客行動が環境に沿ってどう変化するかを評価し、組織内におけるイノベーションや価値創出の度合いを評価する能力を持つ必要がある。これはチャネル別の評価基準やアプローチに委ねてしまえるものではない。チャネルと商品は、顧客のマインドシェアやワレットシェアを競うものではない。それらは補完的なエコシステムの一部であり、多くの場合は共生的である。

　未来の銀行ビジネスは、摩擦から抜け出して顧客行動とブランドの対応とを整合させるものだ。顧客行動との連携がよくなれば、顧客が生活上で金融機関の利便性を必要とするときに、銀行とシームレスな関係をつくりやすくなる。

［注］
1) これらの推計値は、リテールバンキングにおけるマルチチャネル利用の顧客行動トレンドから導出されたものであり、主要リテール銀行、マネタイズ、mFoundryモバイル・アプリ・プラットフォーム提供企業、NCRのデータと、アイテ・グループ、フォレスター・リ

サーチ、ガートナー、アメリカン・バンカーズ・アソシエーション、オプティレートの調査に基づくものである。
2) デビッド・ベル（David Bell）、オーストラリア銀行協会（Australian Bankers Association）、ABCの7:30 Reportにおける発言。
3) サウス・チャイナ・モーニング・ポスト（South China Morning Post）記事、2007年2月22日。
4) MoveYourMoney.info 参照。
5) https://www.facebook.com/Nov.Fifth 参照。
6) 米国信用組合協会（Credit Union National Association）：http://www.cuna.org/newsnow/11/system110311-5.html
7) グローバルレビューズ（Global Reviews）とグーグル・ファイナンスの2010年調査より。
8) SEO（検索エンジン最適化）は、リサーチと応用技術の領域であり、ウェブサイトを特定のキーワードに対する検索エンジン・ランキングを向上させ、顧客が意図するウェブサイトをより早く簡単に見つけられるようにするものである。
9) ボストン・コンサルティング・グループの推計では、2009年クレジットカード法、レギュレーションEにおける貸越手数料制限、およびダービン条項（デビットカードのインターチェンジ手数料削減が目的）によって、米国銀行業界は250億ドルの年間手数料収入を失った。
10) ノバンタス（Novantas）：http://www.novantas.com/retail_banking.php
11) 「フェース・トゥ・フェース：150～200億ユーロのマルチチャネル事業機会（Face-to-Face: A €15-20Bn Multichannel Opportunity」EFMA／マッキンゼー、2011年4月
12) ユーザーストラテジー、スタンダード・チャータードおよびHSBC向け顧客対応調査（45カ国、4年間）
13) 上場ファンド
14) ABA調査（電子ステートメント活用のコストベネフィット統計）参照。（http://www.aba.com/Members/Research/Documents/a1d7d123032b46eeb48cd428e8ca9b6fGreenBanking.pdf）
15) North American Technographics Financial Services Online Survey、フォレスター・リサーチ、2008年第2四半期
16) オプティレート＆アンデラ・リサーチ（Optirate and Andera Research）：http://bankblog.optirate.com/how-much-do-you-spend-on-customer-acquisition-are-you-sure/#axzz22QFcHE7i
17) 「ユーザビリティの投資収益率（The ROI of Usability）」現実世界のユーザビリティ——ユーザビリティ専門家協会（www.upassoc.org）

Part 02
Rebuilding the Bank
銀行の再構築

Chapter 03 Can the Branch Be Saved?
支店は存続するか？

　自分に問いかけてみよう。顧客として支店に足を踏み入れたのは最近いつだっただろうか？　憶測でも作り話でも思い込みでもなく、冷厳な事実のことだ。毎週1回？　もしかして毎月1回？　最近12カ月の間に銀行の支店に行ったことがあるだろうか？　そのとき支店に本当に行きたかったのか、それとも単に銀行のプロセスや方針で行く必要があったのだろうか？　日常の銀行取引をしているなかで、支店はどれくらい重要だろうか？

　いまや、定期的に銀行に行く人はきわめて少数派になりつつあるというのが現実だ。多くの点で、支店を日々の銀行取引上最も重要度の低いチャネルと位置づけている顧客層が拡大している。なぜだろうか？　単純に相対的に非効率で、行くのが難しく、現代の慌ただしいハイパーコネクトな世界に合わないのだ。この世界では、市場対応のスピードや反応の速さで価値が評価される。

　バンカーたちに、新しいチャネルがもたらす変化と機会について話すときに私が指摘するのは、支店で日常の銀行取引を行ないたい意向が、この10年間統計的に減少しているのに対して、モバイルやインターネットでの取引意向はロケットのごとく上昇していることだ。多くのバンカーたちは、モバイルとインターネットが示している見込み客や顧客との関係深化の機会に焦点を向けるよりも、支店取引の長期的な生存可能性の防御に回りたいという気持ちになるようだ。それだけ長い間、支店は銀行取引の中心であったということだ。

　「bank」の語源は、イタリア語の「banco」というベンチを意味する言葉からきている。これは、ジェノバ、ベニス、ナポリといった港にいた両替業者が、港や市場の近くで文字どおりベンチに座って商人や実業家に金融を提供してい

たからだ。

> 「ロンバルディの『両替商』は市場の中に、貨幣や手形交換用のベンチを保有していた。バンカーが破綻すると、そのベンチは民衆によって打ち壊された。『bankrupt（破産）』という単語はこの状況に由来している」
> ——トーマス・ハーバート・ラッセル、*Banking, Credits and Finance*

　現存する世界で最も古い銀行はモンテ・デイ・パスキ・ディ・シエナで、1472年に設立され（付け加えれば最近救済された）[1]、その1号店は現在でもシエナにある。米国最古の支店はバンク・オブ・ニューヨークで、1784年7月9日に設立された。これらの店舗は現在、私たちが目にする大半の近代的な店舗と、物理的にそんなに異なるようには見えない。しかしその当時の支店は「現金集配」の場所として設計された。主な活動は現金の預入れと引出しであった。ここ30年間で現金にかかわる消費者行動は大幅に変化したが（カードとATMによるところが大きい）、支店は一般にその動きに遅れており、いまでも主要な「トランザクション」型のバンキングの場となっている。

　2011年、バンク・オブ・アメリカは、最大10%の支店（600店舗に相当）を閉鎖すると発表した。米国HSBCは195店舗をファースト・ナイアガラに売却した（同行はその半分を再売却）。そしてJPモルガン・チェースでは、ワシントン・ミューチュアルの買収統合が片づいた後、300店舗が同じ道をたどった。JPモルガン・チェースは2011年6月に約2000の支店を新規開設すると発表した。しかしチェースは第3四半期の業績説明会でそれを延期し、次いで第4四半期の説明会でも同じことを繰り返し、その数を1100、次いで900へと引き下げたが、これは景気低迷下では驚くことではない。米国の銀行支店数は2010年にピークをつけて以降、減少している。もちろん、これが新たなトレンドの始まりか、あるいは単なる統計的異常値なのかはまだ確定していない。

　英国では、ロイヤル・バンク・オブ・スコットランド、ノーザン・ロック、ロイズ、HSBCが支店数を削減している。ロイズは現在632店を売りに出しており、約40億ポンドで12カ月以内に片をつけようとしているが、本格的な買い手を見つけるに至っていない。英国では1990年以降、1日当たり1店舗が閉鎖されており、この20年で7000店近くになる。これは1990年に1万6000余りあった支

店の半数近い[2]。

　オーストラリアでは、支店数は2007年に1万3648個所でピークをつけ、2011年にはそれが1万2828個所となり、7%減少した[3]。このトレンドは今後も続き、おそらくは加速すると予想されている。

　伝統的なバンカーの多くは、顧客は銀行の支店網か、自宅か職場の最寄りの支店の場所で銀行を選ぶと言うだろう。この議論は現在では成り立たない。40カ国以上で実施したインターネット調査の結果、スタンダード・チャータード銀行の顧客の75%は、インターネットが第一のチャネルで、それがリテールの取引銀行を選ぶ理由であると回答した。支店が主要な接点であると回答した顧客はわずか12%であった。アリックス・パートナーズは2012年2月に調査結果を発表し[4]、2016年には顧客の50%がモバイルバンキングを主たるチャネルとして利用すると予測した。しかしより興味深いのは、2011年に、米国の顧客の32%がモバイルバンキングを利用するために取引銀行を変更したことだ。つまり、人々はモバイルやインターネットバンキング利用のために銀行を変えるのだ。では、支店利用のために同じことをするだろうか？　それはなさそうだ。とりわけ、年2〜3回しか支店に行かないのならばそうだ。

　問題はここにある。支店でのバンキングに短絡的に注目するのは、本質をとらえていないということだ。現在、新しい銀行を一から立ち上げて、HSBCやバンカメ、チェースくらいの規模を実現しようという人がいるなら、それは筋金入りの伝統主義者とは異なる。その人が、既存の銀行が現在持つ店舗網と同等のものをつくろうとは思わないことは確実だろう。経済原則に従って、まったく異なる方法でそれを実現することになる。

　はっきりしておこう。このことを支店に対する厳しい攻撃だとか、完全な店舗なしの経験を主張する試みとしてとらえるべきではない。私の友人のクリス・スキナー（英国フィナンシャル・サービス・クラブ）がうまく言い表しているように、私たちは**支店軽依存型経験**の登場を目の当たりにしているのだ。

　先進的な銀行はこれにどう対応しているだろうか？　先進的な銀行でも、まだ広範な支店閉鎖は行なっていないという主張もあるだろう。そうかもしれないが、私が最近会ったカナダの大手リテール銀行では、支店網の過半数を急速に縮小する戦略計画を立てていた。今後5年間で、物理的な販売網を50%以上削

減するというシナリオである。アグレッシブだが、もし顧客行動の変化について考慮するなら、こうしたモデルをつくるか、少なくとも考えておくことは明らかに意味がある。つまるところ銀行はリスク中和ビジネスにいる（私は何度もそう言われた）わけだが、店舗軽量化の戦略を持たないことのリスクは何だろうか？　その質問はおそらくボーダーズ（書店）やブロックバスター（ビデオレンタル店）にすればよい。

　支店の機能やコスト構造、そしてケイパビリティが確実なものでなくなってきていることで、金融機関と顧客が持つ目的の相違が明らかになっている。金融機関は、過去には明確なコストセンターとして位置づけていた支店を、徐々に重要なプロフィットセンターと見るようになってきている。そのため、過去20年にわたって金融機関は店舗の収益性向上に注力してきた。いっぽう顧客は、口座維持手数料、店頭手続き手数料やその他の手数料を取られることの見返りとして、支店からサービスを受けることを期待する。セールスの観点からは、顧客の主な意思決定プロセスは、すでにデジタル上での下調べとやり取りのモデルにシフトしつつある。もしインターネットで事をすませられるなら、多くの人がそうするだろう。支店の存在価値は、いまやコンプライアンスの手続き上、顧客が申込書にサインしに行かざるを得ないからであり、支店が顧客を引きつけて放さないような価値を提供しているわけではない。

　金融機関と顧客の間で起こる「価値」の交換という点では、双方が店舗という建物から何かを得る必要がある。現在の支店における価値交換の基盤とは何だろうか？

　支店が歴史的に「常に銀行取引の中心であった」ことは、頭から追い払おう。いま銀行をつくるとすればどのようなものになるかを考えよう。1700年代に先進国で近代的な店舗ベースのバンキングが登場した当時と、今日の環境は大きく異なるのだ。未来の銀行取引における支店の役割について考えてみよう。

銀行行かずのバンキング
(Always banking, never at a bank™)

　私はこのキャッチフレーズは非常にいいと思っていて、実は商標登録した。が、その話はおいておこう。

　Chapter 02で示したように、いまや多くの業界（音楽、メディア、新聞、書

籍、リテールバンキング等）で、デジタルへのシフトが明確になっており、明らかに顧客行動が急速に変化している。銀行業界におけるこのシフトを理解するカギは、バンキングとは主に私たちのおカネの利便性に関するものだということである。

　銀行は必要だ。なぜだろうか。私たちのおカネを安全に預かり、（ほとんどの場合）資産に金利をつけるか資産を増やしてくれる。地球をまたいで送金し、ビジネスやリテールの場で他の人に支払いを行ない、必要なときは現金を入手するのを可能にする。基本的にはおカネに関する利便性を提供してくれるのだ。銀行が顧客に販売する金融サービスと商品は、それが住宅ローン、クレジットカード、国債や社債、生命保険、法人口座の何であろうが、それがもたらすのは、金融面で私たちの生活を可能にするか守ることのいずれかだ。
　つまり銀行取引の根幹部分は、利便性、円滑化、または保護に関するものだ。これを付加価値やアドバイスの役割等に切り替えて語りたい向きがあることはわかるが、突き詰めればそれも、取引を円滑化する（信用供与を含む）か、資産の管理を行なうためのものだ。銀行が取引基盤や資産管理を超えた真の価値を創造することは非常にまれだ。少なくとも大多数のリテール顧客にとってはそうだ（プライベート・バンキングは多少異なるが）。平均的なリテール消費者にとっての銀行の価値とは、主に利便性である。例を示そう。
　私たちは住宅ローンを買うのではなく、家を購入する。住宅ローンはこの購入をしやすくするか、ライフステージを円滑なものにするものだ。
　私たちはクレジットカードを買うのではなく、ショッピングや旅行に行く。カードは旅行や店での買い物を効率的で安全な方法で円滑化してくれるので、私たちはかさばる現金を持ち歩く必要がない。
　私たちは自動車リースを買うのではなく、クルマを必要とする。リースは購入取引を簡単にしてくれるだけのもので、その仕組みが私たちにクルマの価値を行使させてくれる。

　はるか昔、リテール銀行の利便性の核は現金の集配のみであって、支店網はその現金を私たちが使えるようにするための手段として登場した。そこに小切手が入ってきて、1枚の紙を現金に交換できるという利便性が供された。次は住宅ローンで、通常ならキャッシュで住宅を買うことができない人々にとって、住

宅所有が手の届くものになるという商品の利便性が提供された。当初私たちはこうした利便性を、支店を通してのみ利用できたのだ。

現在では、主だった銀行機能はデジタル上で24時間/365日利用可能になっている。それが間違いなく現代生活に必要だからだ。いまや、朝9時に銀行の店舗が開くのを待ってキャッシュを手にする必要はない。必要があるのは、請求書の支払いをインターネットで夜中に行ない、出歩く先々でクレジットカードを活用し、新しいマンションやアパートの購入に向かう途中で住宅ローンの選択肢を下調べすることだ。

これは些細な変化に見えるかもしれないが、まさにインターネットの影響によるものだ。「銀行」の利便性を提供する店舗に依存していた時代は終わり、「銀行」の利便性だけに依存するようになったのだ。いまや私たちは、開いているか／便利かどうかわからない物理的な存在からではなく、ウェブ、モバイル、ATM、タブレットを利用してその利便性を入手できる。このため、近年ますます銀行のコモディティ化が大幅に進行している。

銀行取引が純粋な利便性へと変化するなかで、支店はその利便性に制約を加え、スピードを落とし、複雑にしてしまうものとなってきている。だから顧客としての私は、支店に行かないようにしたり、モバイル／タブレットアプリのない銀行から他に乗り換えたりするのだ。

21世紀における支店の中核機能

21世紀という現代のリテール銀行における店舗の役割を正しく評価するためには、現在の支店がどのような機能を有しているかを確認する必要がある。ほとんどのバンカーが、支店網の主たる機能はリテール顧客向けの「ワンストップ・ショップ」であると象徴化するだろう。顧客が歩いて入ることができ、やりたい銀行取引に関する質問への回答を得られ、商品の申込みをしたり、取引を実行したりする場所である。しかし、実態はかなり異なってきている。

支店への来店と店内での活動が急速に減少していることはすでに述べた。ここで、顧客としての自分はなぜ支店に赴くのかという論理的な疑問が出てくる。

物理的な店舗に行く理由は、実は3つしかない。

表3-1　顧客活動調査（ノバンタス社、2011年1月）

顧客活動	営業店志向	ダイレクト志向	営業店志向 5年変化	ダイレクト志向 5年変化
口座開設	75%	16%	−11%	+8%
商品購入	65%	22%	−13%	+9%
問題解決	36%	49%	−17%	+11%
資金移動	19%	60%	−26%	+29%
残高確認	6%	68%	−16%	+28%
商品調査	16%	70%	−28%	+28%

出所：ノバンタス社

1. 現金を預けておくための物理的な場所が必要である（主に零細小売業の観点で）。
2. 十分理解できていない商品についてのアドバイスや推奨が必要である。
3. 自分では解決できない大きな問題を抱えている。

　ノバンタス社が2011年1月に発表した調査によると、米国市場ではこういった消費者行動のシフトが明確に現れている。支店におけるあらゆる消費者行動の活動指標が減少傾向にあり、ダイレクトバンキングに関するあらゆる指標が、ダイレクトチャネルへのシフトを示している。世界の中で現在、支店存続に最も強力な支援材料が存在する米国市場でこうなのだから、デジタル普及が米国よりも急速な英国、オーストラリア、スウェーデンなどでの支店活動の減少のスピードについて想像できるだろう。

　2011年4月のプライス・ウォーターハウス・クーパーズの調査[5]でも同様のトレンドが示されており、特に融資商品に関する顧客の選好が営業店第一でなくなっている。現実には、基本的な「ローン」の50%を例外として、住宅ローンやクレジットカードに関するやり取りを始める前の段階で、顧客は明確に支店から離れつつある。とりわけクレジットカードでは近年、支店は新規顧客獲得における重要なプレーヤーではなくなっている。

　モバイルは相対的に新しいチャネルであるが、融資／住宅ローン／クレジットカードの利用における選好チャネルとしてすでに15〜20%を占めている点も重要だ。住宅ローンがモバイル経由で売れると思うかとリテールバンカーに尋ねたとしたら、彼は死にそうに笑うだろうが、消費者にとっては、すべてはコン

図3-1 商品エンゲージメントにおける顧客のチャネル選好

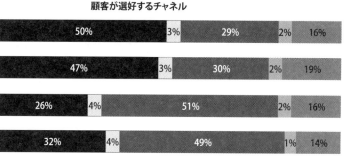

出所：PWC survey

テキストの問題なのである。外出していて住宅を探そうとしたら、その場でモバイルを使うということだ。タブレットを組み込むことによって、顧客関係深化の面で非常に面白い仕組みをつくれる。

さて現実には、これらが正しい評価であるかとか、将来こうした活動が通常のものとして定着化するかといった議論をする前に、チャネルミックスにおける支店の役割が急速に変わっているという現実を理解しよう。残る問題は、将来支店がどんな位置づけになるかということと、支店網のどのくらいが生き残るかということだ。

ただし、根本の部分では心理的な要素も働いている。支店の役割を理解するためには、顧客が金融サービスブランドを選択する際に、物理的な支店がどの程度の重要性を占めているかを知ることが肝要だ。大多数の顧客は、重要な銀行取引の場として支店からより遠ざかりつつある一方で、将来いつか必要になったときに行ける物理的な場所があるという利便性と利用可能性も求めている。特に現行の従来型顧客は、「リアルな」物理的存在を提供する銀行でないと信用できないという心理状態にある。

ブランドに対するある程度の心理的安心感を顧客に与えるために物理的スペースを維持するべきかどうかは、コスト対便益の問題になる。役に立つもの

を維持するにはコストがかかるが、経済的にまったく意味のない水準というのも明らかに存在する。

　店舗の設計や配置の際、これに加えて考慮すべき点が2つある。支店取引とその設計に当たっては、資金も知識も少ない顧客向けと、資金は十分あるが時間がない顧客向けとで異なる戦略をとる必要がある。さほど収益性は高くないがデジタルチャネルを使う傾向の強い顧客層に対して、従来型の取引行動への対応を維持するにはコストがかかりすぎる。マス富裕層と10万ドル超の投資可能流動性を保有するスーパー富裕層をターゲットとするなら、彼らには多忙というライフサイクル特性があるため、「物理的スペース」に来ることは、たまにしかできない贅沢ということになる。多くのバンカーは、この点が自分の感覚に合わないようだ。

　ここでジレンマになるのは、支店に来てもらいたい収益性の高い顧客が、まずはダイレクトチャネルを使う傾向が強くなっていることだ。彼らにとっては時間こそが最も高価値のコモディティだからであり、そのため豊かな対面の顧客経験を求めるに至らないのだ。一方、より収益性の低い顧客は、行動が固定化していてダイレクトチャネルになかなかたどり着かないために、以前にも増して支店の存在を求めている。従来型取引行動へのコストを適切に配分しつつ正しい顧客を引きつけるというバランスをとり、その一方で大半は低活性/高コストである支店網を削減していくことが必要だ。

　最近の店舗モデルのイノベーション事例と、それらの背景にある、今後も中期的に残っていきそうな推進力についてくわしく見てみよう。

❖──アップルストアをつくるべきか？

　2010年12月16日の夕刻、ニューヨークのユニオン・スクエアに、シティバンクが豪華なハイテク支店を開設した。9700平方フィートのこの支店はエイト社のデザインによるもので、偶像的となったアップルストアのユニークなデザインを担当したのと同じ設計会社だ。シティはその店舗コンセプトをまずシンガポールで採用していたが、ニューヨークの店舗はまるで支店取引の救世主のように位置づけられ、マスコミはアップルのブランドストアとの類似性も話題にしていた。シティの支店に関するレポートや評論を読めば明らかなのだが、支店を適切なフォーマットに設計して顧客にとってより魅力的な場所にすれば、顧客は争って店舗にやって来て、それで世の中が正常化すると、大半のバンカー

は考えていたのだ。

　しかし、実際に起こったことはそうではなかった。シティの「ストア」は確かに革新的だったが、店舗デザインの進化によってリテール活動に何らかの実質的プラスが生じたとする確証はない。現実には、シティはiPhoneやiPadやアンドロイドアプリから、新しい彼らの「アップルストア」よりも多くの取引や顧客関係を生み出しているのだ。

　規制や本人確認のために対面取引が必要であるという主張もある。現実的には、現行プロセスを変更しようとしても、あまりに痛みが大きいか高コストとなってしまう可能性が高い。規制当局が認可銀行に対して、顧客受入れや本人確認のために対面対応を強要しているというのは正確ではない。2000年代初頭に電子商取引法が登場して以降、そうした規制要件はなくなった。アップルが成功例を示したように、顧客が商品を購入したりブランドとの関係を深めたりする際には、企業は偏った対応や制限を加えて顧客に単一チャネルのみを提供することはやめるべきだ。銀行は本来、積極的にデジタルチャネルを通じて顧客との関係を深めようとするべきなのだ。

　顧客との最初のやり取りがアップルストアや支店であったとして、初回機器購入や口座開設を行なった顧客は、どのような行動をとるだろうか？　最高にすばらしい店舗経験があれば、彼らはずっと繰り返し店舗にやって来るだろうか？　いや、そうではない。

　平均的なアップルストアは、年間約3400万ドルの売上げと、830万ドルの営業利益を稼ぎ出す。しかしながら、アップルの10-K提出書類をよく読むと、売上げはインターネット販売と機器中心の店舗販売とがほぼ半々であり、小売はさらに再販業者と自社ストアに分かれている[6]（訳注：10-Kは、上場企業などが証券取引委員会に提出する年次報告書）。

　2008年7月10日にアップルの「App Store」が開設されて以降、アップルはアプリだけで60億ドル近い売上げを計上してきた[7]。「サイバー・マンデー」は米国のインターネットとモバイルの小売販売のベンチマークとして参照されるが、その数字が示すところでは、iPhoneとiPadは当時のインターネット販売全体の7〜10％を占めている[8]。

　このデータから私たちは次のことが理解できる：顧客はアップルとのリレーションシップをストア内で開始するかもしれないが、それが必須ということはな

Chap. 03　支店は存続するか？　　67

いし、現実に次第にそうでない方法を選びつつある。ストアが開始点だとしても、アップルの平均的顧客の生涯収益の70〜75%はインターネット販売からきており、その数値は増加傾向にある。

　ここがまさに、バンカーたちが注目すべき秘訣だ。アップルの顧客は、iPadやiPhoneをストアで購入した後、必ずストアに戻ってきてアプリを購入するというわけではない。アップルと顧客とのその後のリレーションシップは、非店舗が中心となっている。時間の経過に伴い、特に顧客行動が変化するにつれ、銀行取引顧客の行動は、さらに物理的店舗の影響を受けにくくなる。アップルの優位性は、かなり強みのある商品で差別化できるため、顧客が購入前からそれに触って使ってみたくなる点にある。銀行商品はそうはいかない。

　顧客が銀行商品の危険性や複雑性に悩まされないように、「ジーニアス」やアドバイザーがサポートを行なうべきだという意見がある。しかし現在、銀行取引を行なう消費者心理として、そうした下調べはより情報量の豊富なインターネットで行なう傾向にある。また、アップルのデータによると、ストア内のアドバイス機能「ジーニアス・バー」で獲得できるのは売上げの1%未満である。よい支店をデザインすれば収益の大幅増につながるという有効なデータは、残念だが存在しない。

　だから、あなたがバンカーとしてアップルストアをうらやましく思うなら、自分がなぜ未来型の店舗やアップルストアのコピーをつくろうと思うのかを考えてみることだ。だが、そこで見えてくるものは、支店型バンキングへの思い入れが、支店削減を妨げるよう現行経営陣に働いているという事実に自らが安んじている姿かもしれない。

顧客関係深化に向けた店舗イノベーション

　これから議論するコンセプトは、将来実現するかどうかわからない未来型支店のコンセプトではない。世界のさまざまな地域で現在稼働している、支店コンセプト適用の成功例である。この特定のモデルから選択する必要はないが、成功事例の主たる要素は、現在の銀行の支店にも積極的に取り込むべきものだ。

❖──旗艦ブランド店舗

　顧客行動のひとつの心理として、「支店に行くつもりはないけど、安心を得たいこともある」といったものが存在するなら、旗艦ブランド店舗を設置することが、ブランドのセキュリティ面や安全面でその心理を支援する究極の方法だ。「お母さん見て！（アップルみたいに）大きくてキラキラしているお店だよ。おカネを預けても安心だよね！」といった具合だ。

　これを実現するには組織的なトレードオフがある。コストセンターや、テラー主体の時代遅れの小規模な支店を閉鎖し、アップルやルイ・ヴィトンのようなブランドとしての大きな都市型店舗を開設するのだ（対象地域の人口構成によるが）。この場合、銀行はブランド力を訴求する物理的な場所を維持するわけだが、ブランドがもたらす心理は顧客リレーションシップや新規顧客獲得であり、単純な銀行取引の場ではないと理解することが重要である。

　ユトレヒト（オランダ）のSNS銀行は2009年、支店から現金処理機能を廃止することを決定した。その時点で、支店取引のうち現金処理は2%を下回っていた。対策として過激だろうか？　そのリテール業務全体へのインパクトとして、コストが劇的に低減でき、支店内における顧客サービスの認知度と対応力が大幅に好転した。SNSは現金指向顧客の一部が離反したことを認めているが、サービス指標と支店の総収益が実質的に向上し、マイナス分をはるかに上回ったことも報告している。

　支店は賃貸料のせいで非常に高コストとなることが少なくないが、支店のプレゼンスから得られるブランド露出だけでも一定の意味はある。となれば、金融機関はこの高コストのロケーションをどう有効活用すべきだろうか？

　現在登場しつつある旗艦支店は、概してマスリテールのブランド・スペースか、富裕層向けのラグジュアリーなサービス・スペースを指向している。「未来の店舗」コンセプトやその手のものは山ほど耳にするが、テクノロジーのオモチャを詰め込んだ店舗をつくっても、正しいブランドメッセージを発信していなければ意味がない。そのメッセージが生み出す心理に留意しよう。店内をデジタル画面やコーヒーマシンで埋めても、顧客にブランドを信頼してもらうことはできない。信頼は、卓越し、パーソナライズされた顧客経験を通じて築かれるものだ。

　支店バンキングの崩壊とチャネルのモデル変化について議論すると、支店と

他のチャネルとを差別化するものは、「アドバイザリー」能力だという意見をよく聞く。だが私が実際に支店を訪れても、アドバイスの提案を受けることはないし、サービス経験もよくない。富裕層顧客でさえ、リレーションシップ・マネジャーとの年次レビュー面談の際に、年に1回「アドバイス」をもらえれば幸運というものだ。そしてこの面談は、「今月の推奨商品」を顧客にあてがうだけで、率直で親身なアドバイスではないことが非常に多い。旗艦支店は、ブランド能力を発揮するという重要な点に焦点を絞ることが重要だ。

そのためにはどうすればよいか。

重要なのは企業文化であって、物理的なスペースの構成ではない。

際立ったサービスを提供するためには、以下の5つの要素が大切だ。

1. 魅力的で、顧客関係深化につながる、暖かくオープンなリテール空間
2. 強力な対人スキルを有する職員やスタッフをフロアに配置
3. 単純な銀行取引ではなく、サービスとアドバイザリーを中心に設計されたまったく新しい支店システム
4. 個々の顧客に対してリアルタイムにパーソナライズされたサービスやオファーを提供する能力
5. 商品販売ではなくサービス施策を実施するスタッフに報いる企業文化と評価施策

1994年、オレゴン州のコミュニティ銀行であるアンプクア銀行は店舗戦略を変更し、顧客サービスを自行ブランドの真の差別化力とする取組みを開始した。アンプクアのCEO、レイ・デイビスと私は最近、『アメリカン・バンカー』誌の年次カンファレンスで会い、米国リテール金融サービス業界メンバーとのオープン・フォーラムで、支店の役割について討論した。またデイビスは、アンプクアの戦略に関する興味深い歴史的視点と、「ストア」のモデルがどう形づくられたかを話してくれた。彼は、アンプクアが物理的プレゼンスの改革という決断をしたことは、結果として、支店を改良する漸進的アプローチというよりも、ビジネスと企業文化の完全なる変革になったと説明した。

アンプクアがまず始めたのは、リッツ・カールトンの顧客サービスチームを招いて現場のスタッフに研修を行なうことだった。リッツ・カールトンは現場の顧客経験で有名であり、デイビスによれば、アンプクアは、リッツ・カール

図3-2 アンプクア銀行の店内

出所:Thread Writing Studio

トンが自社外のスタッフに研修を行なった初めての企業となった。『ニューヨーク・タイムズ』紙はアンプクアを「テラーのいるスターバックス」とその特徴を紹介したが、現実には、取引実行モデルから「ユニバーサル・アソシエイト」と彼らが呼ぶアンプクア型モデルに移行するスキルを、現行テラースタッフ全員が習得したというわけではなかった。

　デイビスによれば、アンプクアのプロジェクトチームは、まず成功している他の小売業モデルに注目し、顧客に対して、銀行でやっていることと、小売業店舗でやっていることを尋ねた。答えはみな同じだった。顧客は銀行の**支店**では手続き的な作業を実行するのに対して、小売業の**店舗**ではまず商品を試して、検討し、その後購入するのだ。デイビスによると、変革前のアンプクアの支店は、(ほとんどの他の銀行のように)ショッピングを喚起する小売スペースとしてつくられておらず、銀行取引を円滑化するか実行する場所であった。つまり銀行が直面する主たる問題というのは、銀行が支店で収益を上げたいと考えている一方で、顧客は支店を金融商品を購入する場所と認識するのではなく、テラーや申込書類が存在する場所と認識していることである。顧客にとってはインターネットで購入したりブラウズしたりするほうが簡単なため、顧客行動がデジタルチャネルへと移行しつつあるので、今日のチャネルミックスの中で支店の存在価値を定義することは大幅に難しくなってきている。

　アンプクアは、支店の業績評価基準を変更する必要があった。評価基準は、支店別の販売商品数や収益を測定するだけでなく、顧客の訪問頻度、問題解決

サービスの平均時間や顧客満足など、よりソフトな指標を重視する方向へと変更された。支店職員は、販売につながるかに関係なく、顧客との関係深化の方法を見つけて顧客の訪問を促し、ブランドとの関係を深めるよう奨励された。また職員は、顧客をコンプライアンス手続きや金融手段であるかのように扱う従来のルールにとらわれず、問題解決を行なう権限を与えられた。その結果、ブランドの親近感、顧客満足度、販売収益のすべてが向上した。

デイビスが例としてあげたのは、コミュニティのボウリングチームが支店にやって来てWiiでボウリングのゲームを行なったこと、あるグループは支店内でヨガのセッションを行なったこと等である。誰かがゲーム機で遊びたいとかヨガのトレーニングをしたいと言ったとしても、その場所として銀行の支店を使うという考えは、ふつうは頭に浮かびにくい。しかしアンプクアの企業文化とは、支店はコミュニティの場であり、支店が属する個々のコミュニティとブランドとの親近感を築くことなら、何でも奨励するというものだ。

アンプクアのケースで、より強力なブランドを築き、支店の収益を上げた施策とは、収益を追求したり支店を立派な場所にしたりすることではなく、これまでと違う企業文化をつくり上げたことである。それはプロセス変更を伴うものだった。多くの銀行は、店舗開設に何年もの時間と何百万ドルものコストをかけるが、アンプクアはこのプロセスを8週間で50万ドル以下に抑えた。

1994年にデイビスがアンプクア銀行の経営を引き継いだ時点で、同行は4つの支店と1億5000万ドルの資産を有していた。現在は170店を上回り（買収と自己成長の双方による）、資産は120億ドル近くになっている[9]。この驚異的な成長は、卓越した店舗によるものだろうか？ アンプクアの支店アプローチを真似する銀行は、成長できるのだろうか？

「支店」が成功の秘訣であると仮説を立てるのは問題である。それとは正反対の、オーストラリアのユーバンク（UBank）のようなモデルが存在するからだ。ユーバンクはわずか4年で資産100億ドル企業へと成長しており、いわゆる支店の類いはまったく有していない。ユーバンクの成長はアンプクアよりもはるかにすばらしく、期間は4分の1未満で、世界経済が低迷している時期にわずかな投資で実現されたものだ。しかし、アンプクアとユーバンクに共通しているのは、ロイヤル顧客の基盤を持ち、卓越したサービスを提供する企業文化を持つという点だ。チャネルや商品そのものではなく、顧客関係深化へのアプローチにこそその秘訣が存在するのだ。

図3-3　ドイツ銀行のQ110支店（ベルリン）の受付

出所：ドイツ銀行

　とはいえ、顧客が商品購入の相談に銀行に行こうとした際には、店舗レイアウトが他行と差別化されているほうが、よりよい環境を提供できる。小売業と銀行取引における購買行動の違いに着眼するというアンプクアの判断は、まさに的を射ている。顧客が15分も待たされたあげくに防弾ガラスで囲われた窓口を通して話をするという環境では、セールスなど不可能だ。

　そこで、バンキングにおけるリテール拠点のベストプラクティス事例をいくつか詳細に見て、顧客関係深化に役立つ重要な特性や要素を概観してみよう。近年で最も特筆すべき事例はアンプクア銀行、ドイツ銀行のQ110、ヴァージン・マネー、INGダイレクト（オランダ）、イェスケ（デンマーク）、ノースショア＆コーストキャピタル信用組合（カナダ）、ケ・バンカ（イタリア）である。各行の支店はそれぞれ、ショップ、ストア、ラウンジ支店、カフェなどと呼ばれているが、カギとなるのは単純な銀行取引の場から転換して、ショッピングと会話の空間を提供していることだ。「支店」から「ストア」へと呼び方を変更するだけでは十分ではない。ウェルズ・ファーゴ（米国）は支店をストアと呼んでいるが、そうしたリテールの空間を支店の中に開設していくにあたっては、まだ途上であったため、企業文化や顧客関係深化の欠如が根本的な問題として残った。リテールの空間を再考するための重要要素とは何だろうか。

❖──顧客受付

　新しいリテール空間のデザインの多くに共通しているのが、航空会社やホテ

ル型のチェックインまたは受付エリアである。顧客受付担当者を配置する銀行もあれば、単に顧客にセルフサービス機能を提供する銀行もある。いずれにしても、受付は、強力な最初のサービス・オファリングを提供し、ブランドとして顧客と関係を深めたいという意志を表明する意味で重要である。

❖──ジーニアス・バーとポッド

　アップルは、アップルストア内に設置した「ジーニアス・バー」のコンセプトで有名である。アップル自身の説明によれば、ジーニアス・バーはアップルの顧客に対してハイタッチの技術サポートを行なうものだ。

> 「お持ちのMac、iPad、iPod、Apple TV、iPhoneについてご質問やハンズオンの技術サポートが必要な場合は、すべてのアップルストアのジーニアス・バーで、親切かつ専門的なアドバイスが受けられます。ジーニアス・バーには、ジーニアスが常駐しています。彼らはアップルで訓練を受けており、アップル製品について広範な知識を持ち、あらゆる技術的質問に回答可能です。実際、ジーニアスは問題解決から実物の修理まで、何でも対応可能です」[10]
>
> ──アップル社ホームページ

　銀行はこのコンセプトを複製しようとして、専門知識を持つアドバイザーをフロアに置き、専門的な商品相談に幅広く対応可能にしている。こうした店舗に配置されたジーニアスが、iPadなどのツールを活用してより詳細な商談に顧客を巻き込もうとしている光景は、珍しいものではない。
　デンマークのイェスケ銀行は「Jyske Differences」[11]の名前で新しいコンセプトを打ち出した。商品は物理的にパッケージとして提示され、銀行の内装は、顧客とのやり取りやサービス成果の向上につながるようデザインされている。イェスケは支店を「ショップ」と呼び、「ジーニアス・バー」型のコンセプトで「アスク・バー」と呼ばれるものを備えている。
　多くの銀行が、バーまたは「ポッド」というモジュール型の顧客関係ステーションを未来型支店の重要要素として明確に位置づけている。こうしたポッドに基本的な現金収納機能やテラーシステムを組み込んで通常の支店の機能を持たせている銀行もあるが、その方法ははるかに新しいものだ。オーストラリアの

図3-4 イェスケ銀行は「アスク・バー」を個人関係深化の場所として採用　　図3-5 複数のポッドによってテラー機能を店内環境に取り込む試み

出所：Jyske　　　　　　　　　　　　　　　　　出所：UFCUオーバーン支店

ベンディゴ＆アデレード銀行や、アラバマ州のオーバーン大学連邦信用組合もその例である。しかしながら、営業の環境により重点をおく銀行もあり、ハイカウンターの防弾ガラス窓口とは離れたところに、開かれた魅力的なスペースを生み出している。

❖──デジタル・ウォール、サーフェス技術、顧客認知

　今後2〜3年のうちにメディアウォールの支店への普及が進み、動的な広告環境と、顧客が支店内でやり取りする空間が同時に生まれることになる。バンコ・サンタンデール（スペイン）の本店では非常にクールなメディアウォールを（ロボットのアシスタントとともに）採用しており、アンプクア銀行や、シティその他の銀行もメディアウォールを設置している。

　しかしながら、メディアウォールに加えて、顧客とのつながりをより円滑にする他のテクノロジーも実用化されてきている。インドのYES銀行と香港のHSBCプレミアは、RFID（訳注：radio frequency identifier。微少な無線チップを添付することで、人やモノを識別・管理する仕組み）技術を試行しており、顧客が支店に入ってきたことを認識して待ち行列システムでの順番を繰り上げる。ロイヤル・バンク・オブ・スコットランドでは、スマートフォンの銀行アプリで待ち行列の順番を顧客が予約できるようにしている。

　RFID認識やモバイルの位置情報トリガーを店舗経験に組み込むと、個々の顧客を認識できるようになるため、顧客のニーズ、行動、商品利用履歴に沿って

図3-6　インテルのタッチ・ウォールは間もなくメインストリームとなるだろう

出所：インテル

支店環境のパーソナライズ化を提供できるようになる。特別に高価値の顧客の場合には、例えば、リアルの担当者にすばやく連携して個別のサービス対応に着手させることも重要だ。

　メディアウォールは、支店内に設置したタッチスクリーンとソーシャル・データに消費者行動の変化を取り込むものだ。こうしたウォールやスクリーンでは、ターゲットを絞り込んでカスタマイズされたリッチメディア広告を表示する。またこの技術には、通行人に対して年齢、性別等に沿ってリアルタイムで最適の映像を出すような高い分析能力もある。これらのデジタル・プラットフォームは、消費者の興味範囲と購買行動に関する分析結果を表示し、立ち止まってもらってやり取りすることを目的としており、さらに時間経過に伴ってターゲティングも改善していく。

　デジタル・ウォールを使った大部分のやり取りは、現段階ではかなりシンプルなものであり、メッセージ戦略が主眼となっている。しかしながら、インタラクティブ性の点で環境が進化しているので、近いうちにこのウォールにバイオメトリクスや位置情報認識（おそらくモバイル経由）が組み込まれ、個々人に合わせたメッセージを絞り込んで表示するようになる。例えば「スミス様、本日あなたのVISAクレジットカードをゴールドからプラチナにアップグレードしました」とか「ボブ、貸越機能が承認されました！　ご連絡いただければ今日から利用可能です」といったメッセージだ。

　富裕層顧客には近い将来、マイクロソフトのサーフェス技術[12]を使って、店

図3-7 マイクロソフトのサーフェス技術

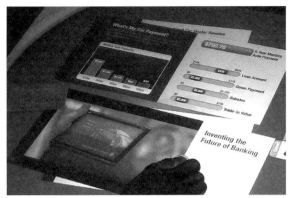

ドイツ、バークレイズその他のコンセプト店舗に配備されて4年が経過している
出所：マイクロソフト

内で取引銀行とやり取りできる機会が提供される可能性が濃厚だ。サーフェスは2007年に発売されたが、そのタッチスクリーン型テーブルは、旗艦店舗における店舗経験に組み込まれることのほうが多い。残念ながら、法律、コンプライアンス、リスク上の懸念から、現在サーフェスを配備しているほとんどの銀行では、カードや携帯電話をおけば口座残高や投資状況、ポートフォリオ変更が見られるという対話機能（サーフェスのテーブルで可能）を活用していない。したがってこの基盤は、現時点では高コストの銀行商品のパンフレット型メディアとなっていて、見栄えのするビデオと基本的なインタラクティブ機能が組み込まれている。理想的な利用方法とはいえないが、アドバイザーが当月推奨商品の販売を行なう際の補助にはなる。

旗艦ブランド店舗を活用して最も重要な見込み客やロイヤル顧客を引きつけ、単純な銀行取引活動のデジタル化が進めば、その他のサービス拠点の役割はもう少し狭い範囲でコンテキストの中に位置づけられることになる。

❖───インストア・ブランチ（Bank-shops）

1990年代に銀行はすでに、人々が以前ほど都心にある支店に足を運ばなくなっていることに気づいていた。現代の職業生活がもたらす需要特性のためだ。ランチタイムに「ちょっと銀行へ」と仕事場を離れるのは次第に難しくなってきていた。仮に銀行に行ったとしても、小切手を現金化したいだけなのに、まる

図3-8　インストア・ブランチ

人通りが多く目立つ場所にある従来型営業店に代わるものとして設計された

で最新のiPhoneを買うために人々が並んでいるかのような行列に出くわしただろう。昼休みと営業時間の終わりの閉店間際を除けば、支店は日中の大半はガラガラのままだった。

　この状況を解決するには、単に支店の開店時刻を多少遅らせ、夕方まで営業時間を延長して、仕事を終えて帰宅する人々が銀行に来られる時間をつくればよいのは明らかだ。ところが、セキュリティ上の懸念や組合の問題、営業時間に関する銀行の企業文化やその他の面倒なことがあって、この改善は困難だった。人々に支店に来てもらうという第一の目的が達成できたら、次に来る論理的質問は、人々が将来も来店するとしたら、どこに店舗を配置すればよいかである。

　西洋社会や他の文化にも広がりつつある人々の慣行を考えると、夕方と週末に人々が集まる場所は、ショッピングモール、映画館や娯楽施設、そしてレストラン、パブ、喫茶店などの「ホットスポット」である。こうして、インストア・ブランチが生まれた。

　インストア・ブランチは「本格的な」支店ではないため、この新型店舗のコンセプトを経営陣に対して新しい施策として進言しないでいても、ある程度は大丈夫だった。最も混雑する金曜夜の大手ショッピングモールの中でインストア・ブランチが閉まっているのはいささか変だったので、営業時間は比較的柔軟にする必要があった。それ以降、インストア・ブランチはさまざまな場所で大きな成功を収めてきた。その成功要因は、立地とアベイラビリティ（営業時間）である。

　アクセシビリティ以外のインストア・ブランチの優位性は、来店客のサービ

表3-2 Bank 3.0におけるポップアップ型店舗の仕様

店舗タイプ	場所・設置イベント	商品・セグメント特化
屋台型店舗	見本市・展示会	住宅ローン（不動産見本市） 自動車ローン（自動車ショー）、etc.
住宅型店舗	コミュニティやアパートのショールーム	住宅ローン（不動産）
自動車店舗	自動車ディーラー	自動車ローン、リース
得意客向け店舗	空港	ご当地案内ニーズのある富裕層、外貨交換デスク、etc.
船舶店舗	クルーズ船	退職者向け投資相談
モバイル店舗	「市場」など週末の人出の多い場所	トラックや自動車内の移動店舗 クレジットカード、個人ローン、etc.
大学店舗	大学キャンパス	学資ローン
ポップアップ型可動店舗	必要な場所どこでも	特化したセグメンテーションまたは特定ターゲット向け販売

スや商品ニーズを比較的想定しやすいという点にある。街中の支店だと、学生からファミリーから富裕層個人からリタイアした通帳保有層までのあらゆる人々が支店を訪れてくるが、インストア・ブランチでは、来店顧客層とそのニーズをより正確に絞り込むことができる。街中の支店では顧客から住宅ローンについて質問を受けるかもしれないが、インストア・ブランチでは、クレジットカード、高金利か固定金利の預金口座、自動車ローンといった金融商品の問い合わせが多い。

❖──ポップアップ型店舗

インストア・ブランチのコンセプトを論理的に突き詰めれば、特定地域の潜在顧客に対する販売・サービス機会を最大化するために、常設／仮設いずれにせよ、支店を出すべき有望な場所はもっと多くありそうだ。実際、支店は必ずしも常設のものである必要はない。ブランド・プレゼンスがあるかぎりは、資格のあるスタッフと販売や取引をサポートする銀行システムへの接続があれば十分だ。となれば、バンカーとして考えを先に進めて、より方向性の明確な専用の手段で顧客にアクセスし、販売・サービス機会を最大化する施策がもっと他にも見つかりそうだ。

オーストラリア、カナダそしてアフリカ全土のような地域で都市部以外への

図3-9　ポップアップ型店舗

移動可能で、完全可動型か仮固定型の構造となっている

展開を進めるために、仮設店舗またはポップアップ型店舗を活用している銀行もある。最近のこうした試みは、非常に魅力的な銀行取引の空間を生み出す可能性がある。

バンや小型トラックに乗せた移動型店舗も、ある地域では普及している。ここではいくつかその他の例を示そう。

❖──サードプレイス（第三の場）

新型店舗形態の一候補として、まったく支店らしく見えないものもある。最終的に支店とはアドバイスの「空間」であるとリテール銀行が考えるなら、アドバイザーが座る空間をつくって、支店と置き換えてみてはどうだろうか。

これは、旗艦型店舗をつくる余裕がない場合に、純粋なアドバイザリー空間へと顧客を導く方法になる。どんな要素が含まれるだろうか。

非常にシンプルで、座って話す場所に、顧客応対担当のアドバイザーか職員がいて、顧客とのやりとりの円滑化を支援するシステムが備わっている。つまり、iPadを携えた銀行員と、感じと座り心地のいい一対の椅子である。

商品関係のアドバイスによって自行のブランドを差別化できるというなら、他に何が必要だろうか。日常の銀行取引がインターネット、モバイル、ATMにシフトするなら、それは銀行取引用のハイカウンター窓口を支店から追い出すのに成功したということだ。そうなれば、支店に残されるのはアドバイスの場だけだ。それは誰かが名づけたように「サードプレイス（第三の場）」である（訳注：

サードプレイスとは、自宅、職場の間にある3つ目の居場所という意味)。

　コーヒーマシンを置けばいい感じだが、それ以上にカギとなるのは、アドバイザリー時間の予約方法を統合することである。人々がアドバイザーと打ち合わせをするのに、その空間内に行列をつくるようなことがあってはならない。第一に、打ち合わせ空間は行列に対応するほど広くない。そして第二に、顧客はアドバイスを受ける際、それを他の人には聞かれたくないだろう。

　とりわけ賑やかな場所に設置するなら、これが小型旗艦店になって、アドバイザー・ステーションが2～3基置かれ、ツールによる受付スペースが備わるかもしれない。「サードプレイス」は、対面でのやり取りが意味を持つ場所にアドバイザリー空間を維持するためのものであるが、現行のフルサービス店舗のようなコストはかからない。

　オースティンでは、テキサス大学連邦信用組合（Texas University Federal Credit Union：UFCU）が、テラーなし店舗への移行に取り組み始めた。目的は、単なる銀行取引の場ではなく、対面でのやり取りをする気にさせる場をつくることだった。サービス向上のためATM設置に最小限の投資がかかったが、すべてこのタイプの支店に移行することによって、店舗当たり年間15万ドルのコスト節減となった[13]。実際テラーはいなくなったが、顧客はサービス縮小に気づかなかったし、サービスが全面的に改善されたと顧客はコメントしている。

　「サードプレイス」は、大通りに面した銀行取引中心の現在の支店から、はるかに低コストでサービスとアドバイザリー機能を提供する場所へと、顧客を導く方法である。

❖──自動化店舗とセルフサービス店舗

　新たにセルフサービス型あるいは自動化店舗が生活の中に登場してきたのを、私たちは目の当たりにしている。有人店舗が閉鎖されて自動化店舗に置き換わる場合、サービスは低下すると認知される。ところが、新たな場所に新しいハイテク自動化店舗が開設されると、その銀行は革新的と見られる。こうした店舗がうまく機能すると考えられる根拠はあるだろうか？　従来型銀行かネット銀行かに関係なく、自動化サービス利用の拡大トレンドは普遍的なもののようだ。ならば支店にもそれを適用すべきではなかろうか。

　HSBCが英国のファースト・ダイレクトで、かなりの成功を収め続けている。ファースト・ダイレクトは、80年代のコールセンターに始まり、現在でもすべ

てのサポートを支店を持たずに提供している。現金や小切手対応の自動化機能を付け加えれば、純粋なデジタル・スペースの補完として役に立つ。そこは「場所」ではあるが、「人のいる」空間ではない。少なくとも字義どおりに人はいない（ビデオ機能を通じたリモート・テラーサポートのある自動化店舗はある）。

アジアでは、シンガポール、香港、上海などで、受付担当者が来店顧客に「今日は何のご用でしょうか？」と尋ねるのがごく一般的だ。もし小切手での入出金や送金という回答なら、顧客はその取引ニーズに対応した自動化機器の「銀行」に案内され、フロアスペースは、より高収益の取引用に空けられる。

次世代の顧客は、スカイプ、フェイスブック、ツイッター、YouTube、インスタントメッセージ、SMSといったテクノロジーを使いこなして育ってきている。この世代は、ABNアムロ（オランダ）のテレポータル支店を利用するのもまったく問題ないだろう。この支店では、テラーへのアクセスはビデオ会議のみであり、テラーは同時に複数箇所の店舗に対応可能だ。ただし現金と小切手取引は、支店ロビーに置いた機器で対応する。もともと大学キャンパス向けにデザインされた「テレポータル」と呼ばれるこの形態は、当初は非常に有効であったが、2008年以降はあまり話題が聞こえてきていない[14]。

顧客の銀行取引経験には、利用可能なテクノロジーが次第にうまく統合されてきている。例えば、ATMからレシートをプリントアウトする代わりに、ATM取引終了時に口座残高と直近5件の取引履歴がATMから携帯電話に自動送信される。顧客がカウンターにやって来たときに、紙へのサインを依頼する理由があるだろうか。いまやタブレットへのサインや顔認証か指紋認証を、適切な本人確認として使える時代だ。

自動化における最大の進歩は、実はテクノロジーではなく、クールなインターフェースでもなく、顧客ニーズを予測可能にしたことである。顧客が日々何を行なっているか、どの取引にどのチャネルを使っているか、商品・サービスの総合的なニーズは何か、といった役立つ情報を集められるようになると、行動モデルやアナリティクスを活用して顧客のニーズをさらに的確に予測し対応可能になる。

第一段階としては、こういうテクノロジーをよりうまく既存店舗に統合し、出金・入金・送金といった利益ゼロ取引のコストを削減またはゼロにして、同時により高いレベルの顧客「サービス」施策を実現する。第二段階では、コスト

効率を最大化しつつ物理的拠点の配置を拡大するために、完全自動化店舗の導入可能性を検討する。こうした同時並行的な展開ステップとするのは、顧客対応テクノロジーを一段低いものとしてではなく同レベルの選択肢とみなし、その使い勝手とインターフェースを改善していくためである。そうすれば、自動化店舗は銀行のコスト削減の手段としてだけでなく、サービス改善にもつながるものとなる。

❖──サードパーティ店舗

　支店進化の最終形として新たに注目されているのが、フランチャイズ、再販業者、サードパーティの店舗である。銀行は長年にわたり、保険業や他の金融サービス業務でブローカーの開発を促進してきたのだから、銀行支店自体についてもやってよいだろうということだ。銀行システムがより簡素化して使いやすくなり、銀行がカウンター越しの収益創出により注力するのであれば、支店をフランチャイズ化やサードパーティの運営業者にアウトソースすることも可能だろう。では、なぜそうすべきか。

　顧客の来店がさらに減少すると、一定の最低人口集中レベルを超えないと支店バンキングが経済的に成立しなくなることは自明である。全国規模や地方規模のプレーヤーは、自行のコミュニティバンキングのネットワークの60〜80%を放棄するよりも、コミュニティとブランドとのつながりを維持できるような移行措置を検討したほうがよいが、それには不動産コストと人員コストを低く抑えるモデルが必要だ。

　サードパーティ店舗は、特定の営業活動や顧客セグメントに特化する形態が理想的だ。不動産コストと人員コストを持たなければ、金融機関は利益を享受できる。サードパーティの店舗や相談デスクはコストを自前で賄う必要があるため、結果的に非常に収益指向になり、以前なら銀行支店で見られたような、本質的でない活動はすべて効率化される。顧客が海外でサードパーティのATMを利用するときとまったく同じように、フランチャイジーに手数料を払ってカウンターで従来型取引を行なうという選択肢が提供されるわけだ。手数料を払いたくなければ、サードパーティ店舗を使わないという選択をすればよい。

　端的にいえば、銀行はスターバックスの「支店」あるいはストアのコンセプトを参考にする必要がある。パッケージ化された十分な根拠に基づく自律的なビジネスモデルであり、第一の焦点が収益獲得でありながら、すばらしいサー

ビス評価基準も備えている。ローカウンターの現金取扱業務を支店からなくそう。システムとプロセスのリエンジニアリングに適切な投資を行なえば、現在でもそれは確実に実行可能である。

顧客が支店に来なくなったら？

　数多くの銀行が、物理的拠点を変革することで、顧客の支店回帰を狙っている。しかし、顧客行動はこうした努力とは逆の方向へと急速に変化している。新規顧客と現役の富裕層は、支店離れと時間不足の傾向を強めており、できるだけ円滑で引っかかりのない利便性を銀行取引に求めている。この急速に拡大しつつある新しい顧客層にとって、支店はこの「引っかかり」そのものだ。なぜだろうか。理由は、銀行はこの30年間、顧客関係深化の障壁を取り払うのではなく、より多く築いてきたからだ。商品は複雑さを増していて、単純ではない。コンプライアンスとペーパーワークは一層面倒になっていて、スピードアップも簡素化もされていない。

　銀行を、コーヒーショップ、ヨガスタジオ、情報機器販売店、アップルストアのようなものに変えるだけでは、顧客が大挙して戻ってきて取引をしてくれるようにはならない。顧客は「価値」があってこそ戻ってくる。銀行支店としての主たる価値は何だろうか？　コミュニティとのつながり、アドバイザリー能力、問題解決能力といったものだ。

　支店を販売センターや銀行取引センターとしてとらえないこと。もともとこれは、過去に成功を実現してきた近代的店舗の中核にあるものだ。ところが、顧客がアドバイスを求める複雑な商品を販売する場所として支店を考えてみると、3つの基本的な誤解が明らかになる。

1. 顧客が支援を求めているときに「販売」モードで対応する
2. 営業的会話の一部としてでなければ、アドバイスが提供されない
3. 複雑な商品はよいものだという前提が置かれている

　顧客が求めるのは、自分たちが抱える問題への解決策と簡潔さである。顧客は銀行に対して、自分たちの金融ニーズに円滑に対応し、ライフイベントの意

思決定の際に現金や信用に生じるギャップを解決してくれることを求めている。銀行が複雑な商品の販売とアドバイスのために支店網を活用しようとするほど、その戦略、収益メカニズム、哲学が、現代の消費者に対してますます逆効果になるのは明らかだ。トランザクション・バンキングの慣性と「取り付け騒ぎ」という歴史への懸念は、21世紀における銀行の基本戦略には適合しない。

　銀行はよく、住宅ローンや投資商品を「複雑な商品」であると言うが、1970年代や80年代の住宅ローン商品を思い起こせば、それはさほど複雑なものではなかった。住宅ローンの基本部分は現在でも複雑ではなく、元本、期間、金利、返済等で構成される。複雑になった唯一の理由は、提供者側が商品を差別化しようとしたからだ。なぜ住宅ローン商品は複雑なのか。業界がそうしたからだ。今後の新しい世界で勝利するのは、このトレンドを覆すプレーヤーだろう。

　あと10年もすれば、大多数の顧客はテラーを必要としなくなる。アドバイザーも不要になる。複雑な商品も求めない。信頼できる金融パートナーもいらない。

　彼らが求め、必要とするのは、銀行取引の利便性である。

　この利便性を極力引っかかりなしに提供する方法を編み出すことが、支店網をどうすべきかという銀行のジレンマを解決することになる。逆に、旧来のプロセス、複雑さ、企業文化、評価基準、企業哲学といったものを変えないままに表面的に新しい空間をかぶせようとこだわれば、大失敗になるだろう。

　まずは企業文化を変革し、次いでその空間をどうするか検討することだ。そのときに次のことを忘れてはならない。顧客が物理的ブランド空間に歩み入って、「銀行」とのか細いリレーションシップを太くしてくれることに頼ろうとするなら、それはこの上ない間違いだ。2016年には、モバイル対応した銀行／ワレットの顧客との接触数は、物理的空間での接触数に比べて、年間で200～300倍多くなってしまうからだ。

すぐに実施可能な店舗改善

　では、短期的に実現可能で、銀行と顧客の双方に便益をもたらすような店舗改善のロードマップとはどんなものだろうか。以下に述べる領域には、今後3～5年のうちに金融オペレーションまたは顧客サービスレベルの改善機会がある。

表3-3 実施可能な改善・改革プロジェクト

プロジェクト・施策	実施目的
現金・小切手預金機	営業店にとってコストでしかない店頭での受付を撤廃する
受付ゾーン	セルフサービスの自動化機器へと取引を振り分け、他の照会等への対応・サービスのスピードを向上させる
行動分析	すべてのチャネルにわたる顧客行動の分析を強化し、顧客がネット等ではなく営業店でやりたいこと（タスク）が何かを理解する
セールス／ニーズのマッチング機能	既存顧客に対して、アラート、オファー、サービスメッセージ等を、サービス担当者のデスク、デジタルメディアウォール、サーフェス機器、顧客の携帯電話等に店舗内で配信するようなリアルタイムまたは事前検知式のオファー・マネジメントを実施する
社員の社内流動性向上	サービスとセールスの研修プログラムへの注力、およびKPIの改善（月次申込数や全体収益などの単なる数値以上のものへ）
引っかかりの低減	顧客とのやり取りレベルでの引っかかりを排除するために施策を組合わせる――紙への記入の完全排除、既存顧客向け本人確認負担の低減、手続き・プロセス系作業の際の対話への注力等 顧客中心型駆動力の創出――商品中心で顧客から収益を獲得しようと競合するのではなく、顧客に対する責任者として機能する
ストレート・スルー・プロセシング（STP）と信用リスク管理システム	旧式のバックオフィスにおける手作業・人的作業「プロセス」のために24、48、72時間も待たされるのではなく、顧客の申込書に対してその場の対応を可能にする。手作業でのミスによるコンプライアンス上のエラー低減も含む
顧客中心デザイン	エスノグラフィー、ユーザビリティ調査、第三者評価、顧客観察フィールドスタディ、フォーカスグループ調査等を活用して、対顧客使用用語やコミュニケーション、店舗の利便性などを改善する
店舗網縮小シナリオ・プランニング	残念なことだが、今後5～10年にわたって、現行の店舗配置の大部分を見直す必要があることは不可避である。そのため、実施プロセスのシナリオ・プランニングを開始し、コミュニケーションおよび顧客サービス戦略を立案する必要がある

・顧客関係深化に関する引っかかり、複雑さ、障壁の低減
・顧客とのコミュニケーションや使用用語の改善
・顧客行動分析の向上による、顧客ニーズの予測・対応力の強化
・店舗の業務遂行ツールの見直し、カギとなる顧客応対人員のスキル・雇用の見直し
・取引自動化やサービスに関するテクノロジー活用の改善
・トランザクション機能の全廃

こうした改善の効果は、店舗内で実施可能なさまざまなプロジェクトの実行を通じて現れる。中には他の機会領域にもまたがるプロジェクトもあるので、表3-3にこれらのプロジェクトを通じてどのような改善や改革が実現可能か、具体的な例を紹介しよう。

KEY LESSON

　先進国経済を通じて、銀行は支店活動の急速な減少に向かいつつあり、今後10年間に30〜80%の削減へとつながろう[15]。このことは、支店での新規顧客獲得に依存している小規模銀行に対して劇的なインパクトを及ぼし、その多くは、変革能力の欠如のために姿を消すだろう。その後に残る支店の姿は、これまで慣れ親しんできた銀行取引指向のテラースペースとは似ても似つかぬものになるだろう。

　Bank 3.0の世界とは、ハイカウンターでの取引支援の減少と、ローカウンターでのサービスへの注力の大幅強化である。その目的は、ゼロまたは低マージンの取引はより低コストのチャネルに担わせ、価値が存在する場である顧客リレーションシップの深化と収益獲得に注力することだ。

　とはいえ、消費者行動の変化を理解するなら、急速に拡大しつつある新しい顧客層にとっては、支店の魅力は明らかにかなり小さい。なぜならこの顧客層は、インターネットでより高品質のアドバイスを得られ、デジタルに速く実行できるからだ。忙しくて時間がないため、物理的な場所に行ってあれこれする手間などかけられないのだ。

　銀行取引が場所や空間に依存しなくなるという変化は、まさに利便性に関する変化である。金融面での利便性の実現について考えれば考えるほど、支店は概して大きな優位点にはならないという事実に行き着く。

　支店は本当に必要だろうか？　おそらくそうだろう。建物の中でリアルの人間と会って問題を解決してもらうことで安心する顧客層は、いまでも存在している。ただ銀行にとって問題なのは、こうした顧客層が急速に縮小し、2020年には小規模のマイノリティとなってしまうことだ。となれば、支店網を見直すには数年の期間を要するため、多くの銀行は、物理的な支店網縮小の計画にいますぐ着手しなければならない。5年後とか7年後では、すでに手遅れになってしまうだろう。

> 結局のところ、物理的支店網から迅速に解放されるかどうかの意思決定は、経済的意思決定でもある。利ざやが縮小を続け、新しくより優れた販売モデルが登場し、ノンバンク金融機関との競合が引っかかりの少なさの面で強まる一方で、昔からの評価指標で見ても、支店は大幅に採算性の悪い存在となってしまっていることを示しているのだから。

［注］
1) 「モンテ・デイ・パスキ・ディ・シエナの難関（Tough times at Monte dei Paschi di Siena）」Euronews（http://www.euronews.com/2012/06/27/tough-times-at-mon te-dei-paschi-di-siena/）
2) 英国銀行協会（British Bankers Association）
3) Australian Prudential Regulatory Authority, Statistics, ADI Points of Presence, June 2011（http://www.apra.gov.au/adi/Documents/2011%20PoP.pdf）
4) http://banktech.com/channels/232601505参照。
5) PWCコンサルティング（http://www.pwc.com/us/en/financial-services/publications/viewpoints/viewpoint-retail-bank-customer-centric-business-model.jhtml）
6) アップル社（Apple Inc.）SEC 10-K報告書
7) CNET
8) IBM Research
9) BusinessInsider/Umpqua Press（http://www.businessinsider.com/umpqua-bank-offers-customers-direct-access-to-its-ceo-from-its-stores-2012-2?op=1）
10) Apple.com
11) イェスケ銀行：イェスケの新営業店コンセプト（http://www.jyskebank.dk/jyskebankinfo/home/home/220771.asp）
12) マイクロソフトは、銀行営業店で利用されているテーブルトップ・テクノロジーと混同されないように、新しいタブレットを「サーフェス」とも呼んでいる。
13) YNN Austin News、2011年8月22日（http://austin.ynn.com/content/business_and_finance/business_now/280091/business-now--new-ufcu-locations-go-teller-less）
14) ABNアムロ、アニュアルレポート2006年、2008年。
15) ジョーンズ・ラング・ラサール（Jones Lang Lasalle）の2012年7月の調査によれば、今後5〜10年の間に営業店数は50%減少するとなっている。（http://www.us.am.joneslanglasalle.com/UnitedStates/EN-US/Pages/NewsItem.aspx?ItemID=25573）

Chapter **04** Onboard and Engaged—The Ecosystem for Customer Support

顧客獲得と関係深化
——顧客サポートのエコシステム

> サポート改善の必要性

　前著 Bank 2.0 で私は、顧客サービスと顧客サポートの仕組みとしてのコールセンターについて書いたが、率直にいって銀行は、顧客関係深化とサポートの面で、チャネル中心アプローチという固定観念から脱却しなければならない。昔なら、何か問題が起きたとき、顧客は支店に行くか、電話に手を伸ばすかだった。銀行が顧客を支援できるのはこの2つのチャネルだけだった。

　1990年代後半になって銀行は、顧客からの照会や質問を電子メールで受けるようになったが、銀行は電子メールチャネルをサポートする組織能力を備えていなかった。そこで、何をしたか。顧客に「この電子メールに返信しないでください。当行はそれに回答しません」と告げるか、もしくは、顧客が電子メールを送信してきたら、それを無視した。これはいまでも続いている。

　顧客サービスや企業文化、そしてそれを構築する必要性について、ここで長々と論じるつもりはない。このテーマについては、あり余るほどの参考書籍がある。その中でもロン・カウフマン、ミカ・ソロモン、クレイトン・クリステンセン、ケン・ブランチャード、ゲイリー・ベイナーチャックなどは、私のお気に入りだ。私はそれとは別に、リテール金融サービス業界において、サービスと営業を悩ませるタテ割り組織の問題と組織面での対応策について書いてみる。

　　「私が心から信じているのは、企業は際立った顧客対応によって競争優位を

つくり出せるということだ」

　　　　　　　　　　　　　　——ゲイリー・ベイナーチャック（@garyvee）

　これはすばらしいコメントだ。数多くの苦情を受けたとしても、顧客サービスの改善を経営戦略や重要目標として掲げることで、他者に先んじることが可能だ。際立った顧客対応によって、顧客を幸せにするのみならず、新たな収益を生み、コストを低減し、強力なロイヤルティ、つまりファンという基盤を創出できるのだ。

　だが皮肉なことに顧客は、問題解決に当たって、銀行に電話をかけたり、電子メールやSMSを送りつけたりするのに劣らないほど、検索エンジン、ブログ、掲示板、あるいはツイッターとかフェイスブックへの投稿を使って自分でやろうとするものだ。最近のガートナーの調査によると、コミュニティを巻き込んだサービスを活用することで、2015年までに顧客サポートのコストを50％も削減可能だということだ[1]。テクノロジーの進歩によって、銀行は以前にも増して顧客が直面する問題を予測するようになっており、クレジットカード不正のケースのように、能動的に対応することも可能である。

　しかし、銀行が顧客をサポートする能力には、まだ大きなギャップがある。その主な理由は、組織横断的に支援を提供するようにビジネスが組み立てられていないことだ。銀行は、サポートやサービスはいくつかのチャネルから行なうものと決めつけて、後腐れがないよう、喜んでそれをチャネル部門に引き渡す。このことは、銀行が顧客の問題を解決することを、最も低スキルで低給与のスタッフに実施させることが多いことを意味していて、彼らはディシジョンツリーか80／20ルール（パレート原理）を基本ルールとするソフトウェアを使って対応する。この仕組みでは、例外案件（問題の20％は深い知識か専門性を要する）に対応できないことが少なからずあり、そうした案件は顧客やブランドにとって最大級の問題を引き起こしかねないものであることがよくある。ソーシャルにさらされる時代である現在は特にそうだ。

　ロン・カウフマンは、サービスを、ほかの誰かのために価値を創出する行為であると定義している[2]。銀行は、顧客満足度調査を行なっているのに価値創出の仕組みを持たないという落とし穴にはまってしまうことがあまりに多い。顧客が問題解決に使っているチャネルを銀行が使っていない場合、これは特に厳し

図4-1　銀行のソーシャルメディア常時対応戦略の採用はうまくいっていない

> **Tweets**
>
> **CIBCファースト・カリビアン銀行** @CIBC_FCIB　　26m
> 本日契約。CIBCファースト・カリビアン銀行は、ネット上での秘密情報確認依頼のために、顧客に電子メールを全然送ってこないことを記憶しておこう。

くなる。だから現在、例えばソーシャルメディアを通じてサポートを提供する機能を持たない銀行は、顧客価値創出とサービスの障壁を設けているという非難を受けやすくなる。

　2009年、銀行は顧客サポートにツイッターを活用する可能性に気づき始めたが、それはぎこちなくて効果も小さいものだった。第一に、ツイッターはリアルタイムで24時間365日稼動するものだが、ツイッターを常時モニターする企業はほとんどない。そこで、ツイッター・アカウントを午後5時にサインオフしてこう言う。「申し訳ありませんが、朝／週明けに再開いたします」

　第二に、ソーシャルメディアはマーケティングの道具として優先順位が低いとみなされており、重要な顧客コミュニケーションチャネルではなかった。このため、多くの銀行では、顧客リレーションやサポートの訓練もほとんどないまま、20歳そこそこの大学卒業生がこのチャネルを担当し、激怒したり困り果てたりしている顧客に対応しなければならないという状況がよく起こった。「業界の取組み方」は、ツイッターで問い合わせがきたら、ツイッターが安全ではないので個人情報をシェアできないと顧客に知らせ、コールセンターに誘導すればよいというものだった。

　このアプローチの問題は、ツイッターで接触してくる顧客は、実際には銀行がツイッターを通じて自分の問題を解決することを期待していないか、コールセンターに誘導されることで喜ぶ（そのほうがより安全だから）かのどちらかだ、と銀行が思い込んでいることにある。しかし、もし顧客がコールンターで問題を解決してもらいたいなら、最初にそちらに連絡するのではないだろうか？　ツイッターのダイレクト・メッセージ機能とフェイスブックのメッセージング／インボックス構造では、メカニズムは基本的に電子メールと同等の安全性があり、そして顧客はそれを十分認識している。顧客は、「セキュリティ」よりも利便性

とスピードを優先すると、意識的に決断している。顧客を別のチャネルに誘導することで、銀行は顧客の意向と対立し、軋轢を生み出しているのだ。

顧客サポートのシナリオにおいてツイッターを活用することには4つの利点がある。

❖──ツイッターはリアルタイムで速い

ツイッターでの自行ブランドについてのコメントをモニタリングすれば、問題が発生した時点でそれをとらえることが可能だ。この利点を活用するために、可能なかぎり5分以内にレスポンスするというルールを作成すること。これが途方もない違いをつくり出す。どんな問題が発生しようが、人の懸念に即座に応えることに勝るものはない。この領域でソーシャルに匹敵するチャネルは多くない。

あまりにシンプルなルールのため、見逃してしまうことも少なくない。

図4-2　早い反応が可能になる

❖──ツイッターはフェース・トゥ・フェースと同等にパーソナルになりうる

ツイッターは、サービス経験をパーソナライズすることができる。つまり、銀行は企業ロゴのもとに顧客にツイッター上で話しかけているのだが、それをリアルに転化する機会でもある。

ツイッターのチャネルを企業の監督下に置いてリスク低減に留意するのではなく、それを開放してみよう。問題解決のためツイッターをサポートする担当者に権限を付与するのだ。ただし同時に、ハイタッチのフェース・トゥ・

図4-3　イニシャルを入れて、ツイッター・アカウントをパーソナライズ

図4-4　ASB銀行はツイッター・チャネルをパーソナル化
　　　──フェース・トゥ・フェースらしくなっている

フェースを可能なかぎり再現するよう努める。これは、ツイートの最後に個人の名前やイニシャルを入れることで、ツイッター・アカウントをパーソナライズすることによって可能になる。

　ニュージーランドのASB銀行はこれを非常にうまくやっている。

　ツイッターのページに行くと、担当チームについて紹介されている。

　顧客からの最も差し迫った質問に対しては、個人のビジネス向けツイッター・アカウントからの回答を、企業のパーソナル・アカウントからの回答に切り替えることも可能だ。こうすることで、人的交流を提供することができる。カギは、異なるアカウント間のパーソナルな雰囲気と企業的な雰囲気の切り替えを

Chap. 04　顧客獲得と関係深化──顧客サポートのエコシステム　93

図4-5　この日ウェストパックはツイッターで躓(つまず)いた

うまく行なうことだ。これは、ウェストパックが数年前に学習したことだ。

　これには多少の規律が必要となるが、パーソナライズのアプローチは顧客の賞賛とつながりを得られる。留意すべきことは、ツイッターはマーケティングチャネルではなく、つながりのチャネルだということだ。だからこそ人々は、ツイッター・チャネルに多少の人間性、ユーモア、パーソナリティが表れても気にしない。必ずしも冷たく堅苦しい企業コミュニケーションである必要はない。現実にそうなると、チャネルの有効性が減じられてしまう可能性がある。上掲のウェストパックのツイートには多少の人間性が表れており、顧客はそれを親しみやすいと感じるかもしれないが、企業の視点から見れば、これは誤ったチャネルマネジメントとなってしまう。

❖──ツイッターのダイレクト・メッセージ機能（DM）を活用する

　ソーシャルメディアは一般に、最も短い時間で最も幅広い顧客を支援可能というユニークな能力をもっている。しかし銀行は、避けられるかぎりは、大衆の喧騒や複雑な顧客問題に自行ブランドを晒すまいと思うだろう。さらに、広範なシステム障害や類似の問題が発生して山のようなツイートが来ている状況なら、DM機能を活用することで、ツイッターの大きな流れからこの問題を切り離し、目に見えるブランドへの影響を低減することにつながる。

　私が見てきたこの種の問題へのアプローチのベストプラクティスをここに掲げよう。

＊状況説明のための公共向けツイートを1件投稿する。あなたのツイッターの

プロファイルを見た人は誰でも、そのツイートを最初に目にすることになる。
* 次に、あらゆる「@mentions」に「DM」で回答する。第一に、何が起こっているかを知ろうとしている他の顧客向けに「@replies」を使って、企業ツイッターの流れを混乱させないこと。第二に、**個々の顧客を支援できる方法の詳細な説明を行なうこと**。もし顧客がフォローしていなかったら、フォローの依頼をして、「DM」を通じてより適切にその顧客を支援できるようにする。
* 喫緊の問題がなくなったら、「@replies」でのツイート送信を復活させること。ただしフォロワー全体にプラスになるような定常的な質問とサポート依頼に限定する。顧客は顧客相互間でも、ツイッターの流れからも学べることを肝に銘じること。

単純な「@replies」では、顧客が必要な情報をすべて提供できない場合にも、「DM」は非常に有効である。その場合、いつもの「〇〇@企業名.comに電子メールをご送信ください」では、問題解決にかかる時間が長引いてしまう傾向があるため、その代わりに「DM」を使ってみよう。ツイッターはスピードがすべてだ。

❖──ツイッターは見込み客に対しても高いサービス価値を示せる

現実にはまだ自行の顧客でない人たちに、ツイッター経由で顧客サポートを提供するというのはどうだろう？ バンキングに関するあらゆる問題や質問を持つ人を支援するわけだが、それを自行ブランドから直接行なうことはしない。こ

図4-6　ツイッター上のすばらしい質問

Chap. 04　顧客獲得と関係深化──顧客サポートのエコシステム | 95

図4-7 飛び入りで質問に回答する

ウェルズ・ファーゴ銀行
@Ask_WellsFargo

ツイッター上で、お話しを伺い、学び、ご支援を行ないます。銀行取引に関するご質問を月〜金曜、午前6時〜午後5時で承ります。フォローいただければ、お役立ちのヒントや商品・サービス情報をお届けします。
カリフォルニア州サンフランシスコ、
https://www.wellsfargo.com/

Follow

36,474ツイート
11,265フォロー
12,419フォロワー

れは新たな足がかりを創出し、自行のサービス力を示すすばらしい方法だ。

ツイッター上では、すばらしい質問を数多く見かけるが、バンキングや金融サービス分野では、それらには回答がされていない。

自行の商品やサービスには言及せずに、飛び入りでこうした質問に回答してはどうだろうか。純粋に役に立ち、人々に正しい方向を示すのだ。少し支援しただけで、多くの人々がこちらの提案するものを自然にチェックし、最初からロイヤル顧客になりうる。

これは「ご質問いただければ回答します」と言うだけのものとは大きく異なる。それも悪くはない戦略だが、まだ顧客のほうから銀行にやって来ることに依存している。これは「Bank 1.0（従来型銀行）」の考え方だといえよう。能動的に顧客にソリューションを提示しよう。顧客がツイッター支店に歩み入って来るのを待ってから顧客を支援する、とならないように。

銀行のやり方に合わせることを顧客に強いるか、それとも顧客中心の能動的なサービス文化に適合し身を委ねるか、どちらかである。

❖──フェイスブックはサポートチャネルか？

顧客は、サポート案件や苦情、賞賛などで、フェイスブックのページに来ることが少なくない。ASB銀行のシモーネ・マッカラムは、顧客がフェイスブックで銀行とコンタクトするのには、4つの理由が想定されると説明した。

* 不満を感じていて、他のチャネル（支店、電話、インターネット）でサポートを得られておらず、より上位層に訴える道を探している
* 商品に関して質問があるが、銀行ウェブサイトではその回答をすぐに得ら

れない
* 移動中であり、最も早く、安価で、便利な方法で、銀行にコンタクトしたい
* 公共の場にコメントや意見を投稿して、コミュニティの他のメンバーとオープンな対話を行ないたい

　ここでのポイントは、自行のフェイスブックページ上に苦情ばかりが来ているなら、それは銀行ブランドとしてはごくふつうに見られているということだ。だから、好意的なサービス経験をしている顧客に対して、サイト上でそれを他者に話してもらえるよう促すことは、大きな成功につながる。銀行のフェイスブックのウォールに書き込みをしたのに回答が得られない顧客も、同様に銀行について他者に話すだろう。あの銀行は顧客の言うことに耳を貸さず、関わろうともしない、と。

　サポートおよびブランディングのチャネルとしてツイッターとフェイスブック活用へと向かう動きが、現時点で、前向きで健全な状態にあるのはよいことだ。英国のエンゲージメント・インデックス社のように、顧客サポートチャネルの有効性をツイッターで計測している企業がある。エンゲージメント・インデックスのデータによると、少なくとも英国の大手銀行は、ツイッターを活用して顧客とのつながりをつくり、うまく現場をサポートしている。問題は、ツイッター・チャネルを管理する部門は大抵、既存のコンタクトセンターとまったく連携しておらず、顧客と初回コンタクトした後にコールセンターに戻るよう告げているケースが現在も少なくないことだ。

　銀行は、コストを基本に据え、顧客サービスを最小限にする組織をつくっているのではなかろうか。

　いまの時代、「ドアから入って来るか、FAXを送るか、電話をかけるか、手紙を書いてくださった方だけをサポートします」と言う企業のことを、サービス企業であるとは決していわない。それは顧客第一で喜んでもらう組織文化ではなく、コストとサポートプロセスを「必要悪」として、決まりきった対応のアプローチに押し込めようとする組織文化である。銀行はそうしたチャネルをコストセンターと呼び、管理コストのあらゆる余剰をしぼり出して、そのチャネルが最終利益に及ぼす影響を最小限にしようとする。電話の待ち時間を短縮し、初回コールでの解決率やコールセンターのスタッフの教育を改善しようとする。

すべてはコンタクトセンターをできるだけコスト効率的にする施策だ。これで顧客満足を得ることができたら、それは予期せぬプラスだが、ほぼ確実に推進力にはならない。

このコスト第一、顧客第二のアプローチのため、銀行は現在、しっぺ返しを食らっている。業界全体として、顧客にサービスを提供し、問題を解決し、顧客とつながる能力を厳しく制約する組織をつくり上げてしまったためだ。ツイッター、フェイスブック、スカイプや他の新しいテクノロジーは、顧客がそれらを会話の手段として認識しているのに、銀行は、管理されたコストセンターという安全網の外にある存在として見ているのだ。銀行業界の回答は、「私どもの条件どおりで、指示されたチャネル経由でなければ、私たちにお話しなさらないでください」ということだ。大間違いである。

「消費者」が「顧客」になりたいと思うとき

銀行は伝統的に、新規顧客は支店に来店し、口座を開設したいと言うものであると考えてきた。こうした昔ながらのものの見方は、映画や連続ドラマの中でさえ目にするものだ。悪人がPCを起動させてネットでスイス銀行に口座を開くのでは、あまり具合がよくないだろう。誰かがマウスをクリックしたりタブレットをブラウズしたりするのを見ても、劇的な効果は出せないのだ。銀行は、プロセスや評価指標やシステムを何十年もかけて築き上げてきたため、それが顧客リレーションシップの出発点だと思い込んでしまっているわけだ。

銀行は伝統的に、顧客を支店に呼び込んできた。実際に支店をセールスファネル（漏斗）とさえ呼んでいる。この「ファネル」が存在するため、プロセスやコンプライアンスの観点から見て、このファネルから抜け出して、ウェブ、モバイル、ソーシャルメディアなどの新しいチャネルを単なる発信型マーケティングチャネル以上のものにするのは、これまで非常に難しいことだった。

しかしながら、いまや銀行は、顧客が話したい、申し込みたい、商品を買いたいと思ったら、場所や時間、方法を問わず、顧客とつながるようになっていることが必要だ。顧客に自行チャネルを使わせようとして販売機会を損なうたびに、銀行は、軋轢や障害や顧客離反の理由を生み出している。私が顧客としてネットに入ってクレジットカードを申し込もうとしているのに、申込用紙を印

刷して銀行にFAXしろとか、申込方法は支店に行くかコールセンターに電話することだけだとか言おうものなら、そこでおしまいだ。おそらく顧客としての私を失うことになるだろう。

　プロセス、方針、規制の有無にかかわらず、銀行は、顧客を自分のやり方に従わせるようなことはできない。真に差別化された商品があれば別だが、そこまで差別化された銀行商品は世界中のどこにもない。インターネットが消費者の購買行動の変化にどう影響したかについての例は山ほどあるが、おそらく旅行業界が最もよい例のひとつだろう。顧客を街中のチャネルに導くことがどんな行動上の問題を生むのかを示そう。

　旅行業界全体に見られる購買行動は、明らかにネット購買行動によって変革が進みつつあるので、それよりも、具体的な知識やアドバイスを必要とする特定の旅行業界について考えてみよう。スキーなどウィンタースポーツである。

　英国のウィンタースポーツ業界は、年間約1400万人の英国人を相手にしている。2004〜2011年の間に、旅行代理店経由でスキー旅行を予約する人の数は79％減少した[3]。2004年には、業界はすでにネット旅行サイトの影響を受けていて、英国における店舗での予約は全体のわずか25％だった。現在その数字は、売上げの6％にまで落ち込んでしまっている。変化は、いくつかの要因の組み合わせによるものだ。

1. ネットのほうが早くて便利である
2. 旅行代理店はスキー旅行についてのアドバイスが不得手な場合が多く、この旅行者層に役立つ詳細な知識をもたないゼネラリストである
3. 街中の代理店まで足を伸ばすことのコストメリットがない。現実にはネット価格のほうがより競争力がある
4. 「アドバイス」提供の観点ではすぐに、街中の代理店よりもネットのほうがはるかに上になった

　ずいぶん身近に感じないだろうか？　これはそのまま現在の街中にあるリテール銀行の大半の営業活動にも当てはまる。バンキング業界でも、大多数の消費者の行動は、かなりの程度同じだ。すでにモバイルをチャネルミックスに組み込んでいる場合は除くが、その場合は、街中という価値訴求の魅力はさら

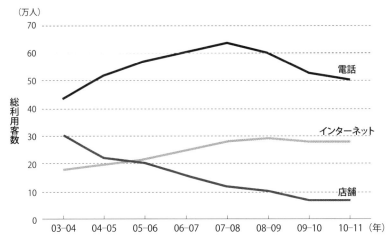

図4-8　スキー旅行に関する旅行代理店活動の推移（2004〜2011年）——予約方法別利用客数

出所：英国スキークラブ

に低下してしまうことになる。

　この比較には納得できないかもしれないが、別の証拠もある。旅行業界では街中の店舗を存続しようとする大きな慣性力があったが、それは急速に崩壊した。顧客はすぐにネットでのチケット発行や予約に慣れ、店頭販売がなくなったことに概して不満をもたなかった。バンキングの世界では、ここ10年で顧客は急速にインターネットバンキングに慣れてきていて、大きな不安や懸念もない。実際、現在ではほとんどの顧客がインターネットバンキングのほうを好んでいる。それなのに、顧客がネット上での金融サービス購入について、旅行業界と同じことをしていないのはなぜだろうか？　その主な理由は、銀行のネット上での販売方法がまだうまくないからだ。顧客はないものは買えない、というわけだ。

　すでに銀行商品・サービスでも起こっていることだが、顧客が購買行動を変えるときには、その潮流に逆らっても無駄だ。特に商品・サービスで差別化できない場合はそうだ。ネット上の最近の金融サービスを、支店のゼネラリストのアドバイザーと、知識ベースの観点で競争させてみてもよい。最終的には私が顧客として、シンプルさと処理の速さを基準に、購入のやり取りの親しみやすさと有効性を判定する。

　この基準だと、もし銀行が私をウェブサイトから支店かコールセンターに誘

導しようものなら、もうそこで私は離脱してしまう。もし、コールセンターが非常に適切に私に対応してくれたとしても、購入や申込みを行なうチャネルとして私がネットを選んだのなら、ネットで申し込む選択肢があるべきだ。

マーケティングの能力やフロントエンドでの顧客とのつながりについては後の章でよりくわしく述べるが、ここでは、銀行がチャネル環境全体において、引っかかりを減らし、もっと総合的な顧客とのつながりをもつよう検討することが必要であるという、構造的な課題に焦点を当てたい。

顧客中心主義とは組織変革である

組織面で、銀行は踏み込んだ変革をする必要がある。伝統的に、リテールバンキングの第一線における主要な業績評価基準は、収益または商品販売数（主に支店経由）である。コーポレートバンキングはリテールバンキングとは物理的に切り離されているが、商品収益に焦点を当てている点では同様だ。事業領域は、リテール、コーポレート、市場（トレジャリー）等々といった部門に分割されており、ビジネスは部門ごとに、従来型チャネルを通じた商品収益と販売を強化するようつくり上げられている。このため、組織構造は、商品重視、支店重視、収益重視になる。従来それらは、リテール銀行の重要成功要因であった。マーケティングは支店での活動や商品販売獲得を生み出すことに焦点を当て続けていて、銀行は、コールセンター、インターネットバンキング（モバイルとソーシャルも通常ここに入る）、ATM、IVR、支店ごとに別々の部署を維持している。

Bank 2.0から3.0の時代において銀行が気づいた特異点（そしてそれはさらに先鋭化する）とは、現実の差別化要因はもはや商品やネットワークではなく、人員やサービス能力であるということだ。従来型の業績評価基準である収益や商品販売の数値は、現在では顧客とセグメントに結びつけた場合にだけ意味をもちうる。多くの銀行取引が支店ではないチャネルで実行されるので、従来型の支店業績評価基準は、使用範囲が限定されるようになる。富裕層顧客（最も高収益の顧客層）の50％が現在、インターネットを主要なチャネルとして実際に活用している。自ら選んでそうしているのだ。だとしたら、支店活動を推進し構築するために組み立てられた組織構造を銀行が維持し続ける理由があるだろ

表4-1 組織変更

従来組織	新組織	焦点
営業店マネジメント	チャネル&パートナーマネジメント	すべての物理的接点（営業店網とサードパーティの双方）を、顧客ダイナミクス、チャネルマネジメントおよび強力なパートナー・マネジメントがサポートする
マーケティング	ブランド・マーケティング	現行マーケティング機能に類似するが、ニューメディアにシフトし、旧メディアは限定的とする
	アドボカシー・マーケティング	大衆顧客からのブランド支援の高まり、よい顧客経験のプロモーション、支援者顧客の声の紹介の高まり等の実施に特化
	顧客ダイナミクス	一人セグメントアプローチを指向した、より小さいセグメントへの適時適切なオファーの生成を行う組織機能
営業店配置、新チャネル、コールセンター、インターネットバンキング、ATM等	顧客チャネルマネジメント	サービス指向アーキテクチャ、コンタクトセンター（電話、IP、電子メール、etc.）、行動分析の統括
IT	コンテンツ展開	顧客ダイナミクス部門の支援を受けてコンテンツを発行
	顧客ダイナミクス	顧客データマートと顧客アナリティクスを通じた顧客インテリジェンスのマネージ
	顧客チャネルマネジメント	コンタクトセンターとサポートチャネルの管理
	IT	システム基盤とコアテクノロジーの維持
トランザクション・サービス	実行環境整備（Enablement）	ミドルウェアから支払システム、決済システムまで、トランザクション技術は実行部分を可能な限り早く正確に行うことがすべて
市場・資金管理	実行環境整備（Enablement）	市場業務はテクノロジーを使って大幅に自動化されている。特にSTP以降
戦略グループ	イノベーション	複数職能（商品、IT、マーケティング）部門がイノベーションを励起し新しい変革プログラムを主導する

うか。いまや顧客はこのパラダイムから、支店とダイレクトチャネルを組み合わせた複数接点の方向へと明白に動いているのだ。

　将来の銀行では、大きく異なる組織構造が実現することになる。クレジットカード、ウェルスマネジメント、住宅ローン等々といった商品部門はほとんど同じ形で残るが、顧客応対の組織全体と顧客支援プラットフォームは大幅に変革される必要がある。こうした変革を受け入れることが最も困難な組織が、マーケティング部門と支店営業組織だ。ITサポートは業務ごとに構造的に組み込ま

れるようになり、その結果として銀行は、通常「IT部門」と呼ぶものを、個別の優先順位に従って3つの異なるサポート機能に分割しなければならない。

銀行内における組織変更の例は表4-1。

❖──支店主導から顧客主導へ

　支店と直販営業部隊は伝統的に、リテール銀行業務における中核であった。これは組織文化の問題であり、現実の支店にはさほど関係ない。従来型販売モデルに組織全体がはまり込んでいるのだ。現在でも多くの銀行は、インターネットとモバイルをバンキングの「中核」に位置づけていない。「代替」チャネルとか「ダイレクト」チャネルと称して、通常は格下扱いしている。それは何となく、オタク的な社会性に欠けた従兄弟を親族が集う場に招いてみたものの、誰もが彼のことを多少かわいそうに感じ、一族のみなと比べてはみ出し者に思っているという感じだ。しかし、ある朝目覚めると突如、まさにその従兄弟がブルームバーグTVに登場して、自分のベンチャー企業をフェイスブックが買収したことについて話しており、次代のラリー・ペイジやセルゲイ・ブリン（訳注：いずれもグーグルの創立者）のように称賛されていて、何のことやらさっぱりわからないのだが、彼は3億ドルのキャッシュに興奮しているのだ。

　これらのいわゆる代替チャネルやダイレクトチャネルは現在、支店および「まともな」販売チャネルとは組織的に区別されている。その理由は、ビジネスに不可欠な中核的存在ではなく、ITのオモチャとして見られているか、ビジネスが徐々に変化してきてウェブの存在をこれ以上排除できなくなり、現行組織図に慌てて追加されたからだ（例えばだが）。インターネットとモバイルが1日のリテール取引量の50%を超え、新商品収益の少なくとも30〜50%を稼ぎ出す力を示しても、多くの銀行では現在でも、割り当てられる予算は支店に比べてわずかなものにすぎない。

　ウェブが重要な「新しい」チャネルであるという考えは徐々に受け入れられてきてはいるが、多くの金融機関にとって適切な受容や導入のレベルになってきたとは、まだとてもいえない。私は銀行のウェブサイトを訪れるが、新規顧客との関係深化を進める機能がほとんどなかったり、ログインした先に収益獲得力がまったくなかったりするものにしょっちゅう出会う。ウェブがビジネス訴求の道具立てとなってすでに15年以上過ぎているのに、この状況は許しがたいものだ。

出版、メディア、小売、旅行、その他多くの業界で、いまやウェブは大きな収益貢献をしている。もはや新しいチャネルでも、代替チャネルでもない。モバイルでさえ、もう新しいチャネルではない。いまやどちらも、欠けると不満につながる基本要件なのである。大多数の銀行が、インターネットの収益は1〜5％の範囲で、現在でも支店が収益の大勢を占めるチャネルであると主張している。なぜだろうか。理由はたいてい、多くの銀行がデジタルチャネル上での新規顧客獲得が不得手で、時代遅れの本人確認とコンプライアンス・プロセスのために、顧客に支店に行くよう強いているからだ。

　あなたがバンカーで、私の言うことが厳しすぎると思うなら、ひとつ簡単な質問をしよう。組織図の中で、インターネットチャネルのラインマネジャーは、販売組織担当の部門長とどんな位置関係にいるだろうか？　もしモバイル担当の部門長がいないとか、インターネットチャネルのマネジャーが支店販売網の部門長と同等のレベルでないとしたら、それは適切ではない。

　Bank 2.0での主たる変化は、物理的な「優れた支店チャネル」という心理から離れて、総合的な顧客チャネルのメンタリティへと向かうというものだった。Bank 3.0でこの動きが向かうのは、顧客が解決策を求める時間と場所においてリアルタイムで顧客と関係深化を進めること、あるいはイベント、行動、場所によって発動する顧客ジャーニーを構築することである。こうした動きによって、さまざまな部分での再検討が必要となる。第一に、顧客収益と収益性が、業績評価のスコアカードの最上位にくる。支店チャネルから得られる収益はサポート的な評価項目となり、実コストで検証してみれば、新規顧客獲得および取引開始には非常に高コストな選択肢であることが明らかになる。新しい業績評価の仕組みでは、支店については、顧客収益性につながるクロスセルやアップセル目標に対する実貢献度といったリレーションシップ関連評価項目の重要度が高まる。支店の月次収益実績は、中核的な戦略推進要因として顧客業績評価につながるものではなく、戦略の結果として得られるものである。それは戦略ではないのだ。

　商品開発部門は、Bank 1.0の時代には、支店を通じて提供される最新商品をつくっていたが、Bank 2.0から3.0のパラダイムでは、店頭や営業部隊向けに設計した商品を事後的にデジタル対話向けにつくり直すのではなく、もう少し水平的に、チャネル選択肢全体にわたって商品をポジショニングすると考えなけ

図4-9　Bank 2.0における主な組織文化変革

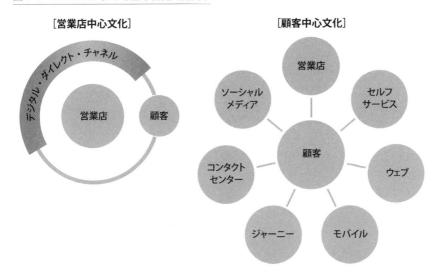

ればならない。

　これには規制上の理由もある。オペレーショナルリスクからカウンターパーティリスクを切り離すことは、バーゼルⅡとバーゼルⅢの枠組みに組み込まれた原則であるから、商品製造およびオリジネーションと商品ディストリビューションとを明確に分離することは、グローバル・リスク・スタンダードの重要な項目である。

　私が一緒に仕事をしたほとんどの銀行では、風変わりな「電子貯蓄（e-saver）」口座の類いを除けば、新商品の開発が行なわれる際に、新しいチャネルを通じた商品の販売方法がまったく考慮されていない。デジタルチャネルに事後的に合わせることが非常に簡単な商品もある。例えば定期預金がそうだ。一般的にいえば、商品特性の数が少ない商品ほど、異なる営業チャネルに適合しやすい。公平を期していえば、すでに多くの銀行が、セグメンテーションに基づいて商品をカスタマイズしている。クレジットカードや貯蓄預金口座は顧客の富裕度に基づいてカスタマイズされているし、女性という属性向けのカード（おそらく購入性向に基づいている）、学生ローン、家族向け一般保険など、他にも多くの商品がある。これらの商品設計では、セグメンテーションが重要なインプットであるが、商品が特定チャネル向けソリューションとして認識されていないかぎり、チャネルが設計段階での考慮要因となることはほとんどない。

図4-10 商品オリジネーションはチャネルフリーとなる必要がある

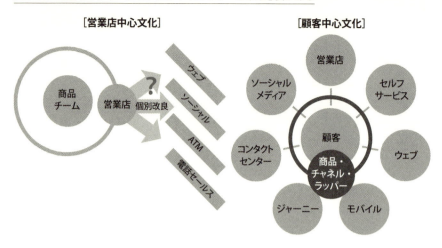

　商品開発部門は、商品開発・設計をマトリックス方式のアプローチに移行させる必要がある。そこではチャネルがインプット要素のひとつとなるか、非チャネル依存型の商品を開発することになる。コア商品を組み立てた後に特定チャネル対応の中間生成物を開発すれば、それが特定チャネルやセグメント／チャネルの組み合わせに向けられるラッパー（訳注：ある形式のシステムのプログラムの上に、別形式のシステムで使えるように、形式変換を行なうプログラムをかぶせたもの）となる。例えば次のような具合だ。

1. 紙の申込書式を、フィールドのリストや必要なデータ項目のみに置き換える。紙の書式か電子入力書式かは、チャネル別のラッパーである。
2. コンプライアンス、信用リスクまたはSTPパラメーターは、商品部門とサポート部門の中核成果物である。ただし、コンプライアンスもマルチチャネルで考える必要がある。例えば、携帯電話アプリで3カ月分の銀行ステートメントを提供することは起こりえない。
3. エンドユーザーの便益は中核成果物であって、機能ではない。便益にはセグメントとの相関性がある。
4. 顧客ダイナミクス部門は、特定のセグメントに対するクロスセルやアップセルの推進要因のリストを作成し、特定のキャンペーンケース（顧客オファー）がラッパーレベルで生成可能にする。

5. クリエイティブ・デザインは、メッセージと行動喚起という2つの重要な成果を起点とする必要がある。一般的にコンセプトの作成は、少なくとも4つの中核メディアタイプ、つまり印刷媒体、ウェブ、ソーシャル、モバイル（MMS、in-appまたはnotification）に対応したクリエイティブ・ブリーフの一部として実施する必要がある。ほとんどの現行メディアはすぐ対応可能ではなく、そのため新しい顧客主導の動きに合わない。
6. 複数セグメント向け商品の場合は、ラッパーレベルでのオファーとセグメントとのマッピングによって広告枠買付けのトリガーが生まれるのであり、キャンペーンだけに基づいてメディア・バイイングを行なうのではない。

（訳注）
MMS：マルチメディア・メッセージング・サービス
in-app：アプリ内に何らかの機能（例：メッセージ）を埋め込むこと
notification：アンドロイドの画面上部ステータスバーにメッセージを表示すること
クリエイティブ・ブリーフ：広告戦略の要所を要約したもの

　つまり、商品は顧客セグメント（1つか複数）に由来し、それは個々のチャネル向けにラッパー上でパッケージ化するようデザインされ、それが顧客獲得活動や、クロスセル／アップセルのオファーになる。新規顧客向けと既存顧客向けのいずれの場合でも、その結果がブランドや商品メッセージではなく、行動喚起となって販売の円滑化につながる必要がある。
　具体的な例を用いて説明しよう。1年のうち特定の時期における個人ローンのオファー、例えば納税時期の納税ローンや、夏季休暇時期の旅行ローン、あるいは入学時期の学生ローンが好例だろう。プランニングの方法は次のようなものだ。

❖──例：個人ローン

・申込可能ローン金額（例：給与3カ月分）
・基準金利（例：6.25％またはLIBOR＋4％）
・返済期間（例：最低3カ月、最大24カ月）
・信用リスク評価限度－良または優良（内部信用リスク・システムからの評価）
・重要データ要件

―全顧客：金額、期間、優遇または通常金利（内部）
　　―新規顧客
　　　　＊氏名、連絡先、勤務先
　　　　＊ソーシャルメディアハンドルネーム／プロファイル
　　　　＊携帯電話番号
　　　　＊年収、現行クレジットカード残高
　　　　＊取引銀行（他行の場合）

■対象セグメント
・給与口座と12カ月の給与履歴のある顧客
・信用リスク評価が良か優良の顧客
・個人ローンが満期となる顧客（再借入のオファー）
・新規ターゲット、25〜45歳のプロフェッショナル職種
・新規ターゲット、外国人居住者プロフェッショナル（アップセル有望セグメントとして）
・不稼働顧客で預金残高2万5000ドル超、など

■提供ベネフィット
・既存顧客：事前承認または60秒承認
・即日資金供与
・家計状況に即した返済条件の選択
・競争力のある金利
・優良顧客に対して30日間の金利0.5％優遇
・繰上げ返済ペナルティーなし
・現行顧客向けの自動追加借入機能
・資金使途：リフォーム、自動車買替え、大型休暇、など

■チャネル別ラッパー（顧客ダイナミクス部門が定義）
　表4-2を参照。

　ここでは、顧客獲得やクロスセルを行なうために、非常にシンプルな商品オファリングをいくつかの興味深い実行オプションと併せて提示している。ラッ

表4-2　顧客関係深化商品「ラッパー」（チャネル別）

○ウェブサイト（新規・既存顧客向け）
ランディングページ、可能なら専用URL（例：getaloan.com、newcarnow.com等）がありプリント・キャンペーンにリンクしていること
サードパーティの「今すぐ申込み」のリッチメディア・バナー
既存顧客向けのインターネットバンキング・プロセスへのリンク
○インターネットバンキング（既存顧客対象）
「事前審査が終わっています」のバナーとセキュアなメッセージ
口座サマリーページへの「事前審査ローンオプション」のコンテキスト型ハイパーリンクの設置
口座下部に「個人ローン」の新しいリストを追加し、事前審査の限度額を表示（例：5万ドル事前審査済み）
左側のナビゲーション部分に事前審査ローンのオプションを追加
○ATM
非利用時間にリッチメディア広告の表示
現行顧客の取引終了時に「事前審査済み」のメッセージ表示——コールセンターからの架電オプション
特定セグメントに対するクーポンでのプロモーション「現金が出てくるよりも早くローン承認が受けられます……」
○メッセージ・サービスSMS/MMS
パーソナライズ化したメッセージかウェブ／アプリへのリンクのお知らせ：「キングさん、HSBCは貴方向けの個人ローンを事前承認しています——ご興味はおありですか？」
○ソーシャルメディア
フェイスブックに学生ローン申込みを組み込み、フェイスブックのプロファイルデータを本人確認の出発点として活用する
個人が行きたい旅行先について何かを投稿した際に、旅行ローンや旅行保険をピンタレスト、インスタグラムまたはフェイスブック上で宣伝
○モバイルアプリ
新しいボタン／アプリ内バナー：「お借入限度額事前承認」
現行顧客には2つだけフィールドを提供——期間、金額（プリセットのドロップダウン・リストでオプション表示）
承認とコンプライアンス手続きのお知らせのコールバック
○営業店
テーマ、テレビ、ポスター板の宣伝に沿ったバナー
営業店ダッシュボードへのクロスセルのポップアップ
1月の優良顧客に絞った金利優遇のオファー
デジタル申込み―グリーン：ペーパーレス？　デジタルパッドでサイン可能？（ITと営業店サービス部門に確認）
○その他
cathaypacific.comやBA.com（訳注：いずれも航空会社のウェブサイト）上の支払オプションとして、既存顧客向けにクレジットカードの代わりに個人ローンを組み込めないかを確認（クッキー技術でこのレベルの詳細度が可能か？）

パーは異なる顧客群や異なるテーマでさらにセグメント化が可能だ。ここでは販促要素としての従来型の印刷メディアには触れていないが、それもウェブや支店への誘導のために活用可能だ。しかし、中核商品オファーを使って適切なチャネルでの利用向けに商品を「ラッピング」することにより、支店向け商品を手直ししようとするよりも、はるかに大きな自由度が得られることは明らかだ。

すでに多くの銀行が、新しいチャネル向けの商品配置を選択肢として視野に入れていることは知っているが、一般的に銀行は、手始めに標準的な支店か物理的な販売機能ディストリビューションからとりかかるものだ。新しい世界では、リテール銀行は、商品プロモーションや発売向けに、どのチャネルが最初に、または最も際立って利用されるかに頓着すべきではない。

ラッパー・アプローチによって、現在収集されているものよりもはるかに意味のあるデータが蓄積されるため、個々のチャネルや顧客セグメント対応について格段に具体的なチャネル評価基準の設定が可能になる。顧客が商品に関わる際には、常に顧客が目を向ける最初の場所が支店であるということを前提とするのではなく、誰が、いつ、どのチャネルを使うかがわかるのだ。

❖──営業からサービス営業へ

第一に目的は、正しい商品を正しいタイミングで正しい顧客に、でなければならない。これには多少のインテリジェンスが必要だが、銀行は入手可能な顧客情報を徐々に蓄積していく必要がある。銀行は、この豊かな情報に触れ、それを活用しなければならない。第二に銀行は、販売活動というよりも、サービス活動的な会話が顧客とできるようになる必要がある。それはどうすれば可能になるだろうか？　顧客がもつ潜在的な問題に対するソリューションとしてオファーを提示できれば、顧客はそれを営業一色のものとしてではなく、金融機関からのよりよい**サービス**として評価するものだ。これが「営業」の心理的ハードルに対処する唯一の方法となる。営業から**サービス営業**への移行である。

重要な顧客に対して、適切でないか選択を誤った商品を提示すると、失敗に終わりがちだ。一度だけでなく累積的なほうがその可能性は高まる。顧客は、「今月のオファー」を背負った営業担当者が自分たちを支店やコールセンターに押し込もうとするのを、再三再四目にしている。その有効性が低下してくると、銀行は今月のオファーを増やして、3～5の異なる商品の中から、顧客について知っていることに基づいて手早く選べるようにするのだが、それでも当たり外れ

はある。顧客にとっての次のベストオファーやベストアクションという観点から、インテリジェンスを構築してシステムに組み込む必要がある。そのため求められるのが、顧客アナリティクス、ビジネス・インテリジェンス、オファリング管理ソリューションを導入して、幅広いオファーの中から月ごとに、正しいオファーを正しい顧客にマッチさせることである。また、個々の商品部門が、特定顧客のカギとなるデータポイントをトリガーとするオファー群を毎月準備することも必要だ。

ほとんどの商品部門は、ひとつの商品について、対象顧客タイプがひとつだけのキャンペーンを年3～4回走らせることに慣れている。そして、広告代理店その他とこれをうまく回すのは大変な仕事だ。だからこそ、これら部門にアプローチして、毎月10～15の異なるオファーとともに主要なベネフィットや営業メッセージをつくってもらうよう依頼するには、組織内のものの考え方を根本的に変革する必要がある。

「オファー」を複数のチャネルをまたがって使えるようにするには、3つの要因がある。第一に、オファーはキャンペーンではなく、シンプルなセールス・メッセージであり、市場セグメントや個々の顧客プロファイルに向けてつくられるものとすることだ。第二に、実用に即して設計されていること。つまり、オファーの対象となる顧客向けに具体的な便益をもつ、シンプルで理解しやすい提案を備えていることだ。最後に、スタッフが顧客に向けたオファーを提示するために、多くの準備や急角度の習熟曲線を必要としないことだ。

営業の会話向けに定常的に開発される必要があるオファーのタイプには4つの領域があり、それらは研修やデジタルチャネルをまたがってサポートされるメッセージング・アーキテクチャによって強化される必要がある。

顧客獲得は、新規顧客をターゲットとしており、アナリティクスの観点からいえば推進が最も難しいが、方法はある。例えば、クレジットカードは保有しているが、貯蓄口座や流動性／当座の口座を持たない顧客がいるとしよう。カード履歴、購入、決済履歴等を見ることで、潜在ニーズを把握することができる。顧客は年に何回か大きな買い物をしていて、それをより低金利の融資商品で賄うことが可能かもしれない、といった具合だ。

クロスセルと**アップセル**については、必要な情報はすべて銀行のさまざまなシステム内にすでに入っているが、それをうまく活用できているわけではない。アナリティクスでは、次のようなオファー領域で機会を探すことになる。

図4-11 セールス会話を有効にするためのオファー開発

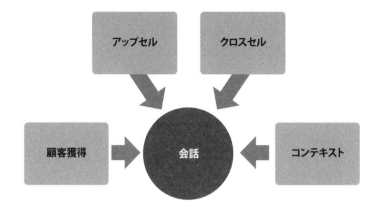

1. **以前顧客が購入したが、現在は使っていない商品**（例：一般保険、定期預金等）
2. 顧客の取引履歴や関連商品活動から**利用の可能性がある**が、現在は使っていない商品（例：自動車ローンを利用しているが、自動車保険は未利用）
3. **顧客の生活向上につながる商品**、または向上心を煽る商品（例：所有Visaカードのゴールドからプラチナへのアップグレード、あるいは最低残高要件を満たしていなくても「優良顧客」層に推薦）
4. 現行ソリューションよりも**顧客にとってプラスとなる代替商品**（例：「リボルビング利用」でカード残高が常に大きい顧客向けに、残高の一部をより低金利のクレジットライン型商品に移行させるオファー）
5. 他の商品と相性のよい商品やオファリングの**組み合わせ提供**（例：新規住宅ローンに合わせた住宅保険と家具保険。自動車ローンと合わせた自動車保険、プラチナクレジットカードと投資信託）
6. 時間感応型あるいは将来の行動、購入やトリガーにリンクした、**未来の影響力ポイントへの対応商品**（例：申告時期の納税ローン、顧客が年次家族休暇をとる際の旅行ローン）

顧客は、ソーシャルネットワークを通じて以前よりもニーズや願望を表明したり共有したりするようになっているため、銀行はそこから商品・サービス提供

機会を掘り起こすことが可能だ。

　顧客が、非常によく考え抜かれたオファーを受けることはめったにない（あるとしたらだが）。高価値顧客は複数の金融機関にさまざまな商品を保有していることがよくあり、それは1つか2つの金融機関に簡単に集約できる。しかし、現実に顧客が商品選択を行なうのは、その場の都合だったり、メイン金融機関が顧客ニーズをより効果的にタイミングよく予測していないためだったりすることが少なくない。

　また、オファーは**コンテキストに沿って**提供される必要がある。エンゲージメント・バンキングについては、Chapter 11および13のジャーニー部分でよりくわしく論じるが、コンテキスト型アップセルやクロスセルのオファーを行なうカギは、顧客がいつどこで商品・サービスを必要とするかを理解して、それを適切なタイミングで、正しいチャネルを通じて提供することである。

　オファー管理や作成プロセスは、銀行内の専担機能とする必要がある。商品部門とチャネルとの一体化は、顧客提案的な機能や顧客分析部門を軸として実現される必要があるが、それら部門は実際に機能している必要がある。例えば、商品部門がプロセスをサポートしていない場合には、コンタクトセンターやウェブチャネルは商品部門のその月の推奨商品を推進する義務を負わない、というものだ。しかしながら顧客分析部門は、正しいデータとアナリティクスを使って商品部門を支援し、適切なオファーを作成しやすくすることが可能だ。さらに商品部門は顧客ダイナミクス部門と連携するグループの2次メンバーとなり、オファーのメッセージやポジショニングの正しさを確認することも可能である。

高反応の組織構造

　金融機関全体を競争力のあるサービス組織とするために、業務、テクノロジーの両面でおそらく最も明確な変革が起こるのが、チャネルマネジメントである。現在の銀行は、顧客チャネル周りにある複数のテクノロジーやタテ割りのオペレーションを維持することにこだわっている。21世紀のネットワーク経済へと移行していくなかで、この状態を維持するのは不可能だ。その理由は次のとおりだ。

第一に、顧客チャネルでは、チャネルの進化や新たなチャネルの登場が続き、そのことで新しい機会と同時に複雑さの増大というリスクが現れる。例えば、デバイスとしてのiPadを導入すると、新しいチャネルについて考えることが必要となり、それは新たなインテグレーションが必要となる可能性、アプリ内にサポート用のフックをつくる可能性につながる。アプリのために新しいタテ割り組織をつくることになるだろうか？　そうせずに、かなりの投資や中核プラットフォームの開発を行なわずに、現行のチャネル・アーキテクチャにアプリを追加する能力が銀行にあるだろうか？

　第二に、銀行経営陣は、これら新チャネルを誰が担当するのかという問題に、これまで以上に直面するようになっている。現実には、顧客中心のチャネル部門がこれらすべての新しい機会すべてに対応することもありうる。その場合には、何かひとつのチャネルへの投資を相殺して、マーケティング部門やIT部門（例えば）がもつ既存予算思考や先入観と対立する必要はない。

❖──帝国構築はやめよう。誰も顧客のオーナーではない

　例として、営業チャネルと広告について見てみよう。私たちは現在、テレビ関連コンテンツの大きな変化を目の当たりにしている。それは、アップルTV、グーグルTV、Hulu等の配信プラットフォームとともに「画面」というコンセプトが拡大しているためだ。コンテンツ消費は、有線や無線の固定場所／固定チャネル型放送から、人々が見たいときに、できればコマーシャルなしのコンテンツをダウンロードする方式へと急速にシフトしている。したがって、この変化が起こったために広告も変化することになる。このメディアにおける広告は現在、2つの形式をとっている。スポンサーシップがあって番組は「無料」だが消費者は広告を見なければならないものと、消費者の好みに沿うように仕立てられる度合いが強まっている番組内広告（例えばHuluや他社では視聴者が以前に「いいね」を押した広告に合致したオファーを出そうとしている）である。

　ここに現れつつあるのは、高反応でリアルタイムで投入可能な広告の創出機会であり、それは、私たちがこぞってチャネルを切り替えようとする静的なテレビコマーシャル（スーパーボウルのときは例外だが）に代わるものだ。私がリテールバンキング顧客で好きなテレビ番組をiPadで見て（そうする人は増えている）いたら、住宅ローンや自動車保険に関する広告をクリックして、申込みプロセスや、金融サービス企業との私個人の取引関係に基づいた特別オ

ファーなどに直接入ることが可能になる。こうした新しい機会にどの部門が対応すべきだろうか？　マーケティング部門か、商品部門か、iPadアプリ開発部門か？　ひとつの部門が対応するのは無理で、それだと惨憺たる結果を招くことになる。

　もうひとつ例を示す。NFCのPOSテクノロジーが進化して、オファーとクーポンを日次レベルで顧客のモバイルやPOS機器に直接流し込むことが可能になると、銀行はこれを決済ソリューションという領域に限定して、カード部門やさらにはマスターカード、ビザ、ディスカバー、Amexにそれを丸投げしがちだ。しかしながら現実には、銀行はこの顧客の購入経験を最適化する方法を見つけ出す必要がある。その責任者は誰だろうか？

　正しい事前検知型サービス販売オファーをつくり出すためには、カード部門を超えた取組みが必要だ。アナリティクスを通じて顧客行動をより深く理解することが求められる。また、小売業者、モバイル事業者、セキュア決済業者、そしておそらくはワレット業者その他とのパートナーシップも必要だ。また顧客中心の横断的チャネル部門が加わらなければ失敗する。

　これらすべての課題に対応するためには、ほとんどの銀行の現行テクノロジー基盤と組織構造では不可能だ。真のマルチチャネル・サービスのコンセプトを実現するために、どのようにプラットフォームを最適化すればよいだろうか？

　図4-12では、ほとんどの銀行が現在ある状況の複雑さを示している。複数のチャネルがほぼ個別ベースで現行システムとつなげられ、接続技術とインターフェイスは個々独立となっている。さらに、作成され発信されるコンテンツは、ひとつのチャネル向け専用にその都度つくられる。将来的には、ATM、電話、インターネット、モバイルインターネットとスマートフォン、支店システムとコールセンターのすべてが、顧客ダイナミクス部門が作成する販売オファーを活用することになる。8つとか9つの異なるコンテンツ基盤とチャネル基盤をもつこれらチャネルをまたがってコンテンツを発行すると考えてほしい。

　新しいチャネルに直面する度に開発作業が必要となるというのは、最新のエンドユーザー機器が有する能力への対応として適切とはいえないと考えることだ。チャネルマネジメントの最適化は、コンテンツ、サービス、顧客経験の改善と不可分である。現行IT環境下でこれを実現するには、相当なコストをかけ

図4-12　Bank1.0アーキテクチャからの脱却

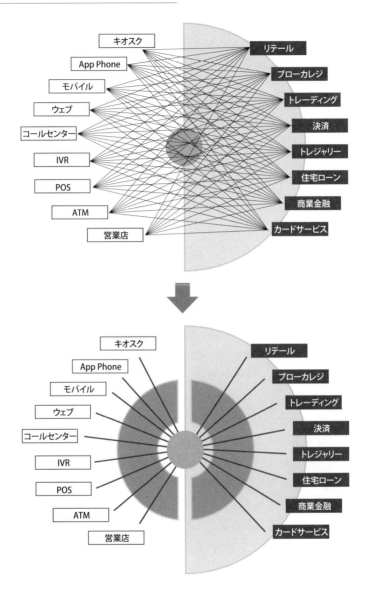

なければ不可能だ。そして発生するコストの大部分は、顧客販売オファー提供のために機能横断部門をつくることで回避できる。また環境を合理化することにより、銀行は、あらゆるチャネルでリアルタイムに商品機会に対応することが

表4-3　短期的に実現可能な施策

プロジェクト・施策	実施目的
職員離反防止プログラム	行内最良のサービス人員を維持するための選択肢として人材の社内調達を考える。新人を初年度の少なくとも3カ月間、コールセンターに配置して顧客の課題を学ばせる
電子メール、VoIP/IM、ツイッター、フェイスブックとコンタクト・センターの完全統合	顧客が利用するテクノロジーをコンタクトセンターに統合する。受話器を取ることは顧客の優先順位としては高くない。上記に加えてブログ、ソーシャルネットワーキングサイト、バーチャル・コミュニティの利用に対応する全職員向けのコミュニケーション方針を必ず作成すること
IVRメニューの再設計	トラフィック分析に基づいてメニューオプションの優先順位を考えた上で、最も頻繁なコール向けのIVRナビゲーションを減らす。音声認識に「感情対応」IVRテクノロジーを組み込み、立腹している顧客は「顧客支援」の専門家に転送し、難しい状況に対応させる
顧客ダッシュボードの単一画面化	顧客向けインターネットバンキング・センターと同じように、顧客サービス担当者向けの単一画面インターフェイスを導入して、顧客知識、プロセス、ワークフローを改善する。複数の異なるシステム、ばらばらのログイン画面等からなる現行のつぎはぎ状態を削減する
サービス・カルチャーの増進	行内全体のサービス・カルチャー創造に取り組み、コンタクトセンターのスタッフを、コールセンター牢獄の中に閉じ込められているように感じさせるのではなく、顧客対応における役割にプライドを持たせる。入り組んだ組織構造によって解決を阻むようなプロセスを作るのではなく、スタッフに権限を委譲して問題解決に当たらせる
ダイナミックオファー管理	顧客ダイナミクス部門（商品スペシャリスト、マーケティング・スタッフ、顧客支援担当者等を含む）を創設し、顧客アナリティクスで明らかになるセグメント向けのオファーを構築する。独自に作ったクロスセルとアップセル機会向けに大量の販売スクリプトやオファーを生成し、顧客にとって単なる営業の働きかけではなく、サービスの向上と感じられるようにする
法務・コンプライアンス部門の改変	法務・コンプライアンス部門にKPIを設定し、顧客ソリューションや改善を行えるようにする。それによって同部門が単に企業ブランドのリスク中和だけでなく、顧客のために機能するようにする。これらの部門を社内向けコンサルタントにして、付加価値としてリスクに着目し、顧客担当部門がチャネルや顧客ジャーニーの設計プロセスを実行するのを支援させる

可能になる。タテ割り組織の影響で商品作成に時間がかかることはない。

　組織としての金融機関は、顧客を中心により有効に機能するよう、早急に自らを再構築しなければならなくなる。現行の部門別組織構造は、資源獲得競争をうまくつくり出しているが、顧客にサービスを提供するためには最適化されていない。例えば、コールセンター、インターネットバンキング、電子メール対応など異なる事業単位のタテ割り組織で重複するもの（つまり、リテールとコ

マーシャルバンキング、個人向けと法人向けインターネットバンキングなど）を排除することだ。

これは、全チャネルを通じた一貫したサービスを生み出すことになる。もはや支店業績は顧客経験の主たる基準ではないからだ。顧客はいま、あらゆるチャネルを通じたパフォーマンスで銀行を評価する。インターネットがダメだったら、支店での顧客経験がすばらしくてもカバーできないのだ。

結論：戦術的チャネル改善

では、コンタクトセンターの改善において、企業と顧客の双方にプラスをもたらすような、短期的に実現可能なロードマップはどのようなものだろうか。今後2～3年については表4-3のような施策が考えられる。

KEY LESSON

コールセンターまたはコンタクトセンターは、顧客環境がよりモバイルになり、時間が足りなくなっているなかで、支援を提供する能力を著しく高めるものとして、業界から歓迎されてきた。

IVRシステムとチャネル移行は、企業にとって大幅なコスト削減を可能なものとしている。しかしながらこの革命は、顧客満足の拡大にはつながっていない。コンタクトセンターは高い離職率という問題に直面し、マネジメントは営業成果の向上を求め、企業はアウトソーシングかオンショアリング（国内低コスト地域への移転）かという問題に取り組むという傾向が強まっている。

究極のコンタクトセンターのビジョンは現在、統合メッセージプラットフォーム、IPベース・アーキテクチャ、自動音声応答システム、初回コール解決指標などの複雑な組み合わせとなっているようだ。しかし、中核的構成要素を組み込んでこのチャネルを本当に有効なものとする必要が、現在でもあるだろうか？

この章では、コールセンターの人員維持と有効なパフォーマンス指標という問題を取り扱った。しかし同時に、コンタクトセンターがすべてのマルチチャネル顧客接点のプラットフォームになるという、より深いテーマにも注目して

いる。そこでは、販売機会を通じてであれ、IVR設計の改善を通じてであれ、処理とコンタクト履歴の記録と回答の最適化が行なわれる。

　コンタクトセンター用の簡易なダッシュボードやインターフェイスを構築することで、オペレータの負荷が低減し、初回コールでの解決可能性が高まり、その結果としてより高品質な販売活動の基盤が築かれる。

[注]
1) 　ガートナー調査「Customer Relationship Management Report 2011」
2) 　Service Measures and Metrics「サービスの向上：顧客、社員、そして出会う人みなに喜んでもらうための実績ある道筋（UPLIFTING SERVICE: The Proven Path to Delighting Your Customers, Colleagues and Everyone Else You Meet）」
3) 　英国スキークラブ（Ski Club of Great Britain）

Chapter 05 Web—Why Revenue Is Still So Hard To Find...

インターネット
──収益を上げにくい理由

> なぜインターネット購入はもっと増えないか

　米国、英国、オーストラリア、ドイツ、フランス、香港、シンガポール、そして他の先進国では、インターネットはすでに5年以上の間、主要かつ好まれる日常利用のチャネルとなっている。つまり、銀行の支店よりもチャネルとして人気があるか好まれているということだ。ほとんどのバンカーにとって別に新しいことではない。しかし、これがほとんどの顧客にとって主たるチャネルだとすると、ほとんどのリテール銀行では現在でも支店が収益を生む場所となっている理由を詳細に検討する必要がある。この実態との乖離の理由として、3つの説明が考えられる。

1. 顧客はオンラインで取引するが、購入はオフラインを好む
2. 銀行がチャネル経由の収益を正確に記録していない、または
3. 銀行がインターネット販売をうまく行なえていない

　3つの説明のうち2と3は非常に明白だが、私は1については、他の業界における消費者行動とは一致しないと言いたい。したがって、顧客は他のものは何でもネットで購入するが、バンキングではまだリアルを好むのだと主張するか、一般に銀行はネットでの顧客行動を円滑化していないという事実に立ち戻るかだ。銀行の現在の立ち位置がどこだろうが（顧客はいまでも支店を好むと実際

に信じている人もいるだろうが）、2015年には銀行業界においても、あらゆる指標が購買行動が大幅にデジタルへと移行するのを示すことになる。Y世代が関係する世代移行による部分もあるが、単純に購入サイクルにおいて顧客がテクノロジーを使うようになることによる面もある。

リテール銀行とともにウェブサイトやインターネットバンキング機能の構築を15年以上行なってきて私が気づいたのは、銀行がインターネットチャネルで収益を上げていない唯一の理由は、インターネットでの顧客獲得と注文の実行をうまくできていないだけだということだ。うまく設計され非常に使いやすいネットの商品申込プロセスが、初日から新規収益を上げえない例など、私は見たことがない。

インターネットバンキングは過去にないほど利用されており、それはオーストラリアなどの経済に反映されていて、日々利用されるウェブサイトのトップ20のうち3つは銀行のウェブサイトである[1]。フェイスブック、YouTube、グーグルはどの国でもトップのウェブサイト中に登場するし、アップルやアマゾン、イーベイ、ペイパルも常連だ。

しかしバンキングとなると、人々がインターネットで何をするのかという疑問は残る。

ネット上の行動を見ると、インターネット購入は標準的行動として現在十分に確立されたものであることがわかる。2006年以降の米国経済は、年間のインターネット購入について毎年記録を更新している。サイバー・マンデーは毎年最もインターネット取引の大きい日を特定しているが、米国のそれはブラックフライデー（感謝祭休暇後の金曜日）の後の月曜日だ。サイバー・マンデーでは、2006年から11年にかけ、インターネット購入金額は6億1000万ドルから12億5900万ドルと、2倍以上になった[2]。

書籍販売およびiTunes、ネットフリックス、Hulu等々のオンラインメディアサービス、ザッポスやアマゾンその他のサイトの成功は、顧客の購買行動変化の証拠である。いまや顧客は店舗に入って来ると、リアル世界で商品を買う前に、バーコードと商品詳細をスキャンしてネットで価格を調べるという状況になっている。

ネットで購入するかどうかという問題は、明らかに何年も前に決着がついている。現在米国におけるeコマースは、小売業販売全体の10％にまで達しており、その比率は支出項目によって異なる（例：自動車、ガソリン、食料品を含

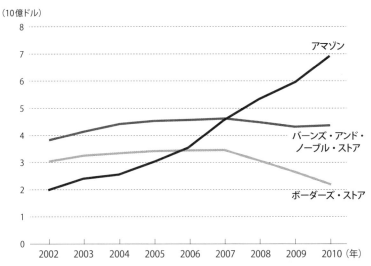

図5-1 米国の販売者別書籍売上げ——オフライン対オンラインの書籍販売推移

出所：Fonerbooks.com

む）。しかし書籍業界は話が異なり、アマゾンだけでも北米での全売上げの50％を超える。メディアやテレビ・コンテンツの販売では、iTunesが同様の状況になっている。

　明らかに、商品や商品カテゴリーがデジタル販路に適しているほど、売上げに占めるネット販売のインパクトは大きくなる。これは、リテール金融サービス業界でも問題となる部分だ。

❖──コンプライアンスとプロセスに安住してはならない

　ディストリビューションの仕組みについて見ると、住宅ローン、自動車ローン、クレジットカードや預金商品はすべて、靴、テレビ、自動車といったものよりも、書籍、アプリ、アルバムのほうにはるかによく似ている。純粋な販売と関係構築の考え方からすれば、商品が物理的な存在でないために、複雑な配送システムを必要としない。すでにそれは実質的にバーチャル商品なのだ。

　テレビ、タブレット、携帯電話、靴のような商品でさえ、人々はますますネット購入へと向かっているが、金融サービスの動きは一般に遅い。規制とコンプライアンスの要件と、住宅ローンなどの銀行の商品販売方法に組み込まれているプロセスを取り去れば、実は金融サービス商品のネット販売が非常に簡

単なのは、ほとんどの人の目に明らかだ。

　銀行は金融サービス商品の「複雑さ」を引き合いに出すが、複雑さは一般に商品そのものの特性ではない。複雑なのは申込みプロセスや銀行が付け加えた商品特性だ。投資商品は確かに複雑だが、普通預金や当座、定期預金や固定金利預金、個人ローン、さらには住宅ローンまでも、中核部分は非常にシンプルだ。金融サービスの複雑性は、そのプロセスにあることが少なくない。個人ローン、クレジットカードや住宅ローンに必要な承認プロセスであれ、申込みプロセス自体であれ、本人確認、詳細背景情報、所得証明等々が必要となる。

　こうして銀行は業界として、人々は金融サービス商品を、商品の複雑さのためにインターネットで購入しないものだと思い込むに至った。しかし購買行動の観点からすれば、購入プロセスがもっと簡素であれば、商品自体は実はデジタル購買行動にかなり馴染むものだ。もし銀行が全体としてプロセスや申込書の問題にくさびを打ち込むことができれば、インターネットの収益可能性はほとんど天井知らずである。

　しかしながら銀行は一般に、複雑さを排しようとしない。そうするとコンプライアンスの観点からリスクが増大すると見られるからだ。そして支店主導の銀行は、顧客をインターネットの「見込み客」から支店での「販売」に送客しようとする意識が非常に強い。なぜなら銀行は支店不動産コストを支払い、物理的チャネルの評価指標を満たし続けなければならないからだ。

　ここでの問題は、銀行の購入プロセスは物理的なコンプライアンスのプロセスに偏っているため、誰かが同じ商品をネットでより購入しやすくした場合、すぐにそれに取って代わられてしまうことだ。その最近の見事な事例がスクエアである。スクエアは非常にシンプルな製品（クレジットカードのPOSターミナル）を持ち込んで、申請部分を再構築した。それは、通常は加盟店獲得として知られる、複雑さ山積のプロセスである。スクエアは複雑さを排除することによって、2年という時間のうちに業界の市場シェアの4分の1を奪ってしまうという劇的な成果を上げた。

　アマゾンは書籍で同じことを行なった。アップルはiTunesで同じことを行なっている。既存プレーヤーにとってその教訓は、常に非常に厳しい。

　複雑で制約のあるディストリビューションの仕組みや複雑なプロセスに依存する既存プレーヤーは、崩壊の縁に立っている。レコード業界では、既存プ

レーヤーたちが文字どおり何億ドルも費やして違法ダウンロードを止めようとしたが、うまい法的解決策でギャップを埋めることはできなかった。違法であるとはいえ、購買行動は現在もデジタルでのダウンロードへと向かいつつある。購買行動はよりシンプルな購入（例：ダウンロード VS 店舗での購入）へと向かうインセンティブが非常に強く働くため、人々は違法な行動でもそれを選好するのだ。iTunesは、業界全体が不調に陥るなかで成功した。その理由は、アップルが既存の価格設定と流通のモデルの不整合部分を攻撃し、既存プレーヤーは従来のビジネスを守ろうとして、必然的にこれまで以上の不整合をつくり出す結果に終わったからだ。

同様に、銀行と規制当局は、消費者が支店内でのみ取引を行なうよう強制することはできない。もし試みたとしても、顧客の行動は、時間とともにそれを迂回するようになるだけだ。

これが、現在銀行が直面している重要課題である。銀行はコンプライアンスと本人確認プロセスのせいでネットでの販売に成功していないが、ほとんどの場合、これらのプロセスに関わる現実の規制は、絶対的に物理的な流通が必要だとしているわけではない。そうでなければ、スクエアやペイパルがやったことは許可されなかっただろう。基本的なバンキングについていえば、次に破壊的な動きがあるのは、シンプルな価値貯蔵と連動したモバイルワレットだろう。現行の規制では、ノンバンクの価値貯蔵の仕組みがモバイルワレットへのチャージを行なうのを止めるものはない。私が消費者として銀行を訪れて、その銀行が口座開設のために署名カードを求めたら、それは警告ブザーが鳴ったととらえるべきだ。なぜなら、競合するノンバンクで口座開設のためにそれを必要とするところはないし、まったく驚くべきことだが、規制当局もそれを要求していないからだ。

インターネットで何を売るか

　オーストラリア通信・メディア管理局（Australian Communications and Media Authority：ACMA）が最近出したレポートでは、成人インターネットユーザーの62%が、2011年4月までの6カ月間にインターネットで商品かサービスを購入している。

表5-1　市場別にみたネット銀行商品の選好[3]

インド	シンガポール	香港	アラブ首長国連邦
クレジットカード	定期預金と積立	定期預金と積立	クレジットカード
一般保険（旅行、生命、住宅、医療）	新規口座開設	株式	個人ローン
債券、ユニットトラスト、投資信託	クレジットカード	クレジットカード	新規口座開設
新規口座開設	外国為替・通貨取引	外国為替・通貨取引	自動車ローン
個人ローン	債券、ユニットトラスト、投資信託	一般保険（旅行、生命、住宅、医療）	株式
株式	株式	新規口座開設	定期預金
定期預金と積立	固定金利債券	固定金利債券	積立

　「インターネットショッピングの利用は一般大衆に相当普及しており、もはや傍流といえるものではない」とACMAのコミュニケーション分析マネジャーであるジョゼフ・ディ・グレゴリオはレポーターに語っている[4]。

　インターネット利用の主な推進要因は**利便性**であり、ユーザーの75〜96％が、ネットを使う主たる理由として時間節約か利便性のいずれかをあげている[5]。利便性とは、電話をかけたり繁華街の支店に出かけたりするよりも、ネットにつながるほうが確実に早くて簡単だということだ。**価格**や競争力のある金利と手数料も推進要因であるが、消費財市場でよりその傾向が強く、金融サービスの世界ではそれほどでもない。しかし、ネットの人々はケチケチしていることには留意しよう。彼らはお値打ちものが大好きで、そうしたものがネット上で顧客をつかまえることは少なくないのだ。

　利便性の反対は、複雑さである。顧客がネット上での書式入力に45分かける必要があったのに、申込みプロセスが最後のところで、住所が不適だとか詳細情報が手元にないといった理由でダメになってしまったとしたら、それはとんでもないフラストレーションになる。だから本質的に、複雑度の低い商品や申込みプロセスほど、インターネットやモバイルの世界ではうまくいくのだ。

　ウェブで商品販売をサポートする方法を理解するカギはここにある。実世界の例として、自動車の購入をとり上げてみよう。新車をネットで調べるという行為は、自動車業界にとってはプラスだ。オンライン評価、比較ツール、スペック選択、ビデオ試乗その他多くのリソースが、消費者としての私が買うクルマ

図5-2　インターネットでの顧客関係構築の標準的フェーズ

を選ぶのを助けてくれる。しかし、クルマをネットで「買う」にはどうすればよいだろうか？　クレジットカード限度額が大きくないのに、どうやって支払えばよいだろうか？　デリバリーはどうなるだろうか？

　インターネットによる販売活動のサポート方法を理解するために肝要なのは、販売につながる顧客のニーズと、販売そのものとの相違を理解することだ。複雑な商品が増えるにつれて、購入や申込プロセス全体をインターネット手続きで完了できる可能性は低下しており、それがまさにコンプライアンスや規制のためである場合も少なくない。したがって、インターネット購入とか販売は、金融商品については必ずしも究極のゴールではない。

　簡略にいえば、インターネットチャネルに組み込める顧客〜商品リレーションシップには3つの大きなフェーズがあり、それは複雑さのレベルによって異なる。以下のとおりだ。

・購入前／商品選択時
　マーケターが通常「リサーチ」とか選択段階と呼ぶものだ。ここでは顧客は可能な選択肢に関する情報提供を求め、予算や品質オプションなどを選択する。購入前段階において、インターネットはますます主要な構成要素となっている。

・購入／実行時
　バンカーが「顧客獲得」としている、顧客が商品を選択して購入に同意するか申込書類を記入して提出するタイミングである。

・購入後／顧客維持時
　金融の世界では、この段階では顧客が自分の投資商品をモニタリングしたり、保険商品の支払請求をしたり、ステートメントを確認したりする。特定商品に

表5-2　マルチチャネル取引への適合性に関する商品分類

単純商品	助言不要	クレジットカード、普通預金、個人ローン、一般保険商品 etc.
情報に基づく購買	要助言の場合あり	住宅ローン、生命保険、貸越 etc.
複雑商品	専門家の助言が必要	証券、投資ファンド、投資信託、デリバティブ、仕組み商品 etc.

ついて銀行と取引関係を結ぶことにサインした後に起こることすべてである。

　インターネットチャネルへの適合性の面では、すべての商品が同等ではない。これは前述のように、商品の精緻さや複雑さに負うところが大きい。そこで、リテールバンキング商品を大括りに分類してみよう。

　これらを統合して、アナリティクス、顧客行動分析や顧客調査を活用し、各商品分類における関係構築の各フェーズへの対応について、インターネットチャネルの代表的な利用パターンや適合性を決定することが可能だ。そこで、より詳細に分析していくつかの事例を見ていこう。

　インターネットでのつながりを構築するというテーマを具体的に示すために、住宅ローン商品の例をとり上げてみよう。いまやサブプライム問題は遠ざかり、ここ2〜3年は世界的に住宅ローンビジネスが顕著な増加を示していて、現在は例えば20年前と比べて、借り手の住宅ローンへのアクセスは容易になっている。前述したグーグル・ファイナンスの調査では、インターネットユーザーの88％が、住宅ローン提供企業や商品の選択プロセスをインターネットから始めている。つまり、顧客が支店に来店して住宅ローンの申込みをするとしても、大半の場合、顧客は商品についてインターネット上で「販売」を受けているか、インターネットでの自分のリサーチ結果に大きく影響を受けているのが現実だ。

　現時点で銀行は、見込み客創出機能とインターネット申込プロセス全体とをうまく切り離せていない。また銀行は、顧客がインターネットで行なう商品リサーチを軽視しており、結果としてコンテンツサポートでよい成果を上げられていない。ネット上で顧客が目にするコンテンツは、現在でも実質はパンフレット的なものがあまりに多く、実際には購入のプロセスをサポートしていない。

　近い将来、顧客はスマートフォンとタブレットを使って商品情報にアクセスするようになる。銀行はコンテキスト面からも情報の要求について考え始めな

図5-3 商品別／購入段階別インターネットへの適合性
――インターネットチャネルのサステナビリティ

ければならない。

　このことが意味するのは、顧客が銀行や銀行ソリューションを必要とするタイミングや場所を見いだす必要があるということである。

❖――発見能力とコンテキスト

　グーグルは、何も知らなかった大衆向けに会社と同名のポータルを導入し、90年代後半に検索エンジン行動という革命的変革をもたらした。それ以前の私たちは、インターネットのイエローページとかシアーズのメールオーダー・カタログシステムを何の不満もなく使っていた。グーグルの登場によって、私たちはウェブ上で何かを見つけるのが実にまったく簡単なことだと学んだのだ。

　今日の銀行ウェブサイトにとって真に不可欠なもうひとつの要素が、サイトの中で商品関係の情報検索を早く簡単に行なえる機能だ。グーグルが行なったのは、キーワードを打ち込めば「その関係の」情報を早く簡単に、ナビゲーションよりもはるかに早く見つけられるだろうという期待をつくり出したことだ。ところが、ほとんどの銀行ウェブサイトは検索に十分対応していないので、打っても当たらないという結果になる。グーグル・サーチを銀行ウェブサイトに統合することを考えてみよう。その場合も、サイトのコンテンツをキーワードサーチに対応するよう最適化する等の必要はあるが。

　検索エンジン技術とインターフェイスによる革命以前は、企業は、人（または視線）をウェブサイトに誘導するために、従来メディア、バナー広告のクリックスルー、サードパーティへのリンクを通じたURLマーケティングに頼ってい

た。しかし、1998年にはジョージア工科大学が、年次www調査において、ユーザーの84.8%が検索エンジンを利用していることが判明したと報告している[6]。グーグルの登場より前でさえこうだったのだ。こうした数字がいまはどうなっているか考えてみればよい。

現在までで最も説得力があって決定的な統計調査の中に、AT&Tインタラクティブとニールセンが2011年3月から出しているものがあり、そこではモバイル検索者が現実の購入パターンでどのような独自性を見せるかを示している。調査結果は、ローカルやモバイルでのネットマーケティングの重要性を強調する一助となっている。

フィーチャーフォン、スマートフォン、タブレットを有する1500名の米国消費者が、ローカルでのモバイル検索行動について質問を受けた。調査では、モバイル機器を使ったローカル検索者の43%が、検索結果やモバイルユーザーをターゲットとしたネット広告に反応して、実際に企業のある場所にやって来た。おそらくさらに感嘆するのは、これらユーザーの22%が実際に購入まで進んだということだ。これは、スマートフォン所有者のほぼ半分が、検索で見つけた店舗に最終的に行き、その5人に1人以上が買い物をすることを意味している。だがこれは2011年のことであり、データではモバイル検索は増加を続けている。モバイル検索に関しては何度も言われるジョークまであって、ネット購買行動と店舗内購入から見れば、「ベストバイ」は「アマゾン・ショールーム」と改名すべきだというものだ。消費者が小売店に行って商品を触って感触を確かめてから、インターネットで購入するという傾向は増加しており、いまでは「ショールーミング」として知られている。

2012年12月には、スマートモバイル機器はすべての検索連動型広告クリックの25%を占めるようになり、2011年1月の5%から大幅に増加した。マリン・ソフトウェアの「米国のモバイル検索広告の現状」[7]報告によれば、携帯電話のクリックスルー比率（CTR）はデスクトップ機器よりも72%高いという驚くべき数値となっている。

しかし、検索がモバイルに移行すると、検索がコンテキストに依存することを、企業は理解する必要がある。つまり、検索を行なう必要があるときに人々が何をしているかということだ。例えば、外出先から携帯電話を使って住宅ローンの検索をする人は、そのときに購入する家かアパートを見ていて、どれく

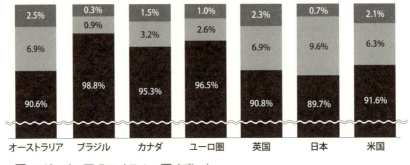

図5-4 検索はPC画面上だけで行なわれるわけではない
──地域別／機器別に見たクリックされる比率

らい借入れ可能か確認しようとしている可能性が高いということだ。その消費者をターゲットとするすばらしい機会である。

> 「グーグルは、この種の次世代型検索の中身が現実世界のものであることを理解しており、私たちの業績をすばらしく新しい方法で向上させるのに資するだろう。これは私たちの検索エンジンの中にまさにナレッジを組み込むことなのだ」
>
> ──ラリー・ペイジ、グーグルCEO、2012年4月6日

　グーグルは当初、フェイスブックなど最も人気のあるウェブサイトに的を絞って、検索を組み込んでコンテキストを円滑化しようとしていた。グーグルはこの新型の検索テクノロジーをアドセンスと名づけている。ヤフーではコンテントマッチと呼んでいるもので、検索エンジンのページ自体にではなく、コンテンツのウェブサイトに表示される検索である。

　2011年8月、グーグルは「グーグル・リレーテッド」を発表した。ユーザーがすでに閲覧しているページのコンテンツに関係する追加コンテンツを、まるで彼らが見ているかのように表示する機能である。例えば、探していたり購入を考えていたりする新商品やサービスの記事を読んでいるケースを考えてみればいいだろう。グーグル・リレーテッドによって、閲覧者はトピックに関連したコンテンツ、例えばビデオ、商品評価やウェブ上の商品へのコメントなどを見

るというオプションを得るのだ。

　ここで、同じことを位置データを使ってやるとしよう。消費者が物理的にどこにいて、モバイル機器を介して何を見ているかを得ようとするのだ。グーグルは究極的には、グーグル・グラスや、社内的にはプロジェクト・グラスとして知られるプロジェクトで得られるこのデータを通じて、彼らにとっての世界の見え方を拡張する方法を見つけようとしている。

　iOSプラットフォーム用のSiriの開発は、データの世界とインターフェイスをとり、消費者によりコンテキスト的なアクセスを提供する、まさにもうひとつの例だ。検索はより検索っぽくなくなり、日常生活の意思決定に必要なデータを使った支援という趣に近づく。こうなると銀行は、顧客は何が必要で何を探しているかだけでなく、金融サービス商品を必要とする時と場所について非常に真剣に考え始める必要がある。

　インターネットでの収益に影響を与えるもうひとつの要因は、もちろんのこと、ウェブサイトの使い勝手がどれくらい簡単か（あるいは難しいか）だ。

❖──ユーザビリティ（使い勝手）

　ユーザビリティは、個人（ユーザー）にとってシステム、商品あるいはインターフェイスが使いやすいかどうかを表現する用語だ。この用語は最近、広い範囲の関係領域を含むようになってきた。ユーザー中心デザイン（user-centered design：UCD）、インタラクション・デザイン（interaction design：IxD）、ユーザビリティ・テスト（UT）、およびその他の試みが進んでいる領域だ。ユーザビリティの基本的概念は、ユーザーの心理や心の生理学に沿って設計されたものは、次のような特徴をもつというものだ。

・より効率的に利用できる──ある作業を完結するのに必要な時間がより短い
・より覚えやすいか直感的なデザイン──そのモノを観察すれば操作が理解できる
・より使用による満足がある

　顧客がデジタル・インターフェイス（ウェブ、ATM、携帯電話、タブレット、キオスクなど）を使って銀行商品を見つける関係構築プロセスを進めることで、新商品の成約率を改善し、それを支える技術への投資収益率を向上させること

が可能になる。

　現在でも、申込書式をプリントアウトして支店に持ち込むか、コールセンターにファックスすることを顧客が求められるケースがある。これはユーザビリティの問題だ。商品申込みのプロセスを簡素化せず、書式プリントと物理的な支店訪問というステップを追加して複雑さを増してしまっているからだ。ユーザーの観点からのインターネットの意味（＝利便性）を完全にはき違えている。ここでは、ネット上からの申込書類のプリントなどはまったくないのが望ましい。書類を支店に持ち込みたいというなら、そもそもインターネットを使う必要もないはず、ということだ。

　不適切な言葉遣いやお粗末なデザインのインターフェイスは、ユーザビリティにおいて銀行が直面する最も一般的な問題である。ユーザビリティを低下させる理由は次のようにさまざまなものがある。

1. 顧客の意見を聞かずにIT部門がサイトをデザインする
2. コンプライアンスや規制のためプロセスとデータ要求が過大になる
3. 顧客のニーズやウォンツを確認しない
4. テスト段階になってはじめてユーザーが設計プロセスに参加する
5. 物理的プロセスや支店型書式に基づいてページを設計する
6. プロセスや用語が顧客中心ではなく銀行中心になりすぎる

　インターフェイス設計は、ここ数年で急速に向上している。アップル、グーグルや他の企業では、システムの使い勝手を簡素化することを非常に重視した結果として、記録的な販売実績とカルト的なフォロワーというリターンが得られた。繰り返すが、そうしたプロセスが高コストである必要はない。インタラクティブなデザイン手法を採用すれば、おそらくシステムの開発コスト節減につながるだろう。

　従来型のインターフェイス設計のように、舞台裏にいて顧客の使い勝手をまったく気にしないのとは違って、インタラクティブ・デザインの目的は、プロトタイピングや繰り返し方式という段階的洗練化手法を活用して、最適なインターフェイス設計を実現することだ。これらの手法は特殊な技術、ソフトウェア、スキルをまったく必要としないため、ローファイ（lo-fi：low-fidelity、低忠実度）と呼ばれる。実は、ローファイ環境での最も一般的なデザイン手法は、

単純に紙とペンを使うものだ。プログラミングを始める前段階でも顧客からのインプットを得るために、こうした複数のプロトタイプでテストを行なうことが可能だ。

　ユーザビリティの原則のうちシンプルなものをいくつかあげておこう。

・ホームページ上に顧客関係深化の明確なメッセージ／イメージがあり、その後の一連の手続きにつなげていること
・ページが煩雑でないこと
・直感的なデザインであること——行き先を見つけるのに手間がかかりすぎてはいけない
・フラッシュ／アニメーション／ポップアップは使わないこと
・キーワードやコンテンツをうまく使って、サイトが検索エンジンに掲載されるようにすること
・ブラウザにロードしやすいよう簡潔なプログラムにすること。プログラムが複雑になるほど、モバイルやタブレット上で問題が発生しやすい

　ウェブ関連を正しいものにしたいなら、最低限でも顧客の代表をデザインプロセスに入れなければならない。それが実顧客であれば理想的だ。覚えておくべきなのは、職員も実顧客であるということ。彼らはユーザビリティ・テストの課題の情報源として最適（注：低コスト）である。しかし結局は、デザインとテストのプロセスに実顧客を入れるのに勝る方法はない。

　ウェブサイトにおける中心的なサイトの導入や商品発売の際には、インタラクションのデザイナーの活用とユーザビリティ・テストを最低限でも必ず実施すること。サイトに顧客が操作する書式があったり、デザイン見直しプロジェクトであったりする場合には、必ず実顧客にテストしてもらうこと。職員ではダメだ。

　そうすれば、ウェブチャネルに入る前の段階で、安価な方法で大きな収益につなげることができる。

画面（ウェブ／タブレット／モバイル）第一主義

　外蒙古に住んでいるのでもないかぎり（そこでもiPhoneはホットだが）、モバイルはここ2～3年で巨大な存在となっている。スマートフォンとiPadのようなデバイスが大成功したにもかかわらず、ウェブサイトの導入や顧客経験になると、銀行はこうした新しいテクノロジーの採用が伝統的に遅れていた。いま、こうしたことがすべて急速に変わりつつある。

　企業は次第に、より先進的な方法でマルチ画面環境に取り組もうとしている。iPhoneアプリにおける基本的な地歩の獲得だけでなく、アンドロイド、ウィンドウズ・モバイル、ブラックベリー（まだ存在しているうちは）、iPadアプリ、そしてHTML5ウェブサイトの早期導入などにも手を伸ばしている。自行顧客がアプリをダウンロードするかもしれない一方で、新規顧客や見込み客がモバイルやiPadを使って銀行のウェブサイトにますますアクセスしてくる可能性があることがわかる。

　2015年までには、モバイル機器からのインターネットへのアクセスが、PCからのアクセスを上回るだろう。ということは、銀行はあとわずか3年のうちに、人々がPCのブラウザからでなく画面から銀行にアクセスすることについて、可能なあらゆることを学ばねばならない。現在はタブレットの普及はまだ比較的小さいが、2015年までにはタブレットの販売はPCを上回るだろう。

　もし、モバイル・ウェブ・デザインとアプリケーション開発がいまでもニッチ産業だと思うなら、その考え方を変える必要がある。モバイルはトレンドではない。未来でさえない。現在そのものなのだ。信じられないだろうか？　では、2012年2月のモビシンキング（Mobithinking）から、アタマを刺激する統計数値をいくつかご紹介しよう。

- 全世界には12億人のモバイルユーザーが存在する
- 米国では、モバイル・ウェブ・ユーザーの25％がモバイルオンリーの使用である（ウェブにアクセスするのにめったにデスクトップを使用しない）
- モバイルアプリは200億回ダウンロードされている
- モバイル機器の販売はどこでも増加しており、新しい機器の85％はモバイル・ウェブにアクセス可能である

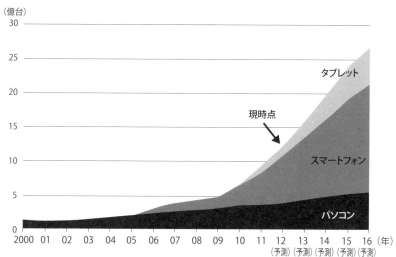

図5-5　2015年にはウェブへのアクセスはモバイル機器が中心となる
　　　　──世界のインターネット機器販売

出所：Business Insider

　最も興味深い事実のひとつは、2番目の項目である。これが示しているのは、多くのユーザーが銀行サイトのモバイル版だけを目にしている可能性が高いということだ。これは驚愕の新事実だ。

　ウェブはこれまで以上に私たちがポケットに入れて持ち運ぶものとなり、自宅のデスクまわりに存在するものではなくなった。これは今後数年ひたすら成長を続ける、グローバルなトレンドである。

　覚えておくべきなのは、顧客は銀行のアプリをダウンロードするかもしれないが、見込み客はそうではないということだ。

既存顧客へのクロスセル

　ここで私が披露するアイデアは、とてもシンプルだが非常に高価値で、今後3〜5年の間に何百万ドルもの収益を上げる可能性があるものだ。あまりにシンプルなので、気づかなかったことを嘆くことになるだろう。また、ウェブサイトの活用においてあまりに基本的なことなので、今日この日から予算意思決定全体

図5-6 標準的なリテール銀行のホームページ

出所：HSBC

をそちらに振り向けて、マーケティングアプローチを推進するべきものだ。現状維持を好む人々からは多少の抵抗があるだろうが、自行サイトの分析結果を確認すれば、圧倒的な証拠が出てくることは保証する。

　例えばこれだ。上のウェブサイトを見て、訪問者の90%以上[8]がクリックしているのはこのサイトのどこか答えてほしい。

　このウェブサイトに訪問する顧客の90%以上が、サイトのある部分をクリックする。それはもちろん、次のボタンだ。

Personal Internet Banking
LOG ON

　いまやほとんどの銀行が「インターネットバンキング」ポータルや「セキュア・サイト」（時折取引ケイパビリティの機能的プラットフォームと呼ばれる）の設置を考えている。主な焦点は、口座残高、送金、請求書支払、定期預金などだ。その運営は通常IT部門、つまり「機能」の担当者が行なっている。

　現在、銀行のマーケティング部門は、おそらくウェブマーケティング関連予算の95%を、商品を提示する一般向けウェブサイトか、サードパーティのサイト、ソーシャルメディア、PPC（訳注：pay-per-click、クリック報酬型広告）等々の新キャンペーン実施に使っている。

　これは明らかに正しくない。上記のような簡単な分析に基づけば、ウェブマーケティング予算の少なくとも80%は、インターネットバンキング・ポータ

ルを通じた既存顧客向けのオファーやキャンペーンの構築に充てる必要があるということだ！　しかし、現在私が知るかぎりどの銀行でも、そうなってはいない。

　ログインの後に商品を前面に出すことのもうひとつの利点は、コンプライアンスと顧客獲得プロセスが非常にシンプルになることだ。すでにすべての顧客情報は保有しているので、コンプライアンスは単にクリックによる現行の顧客獲得か、販売へのコンバージョンですみ、大量の書式で本人確認や信用リスク評価等の証明を行なう必要がない。すでに顧客プロファイルが行内に存在するので、獲得してネット上で処理するのが最も簡単である。

　ただし、強力な注意事項がある。ここでは簡単なバナー広告的アプローチを指向しないこと。そうすることが最も貴重な顧客を怒らせてしまうことになるからだ。この点を考慮して適切なオファーを行なわなければならない。

　つまり、すでにプラチナカードを持っている人に、ゴールドのクレジットカードを売ろうとしないこと。マネージド・ファンドのあるプレミア口座保有者に定期預金を売ろうとしないこと。学生に退職プランを売ろうとしないこと、等々だ。

　このため、ターゲットを絞った、魅力度が高くアピールするオファーを生み出すのに、ビジネス・インテリジェンスとセグメンテーションが必要になる。

　ログインの後の販売については、その他にも考慮すべき事項がある。マーケターが業務を行なうなかでやってしまう悪しき習慣の結果として起こるものだ。

❖──バナーの無分別性との戦い

　ライス大学のジャン・ベンウェイとデビッド・レーンは1998年、初期ユーザビリティ・テストに関する優れた論文で、ユーザーが「広告バナー」を排除し始めていることを見いだした。

　当時の広告代理店はまだ、ウェブを従来のメディア・キャンペーンを推進するための単なる新しいチャネルと考えていて、小さな雑誌広告や広告看板を至る所につくるという自業自得気味のことをやっていた。彼らはそれをつくり変えただけでバナー広告と呼んだのだ。

　しかし、広告代理店が新しいメディアにより多くの広告を載せようと群がるにつれ、新しいプラットフォームから得られる利点は失われていった。インターネットとバナー広告は根本的に異なるものになった可能性もある。理由はおわ

かりだろうか。

　印刷メディア、テレビ、広告塔といったものと比較すると、ウェブは非常に異なったメディアである。相互にやり取りし、関係を深め、対話する能力を提供してくれる。この独自のケイパビリティは、従来のメディアでは不可能なものだった。しかしながら、ウェブに殺到した広告代理店は、この世界に適合するだけの基本的な創造性を欠いていた。その理由は、彼らが、**メッセージ**こそが極めて重要な要素であるという考えに囚われていたからだ。ウェブとは単なるメッセージではなく、**経験**である。従って、ウェブを静的なバナーであふれかえらせて、これまで他のメディアでやってきたことを単に繰り返したことによって、広告代理店はこの新しいメディアを十分に活用する機会を逃したのだ。

　1997年後半には、バナーにリッチメディアを使う試みを始めた代理店があったが、その目的は、バナー広告内にミニテレビ的なものをつくり出そうとするのに似ていて、これも経験をつくり出そうとするものではなかったが、「リッチなメッセージ」というコンセプトはあった。

　広告代理店は、ブランド想起を生み出そうとするコンセプトに近視眼的に焦点を当てていて、ウェブで可能になったユーザーとの対話にどう取り組むかを考えていなかった。これが、バナー広告活用の初期の試みにおける根本的な欠点である。同じことがフラッシュの導入ページでも起こった。それはもともと、伝統的なマーケターがテレビコマーシャルと同等のものをウェブ上に導入するすばらしい方法だと主張したものだ。考え方は、ウェブサイト上のコンテンツにアクセスさせる前に、消費者に15秒のテレビコマーシャルを見せることが可能だというものだ。ひどい間違いである。

　広告主は顧客に対して次第に同じものを多く見せるだけになり、顧客はメディア全体を通じてより多くの「雑音」にさらされることになった結果、バナー広告は単なる追加的「ノイズ」として消費者から遠ざけられていることが明らかになった。

　バナー広告を提供しようとするなら、それが自分に関係しており、タイミングが合っていて、適切なものであると顧客に思わせ続ける必要がある。したがって、顧客を認識して相手に合わせたコンテンツを提供する方法を編み出すことから手をつけることだ。広告提供とクッキー技術を活用するシンプルな戦略を2つご紹介しよう。

1. 現行顧客がサイトを訪問してくる場合、それが誰かを識別可能だ。インターネットバンキングの中で顧客に合ったオファーを提示するのと同じ方法で、公共サイト内や第三者サイトを通じて、相手にぴったりのクロスセルやアップセルのオファーを提供しよう。これを怠って、一般大衆の目に入るものと同じオファーを出さないこと。
2. 訪問者がサイトに来てクレジットカードのセクションとか、個人ローンや住宅ローンのランディング・ページをくわしく見ていたら、次にその人がサイトに来たら、その続きを見るよう提案する。「いまもよい住宅ローンをお探しですか？」とかいうバナーをホームページに表示する。技術的には非常に簡単だ。**キャンペーン**担当でないが、**ターゲット顧客層へのオファー**を担当するマーケティングチームが必要となるだけである。

現在可能なインターネットチャネルの改善

　さて、短期的に実現できて、企業と顧客の双方にプラスとなるインターネット改善のロードマップとは、どのようなものだろうか？　以下に掲げる領域は、今後3～5年で支店での金融オペレーションか顧客サービス・レベルを向上させる機会として考えられるものだ。

- 顧客向けコンテンツ、コミュニケーション、用語の改善
- クロスセル／アップセル機能の向上
- 見つけやすさの改善と検索エンジン最適化（SEO）
- 顧客行動の分析機能の向上
- オファー管理・創出機能の向上
- 申込み処理の自動化およびサービス・アーキテクチャ活用の向上

　部門内で実施可能なこれらさまざまなプロジェクトへの取組みを通じて、改善が進むのが目に見えてくる。プロジェクトの中には、他の機会領域と重複しているものもあるので、具体的な例として改善や変革がどうすれば実現可能か、表5-3にプロジェクトをリストアップしてみたい。

　こうした施策の意図は、銀行のケイパビリティを最適化して、収益を創出し、

表5-3 インターネットチャネル改善のためのプロジェクト

プロジェクト／施策	実施目的
全サイトのユーザビリティ・テスト	現行ウェブサイトの用語、レイアウト、デザイン、プロセスに関するあらゆる課題の洗い出し
顧客情報システム	全チャネルにまたがった顧客行動分析の向上により、営業店とインターネットその他で顧客がどんな「業務」を行いたがるかの理解
コンテンツ管理システム	昔のドットコムの人気者のカムバックだが、今回は組織横断での対応が可能になり、新しいコンテンツを継続的に「発信」できる。最もよいアナロジーは、銀行が商品カタログや投資家情報誌を、商品に基づき、顧客に対して日次で発行することだ
セールス用インテリジェンスと、自動オファー提示機能	既存顧客に対するリアルタイムおよび事前検知型のオファーをプロンプト、オファー／サービス・メッセージの形で、特にインターネットバンキング・ポータルに配信
選択したプロセスにおけるBPR	営業部門とサービス部門の間の障壁の削減。競合する商品組織間でのスキル重複の排除など。同一顧客から収益を獲得する商品競争ではなく、顧客のオーナーとして、カスタマー・ダイナミクス能力を構築
ストレート・スルー・プロセシング (STP) と信用リスク管理システム	バックオフィスの古いマニュアルや人的「プロセス」のために、24、48、72時間待たされることなく、顧客が即時に申込みの処理を受けられるようにすること。サービスの知覚品質の向上と、現行プロセス要求（例：所得証明、3カ月分の銀行取引記録のファックス、収入証明など）のための途中放棄の減少などにつながる。追加的ベネフィットとして、手作業のミスによるコンプライアンス上のエラーの減少
顧客フレンドリーな用語推進施策	エスノグラフィー、ユーザビリティ調査、監査、顧客観察型フィールドスタディ、フォーカスグループ等の活用によって、用語や申込書式と店内（とそれを超えた）での顧客コミュニケーションのシンプルさを向上させること
検索エンジン最適化 (SEO)	どの企業でも、自社内での検索エンジン最適化が戦略であるべきだが、サイトに実際にどんなコンテンツを置くかは再考を要する。理由は、それは顧客が現実に求めているものによって動かされるべきだからだ

顧客が繰り返しやって来てウェブを通じてやり取りしてくれるようにすることである。

KEY LESSON

10年たったいまでも、伝統的なバンカーにはインターネットを「脅威」であるととらえる人がいるし、そうでなくても、ほとんどのバンカーはひいき目に見て理解をしていない。コスト節減のための単なる「機能的な」取引基盤とはまったく異なり、ウェブは現存する新しい収益源として最もすばらしいものだ。何を売るかと、販売プロセスの中でチャネルをどう使うかを理解することがそのカ

ギである。

　バンカーは、自行ブランドにとっての戦略的重要性において、ウェブを支店と同等に扱うようになる必要がある。少しでもイコールフッティングに届かないということは、新しい収益機会の喪失と、他の提供企業への流出による顧客喪失につながる。

　端的にいおう。10年後の将来、リテールバンキング収益の大半は、ウェブ、モバイル、タブレット・ベースとなる。まだその道に足を踏み出していないのなら、非常に速く動かなければならない。

[注]
1) Alexa.com
2) comScore.com
3) 複数ソース（UserStrategy online survey for StandardChartered.com, Alexa.com, Google Labs Trends, etc.）。
4) 「利便性と価格が増進するネット販売（Convenience and Price driving online sales）」News.com.au、2011年11月16日
5) User Strategy Survey Data, ACMA report, November 2011
6) GVU's WWW User Survey（http://gvu.cc.gatech.edu/what/websurveys.php）
7) "State of Mobile Search Advertising in the US"
8) Webtrends data for www.hsbc.com.hk、中国語ユーザー93.7％と英語ユーザーの95.2％は個人向けインターネットバンキングのログインボタンをクリックする。同様の結果が米国／英国／オーストラリアおよびほとんどの先進国で得られている。

Chapter 06 モバイルバンキング
——すでに巨大だが、まだほんの始まり
Mobile Banking—Already Huge and It's Just Getting Started

> 最も偉大なデバイス

　「最も偉大なデバイス」とは、スコット・ベイルズ、モーベンバンクのチーフ・モバイル・オフィサーの言だが、2007年、アップルはiPhone（現在は一般にiPhone 2Gと呼ばれるもの）を発売した。iPhoneで最も印象的なのは、必ずしもマルチタッチ、Siri、レティーナ・ディスプレイ、使いやすさやコアの機能性ではなく、それよりも疑いなくiTunesプラットフォームであり、それがアプリをもたらした。iPhone登場以前の私たちはアプリなど耳にしたこともなかった。しかし、わずか4年半後の現在、そのアプリに関する数字は次のとおりとなっている。

- アップル向けアプリ数60万、アンドロイド向けはほぼ40万[1]
- アップルは300億以上のダウンロード、グーグルプレイではすでに150億（以前の名前はアンドロイド・マーケットプレイス）
- 2011年のアプリ売上げは151億ドル、今後4年以内には700億ドルを超える見込み
- アップルの1日当たりダウンロード数は4860万件
- 新しいアプリの1日当たり登録数：455（ゲーム88、非ゲーム367）
- 稼働中の発行者／開発者数：米国ストア上で14万7000
- iTunesアカウント保有者数：4億（稼動クレジットカードにて）

iTunes、iPhoneとアプリの前にも、PC画面と電話両用のソフトウェアは存在した。いわゆる「ジーザスフォン」（訳注：iPhoneの別称）よりも前にも、Javaアプリ、ゲームなど、電話用に購入してダウンロードできるものが存在したが、これらはユビキタスなものにはならなかった。その大きな理由は、使いやすさが十分でない上、アプリを販売するマーケットプレイスがなかったためだ。

　そしてそのわずか2～3年後である現在、米国、英国、オーストラリア、ドイツやフランスで、アプリが何かを知らない人はおそらく一人もいないだろう。世界中のモバイルアプリストアの売上げは、2011年に151億ドルに達した[2]と推定する向きもある。2016年にはそれが460～520億ドル[3]になるという予測つきだ。その売上げは、2007年にはまさに0ドルだったのだ。

　ところが現在でも、iPhone経由のモバイル決済が「テイクオフ」するには**何年も**かかるという信仰にしがみつくバンカーたちがいる。最近のある週末、この件についてツイッターで議論した際にあったコメントの例は「それはわかるが、ただすぐというわけではない……」というものだった。

　現在グローバルで進行している携帯電話の普及は、世界中の人々を歴史上なかったスピードで結びつけつつある。金融サービス市場における新規顧客層の受入れへの動きとともに、伝統的でない金融サービスを確立する新たな機会が生じており、そしてそれが成功するケースは多い。

　モバイル業者であれ、インターネット小売業者であれ、大きな顧客基盤と幅広い販売網を有する企業が、以前なら銀行と関連金融サービス業者にしかできなかった金融サービス業に参入する機会を、突然手にすることになったのだ。簡単にいえば、巨大な接続性の力を活用することで、携帯電話によって、まったく新しいエコシステムが新規および現行の消費者に手を差し伸べることが可能になる。そのエコシステムでは、すべての世代の消費者が、いつでも、どこでもモバイル・サービスにつながれるのだ。

　グローバルで62億のモバイル接続があることで、携帯電話は世界中の他のどの販売網よりもはるかに大きなリーチをもっている。テレビは14億の人々に、紙の新聞は17億[4]に、インターネットは22億[5]に届く。すでに12億人がモバイル機器でインターネットにアクセスしており、米国の携帯電話利用者の25%は、すでにモバイルオンリーでインターネットを使っている。モバイルは、地理や人口学的な境界を超えてつながる。ムンバイのタクシー運転手、ミラノのスー

パーモデル、ケニアのローカル市場の魚屋、ニューヨークのバンカーの誰であれ、私たちはみな、世界の人々をつなぐグローバルなネットワークの一部となっているのだ。

　携帯電話は、世界中の消費者の銀行取引の行動様式の変革を背後で支える大きな原動力である。いまや消費者は、携帯電話を通じて銀行取引にアクセスすることを想定しており、それはインターネットや他の従来の銀行取引チャネルからの移行である。コムスコア社は、モバイルバンキングが年率74％で成長しており、2015年には米国銀行の顧客の50％以上がモバイルを使うと予想されるとまで言っている。現在その数字はもう5人に1人となっており、2012年には消費者の3分の1まで増加すると予想されている。

　モバイル中心の金融システムで世界を主導するM-Pesaの普及が急速であったことは、多くの人が知っている。M-Pesaは英国政府の国際開発省（Department for International Development：DFID）の出資プロジェクトとして開始され、マイクロファイナンス融資の返済をより効果的に回収する手段として提供された（本章後部CASE STUDY参照）。M-Pesaの当初の目標は極めて小さなものだったため、その驚異的な成長に向けた準備はできていなかった。M-Pesaのシステムは、ケニアの金融システムが長期間抱えていた、人口の大多数が利用できないという構造的欠陥に対応するためのものだった。世界銀行は2012年、ケニアのGDPの25％がM-Pesa上で動いていると推計している。ケニア人口の約50％がM-Pesaを利用しており、またそれがユーザーの金融生活にプラスの影響をもたらしていることを考えれば、決して驚くべきものではない。

　ケニア人で固定電話を保有するのはわずか1％にすぎない。銀行口座を有するケニア人は約10％だ。ではどうすれば、アフリカ人口の最貧層を金融システムに取り込めるだろうか？　手持ちの電話を銀行口座にしてしまえばよい。2012年発表の世界銀行の調査結果によれば、M-Pesaのユーザーになった人は、何らかの預金を保有する可能性が20％以上高まるとしている。調査では、M-Pesaユーザーの65％が何らかの預金を有しており、非ユーザーではそれが31％であることも明らかになった[6]。

　M-Pesaの創設以来、GSM協会（訳注：GSMA。GSM方式の携帯電話システムを採用するモバイル業者等からなる業会団体）は世界中で130件の類似の取組みがあり、93件が企画中であることを確認している[7]。つまり、こういうことだ。ケニ

アでは、SMSで資金を送ることができ、フィーチャーフォンを使ってATMから現金を引き出せる。一方で皮肉だが、米国では現在でも、ATM用に小切手帳かプラスチックカードが必要だ。モバイル決済のゲームでケニアよりすでに5年遅れているのに、米国を先進的な銀行取引経済の国だと考えられるだろうか？

　ただし、トンネルの向こうには光がある。時を同じくして先進世界では、NFC（Near-Field Communication）テクノロジーの普及が、モバイルバンキングと決済の世界で急速に進んでいる。先進国における検討の焦点は、プラットフォームを提供する銀行、小売業者、キャリアの技術的能力から、従来のプラスチックカードにNFCが置き換わることの経済性へと移行している。しかし一部には、NFCは「消費者向けでない」とレッテルを貼って懐疑的なままの向きもある。米国では特にそうで、POSテクノロジーが根づいているため、そのコストを担っている小売業界は、NFCが絶対的に不可欠となるか、カード発行者や銀行からのインセンティブがなければ、それに輪をかけて消極的だ。

　グーグル・ワレットやその他が、いくつかのキープレーヤーや決済手段を巻き込んで以降、銀行業界では、エコシステムのプレーヤーが協業する段階に入る兆候を示している。ISISコンソーシアムが最近設立されたのに伴って、弱肉強食的メンタリティに基づいた縄張り争いから、みながプラスを得られるエコシステムの構築を指向する業界横断的なコラボレーションへと、大手ブランドが向かう傾向がようやく見え始めた。

（訳注：ISISコンソーシアム。米国通信キャリア大手3社のAT&T、ティー・モバイル（T-Mobile）、ベライゾン（Verison）が、NFC利用モバイル決済サービスの提供目的で2010年に立ち上げたジョイントベンチャー。カード会社のマスターカード、ビザ、アメリカン・エキスプレス、ディスカバーなども参加。2013年11月に全米でサービス開始）

　リテール決済をめぐる中心的問題は、誰かが勝者となるという前提が置かれていることだ。多くの銀行が、モバイルワレットの賞金レースの明確な勝者が出るのを待つのみで、機を逸しようとしている。すべてを覆すことのできるプレーヤーはひとりいる。これについては後述する。

　NFCとモバイル決済を巡る論争は過熱している。どの機器プラットフォームをサポートすべきか、どのデバイスが認められるか、真のNFC標準がないこと、さまざまな携帯電話ネットワーク上で機器の安全性を実現する方法等々、さまざまな疑問がある。初心者の耳にはすべてが非常に複雑に聞こえる。普及率は気に

しなくてよいだろうか？　モバイルがクリティカルマスに到達するのはいつか？　ISIS対グーグル・ワレット対ビザの施策対ペイパルはどうなるか？　等々だ。

　モバイル決済がメインストリームとなるのには何年もかかると主張する向きがある。モバイル決済のマス利用が天井を打つのは2014年、2016年とか2020年であるというものまで、数値が言いふらされて耳に入ってくる。しかしながら、この種の予測を見る際に注視すべき主な基準は、そこに示されている顧客行動、つまり顧客が決済し、銀行取引を行ない、購入や買い物を行なう方法における特性の変化である。

　消費者行動を見れば、話は非常にシンプルだ。大多数の人々は、モバイルへの大変化とモバイル決済への準備ができているだけでなく、その機会が提示されれば、いつでも、できるだけ早くそちらへと先を争って動くものだ。

❖──バンキングを変革するモバイルの力

　モバイルの真の力は、モバイルを使った行動と、それがユーザーにパワーをもたらす方法にある。モバイルは、その性質からして「パーソナル」である。それは個人のデバイスであり、個人がポケットやカバンや手の中で持ち歩く道具だ。いまや人々は、どこにもスマートフォンを一緒に持っていく時代だ。

　現在の米国の平均的なスマートフォンユーザーは、アプリを使う時間が1日に94分超であるのに対して、ウェブ上のサーフィンに使う時間は72分である。これはラジオ、新聞、雑誌のいずれよりも長く、テレビに割く時間に急速に追いついている。イレブンマーク（11mark）というマーケティング代理店[8]が実施した調査によれば、米国人の75％という驚くべき数が、定常的にトイレで携帯電話を使っているという。28〜35歳の人々では、その数値は91％にまで上がるのだ！　63％がトイレで電話を受け、41％が自分から電話している。本当の話だが、あまり気色よくはない。しかしこれだけではすまない……

　米国の携帯電話所有者の3分の2は、携帯電話を傍に置いて眠りにつく[9]。16〜29歳に限定すると、その数字は90％超となり、電話はベッド脇のテーブルに置かれることが多く、夜は最後に使い、朝は最初に使うものである。携帯電話とともにベッドに入るほどの依存状態の克服を目的とした専用ウェブサイトがある。スマートフォンは私たちがコミュニケーションし、人と付き合い、行動し、情報を扱い、共有し、つながる方法に、深い影響を及ぼしているのだ。

　携帯電話をさらに劇的にパーソナルなものにするのが、機器を使ったコミュ

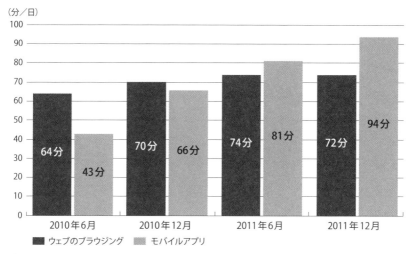

図6-1 スマートフォンでのアプリ利用は増加を続けている
──米国におけるモバイルアプリとウェブの使用時間（分／日）

出所：フラリー

ニケーションの性質である。携帯電話は個人のパーソナルなスペースであると考えられているため、機器上のSMS、電子メール、メッセージは、常に個人の最も不可侵のコミュニケーションの位置を占める。

　携帯電話は、パーソナルなスペースにおけるパーソナルな機器であるだけでなく、サービスを利用可能にするカギとなる機器でもある。私たちの生活は、携帯電話の小さな画面上へとシフトしてきている。フェイスブックでは、すでに日々のトラフィックのほぼ半分が携帯電話に移行している[10] 一方、ツイッターでは55％がモバイル機器からのものだ[11]。なぜだろうか？　行動の背景にあるものは何だろうか。
　答えはきわめて簡単だ。携帯電話は持ち歩き可能なメディアであり、オフィスへ通勤途上のバスや地下鉄の中でも、銀行の支店で列に並んで待っていても、公園で座っていても同じように使えるからだ。音楽を聴いたり、ニュースを読んだり、「アメリカン・アイドル」の最新ストーリーを取り込むなど、何をしたいかは関係ない。すべての活動がモバイル画面上で対応可能だ。電子メール、最近はブラックベリーやiPhoneから送ることが標準的行動となっている。顧客はモバイルアプリでコーヒーを買ったり、誕生日プレゼントを探したり、移動中に

Chap. 06　モバイルバンキング──すでに巨大だが、まだほんの始まり　147

図6-2 スマートフォン上ではとりわけゲームが使用される

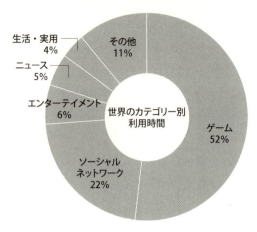

出所:フラリー

レストランを予約することができる。

　ただし、モバイルにはもうひとつ表面的には見えない重要な仕掛けがあって、それがあるためにチャネルとして選ばれる。それは、**コンテキスト化**である。インターネットとソーシャルメディアの時代を通じて、顧客経験のスマート化という考え方に行き着いたのが、「ひとりセグメント」、パーソナル化、ターゲットを絞り込んだコンテンツとその的確性といったコンセプトである。

　これらのコンセプトはエンドユーザーの経験の最適化に行き着くのだが、モバイルは、その最適化を丸ごと新しいレベルに引き上げるものだ。新しいレベルではいきなり時間と場所について的確な対応が可能になり、短い時間、特定の場所にだけ存在するユニークな顧客経験をつくり出すことになる。例えば、一日の仕事を終えたモバイルユーザーがフォースクエアを開いたとしよう。その特定位置から見た友人の居場所や、ハッピーアワー割引が得られる場所の情報が、すぐに手元で入手できる。モバイル機器は単なるバーチャル世界の構成物ではなく、実世界へのガイドとしての役割を増しつつあることがわかる。

　金融サービスはますます、消費者がどこにいて、なぜ銀行商品／サービスを必要としているかとの関係が強まっている。だからこそ、スマートフォンとタブレットはいずれも、この機会に参入するに当たってユニークな位置づけにあるのだ。

全体概観

　モバイルの世界は急速に変化している。前著 Bank 2.0では、モトローラの携帯電話事業に対する脅威について書いたが、いまとなっては、それは、いずれ出てくるグーグルフォン用の潜在生産能力として想起される可能性はあるが、基本はグーグルが買った特許の価値程度のものになってしまった。アップルとアンドロイドが市場を席捲したために、RIM（訳注：2013年に社名をブラックベリー（BlackBerry）に変更）とノキアはいまや綱渡り状態だ。しかし、携帯電話市場全般について語る前に、バンキングとモバイルに関して使われるさまざまな用語について定義しておこう。

- **モバイル決済**は、モバイル機器で決済サービスを行なうことを可能にするものだ。現金、小切手、クレジットカードといった伝統的な手段による支払いの代わりに、消費者は携帯電話を使うことができる。ペイパルやドゥオラ（Dwolla）等が個人間決済の場で果たしている役割はその強力な事例のひとつだ（Chapter 12参照）。
- **モバイルコマース**は、モバイル機器を使って、コンテンツ、サービスの購入等の商業取引を可能にするものだ。グルーポン、アマゾン、イーベイはいずれもモバイルコマース領域に入るオファリングを有している。
- **モバイルマネー**は、多くのアフリカ諸国における金融システムへの貧困層受入れ施策の成功に後押しされて出てきた用語だ。そこでは金融エコシステム全体が構築されて、銀行類似のサービスがモバイル機器上で利用可能になる。このエコシステムにおけるサービスの主たる役割は、現金に代わる市場最適なバンキング網をつくり出すとともに、インフラの不足した国々が一足飛びに金融普及のサイクルに入ることを可能にすることである。モバイルマネーと他の手段の主な相違点は、このケースではモバイルがトランザクションと顧客獲得の両方のチャネルになっていることと、モバイルが企業とやり取りする唯一の方法であることが多いことだ。著名な例としては、M-Pesa、G-Cash、WING、MTNモバイルマネー等がある。
- **モバイルバンキング**は、現行の銀行顧客向けのチャネルとしてモバイルを追加するものである。大多数のケースでは、モバイルバンキングの特徴と

機能は、インターネットバンキングと異なることはなく、それがより小さい画面向けに最適化されているだけだ。位置情報ベースの支店・ATM案内、ロイヤルティ割引などのサービスの追加を選択した銀行も一部にある。

バークレイズのピンギット（PingIt）が最初の5日間で12万ダウンロードとなったことや、スクエアがその決済プラットフォーム上にすでに200万以上の小売業者（米国の全カード流通・小売業者の約4分の1）を有するというニュースに加え、スターバックスでは、北米での決済の25％がカードレスアプリで行なわれている[12]。モバイル決済は驚異的に成長しているようだ。

> 「モバイル決済の件数・金額において、当社は米国だけでなく、世界でナンバーワンだ」
>
> ——ハワード・シュルツ、スターバックスCEO兼社長

興味深いのは、多くのバンカーがこの現象を眺めていながら、現時点では自分たちのビジネスにはほとんど意味や影響がないかのようであることだ。その理由の一部は、バンキングや決済の領域で、モバイルがどう利用されうるかについての基本的な誤解があるからではないかと、私は考えている。

❖——モバイルバンキングのデリバリー VS 決済

バンカーにとっての重要問題のひとつは、銀行がカードビジネスと「バンキング」を分けてしまっていて、これら2つの機能を扱う部門や事業ユニットを別々にしていることだ。両者が一致しているように見えるのは、デビットカードか、インターネットバンキングの中でだけである。カードビジネスは、クレジットカード手数料と金利差益があるため一般に銀行にとって強力な収益源であるが、アタマの固いバンカーは、もともとそれ自体をバンキングとして考えていない。顧客の目には、カードは銀行とのリレーションシップの一部であり、商品ライン別に部門が分かれていることなど何の関係もない。

2つの世界は、長い間、そのまま別々に運営されてきた。スマートフォンの普及によって、そうした世界の見方は崩壊する運命にある。

歴史的にバンキングとは、主に2つのことを行なうものだった。資産の蓄積または保護と、通商や商業の実行支援である。小切手（または交換手形）の始ま

りは、物理的な通貨よりも800年近く前で、銀行支店が登場する前は、財宝や金などの「資産」は寺院や王宮に保管されることが多かった。バンキングの中核にあるのはこうした資産であり、銀行はそれらを安全に保管し、あるいは通商を行なうために移動させた。多くの点で、現在でもこれは銀行が提示する価値の中核である。

　しかしいまや、現代世界のほとんどの場所で、インターネットバンキングが日常の主要なバンキングチャネルとなり、支店の利用頻度や訪問が90年代中盤のピークから90％も減少するなかで、支店はバンキングにおいてかなりの程度「選択肢のひとつ」となってしまっている。振り子は反対側へと振れたのだ。

　現在の日常のバンキングの特徴を表すとすれば、2種類の中核的活動に行き着く。それは顧客の資産に基づいた決済と日々のバンキングであり、その中に新商品やウェルスマネジメント取引等への申込みも含まれる。顧客獲得、取引アクティビティや、資産に関するアドバイザーの役割等を見れば、**決済チャネル**または**デリバリーチャネル**[13] を通じて実行されていない活動を見つけるのは困難だろう。

　現在のリテールバンキングの組織を前提としてモバイルワレットを見ると、多くの銀行はそれを決済の即時化、つまり決済チャネルの「機能」や実行力がダウンロード可能なところまで行き着いたものとしてとらえている。しかしながら、モバイルバンキングはそれとは別物と見られている。インターネットバンキング基盤のモバイル化版、つまり結局はトランザクションが単にチャネル移行して支店からデジタルになったもの、したがってデリバリー上の利便性としてとらえているのだ。

　先進的な銀行には、顧客化プロセスを完全に電子化し、ウェブ、モバイル、ATMあるいはコールセンター経由で、サインなしで行なうことまで視野に入れているところがある。つまり、デリバリーチャネルの追加である。現在でも支店は主たるデリバリーチャネルであるが、トランザクションが支店外にシフトすればその傾向はより強まり、店舗はハイタッチのセールスとサービス（収益とサービスデリバリー）の場となる。

　冷静に見ると、リテール銀行にとっての問題とは、モバイル機器がこうした世界観を崩壊させつつあることだ。決済と伝統的な日常バンキングの利便性が、持ち歩けて手の中に収まる1台の「チャネル」に組み込まれてしまう。

「バンキング」用アプリと「決済」用アプリやワレットをつくるだけでは意味がない。顧客が求めているのは実用性であり、ひとつの機器でバンキングと決済の両方の機能を実現できることが重要なのだ。これは組織的な変革をもたらす。その理由は、リテールバンキングにおける2つのまったく異なるパーツを融合させてしまうからだ。組織原理的にはチャレンジだが、そこには巨大な機会も存在する。

顧客にとっては、自分のおカネとの日常的なつながりが、従来の銀行リレーションシップに比べて格段に密接になりうる。支払いを行なう前後の残高が確認できる（カード、小切手、現金では不可能）という単純な事実にせよ、自分のおカネをより有効に活用する方法について日々のアドバイスを銀行が開始することにせよ、モバイルが提示する機会は、ワレットでも、モバイルバンキングでもない。それは、モバイルという視点からバンキングの実用性を再考することなのだ。

モバイル決済というビジネスの登場についてはChapter 12で詳述するが、銀行にとっての懸念は、米国の大手銀行は現在、ISIS、ビザ／マスターカード、iPhoneまたはグーグル・ワレットに基本的には依存した形で、電話に組み込んだカードを利用させるソフトウェアを提供しているということだ。このことは、彼らが銀行の将来像を、現在のカードビジネスと決済ビジネスと同じような、2つの分離した世界として描いていることを意味する。

そうだとすれば、銀行は将来のどこかの時点で、日常決済活動を銀行口座とより密接につなげる機会を失うことは明らかだ。決済をコンテキストの中に位置づける機会を握るのは他のプレーヤーであり、銀行ではないことになる。

これが意味するのは、決済時点あるいはバンキング上のイベント、つまり銀行商品／サービスの利便性が必要とされる時点に対応して、顧客に対するオファーを銀行がコンテキストの中に位置づけたいならば、「ワレットを握っている」他の相手に支払いをしなければならなくなるということだ。

❖──モバイルコマース

モバイルのパワーを考えれば、金融サービスが携帯電話にシフトしていくのは驚くべきことではない。請求書の支払い、コーヒーの購入、オフィスへの通勤費用のなんであれ、私たちは日常生活でおカネと関わる必要がある。私たちの日々の生活のさまざまなイベントの中心にマネーがある。キーワードは利用

図6-3　地下鉄の乗客がテスコに食品を携帯電話で注文（韓国）

可能性だ。マネーは私たちの生活に頻繁に影響を与える一方で、私たちが行使力としてお金を使うかどうかを決定づけるものだ。

　例として、アップルストアの前を通って、新型iPadを目にして夢中になった中間管理職を考えてみよう。その瞬間の彼の購入意思決定に影響を及ぼすものは、彼が持っているおカネを使う力にアクセスできる能力であり、おカネの有無ではない。クレジットカードが考案された主な理由のひとつは、人々がおカネを使える力を高めるのを可能にすることであった。そのための方法は、購入の際に使えるカードを提供することであり、銀行に行って必要な金額の現金を引き出すことではない。現代の世の中では、クレジットカードは衝動買いも可能にしてくれる。別のシナリオを見てみよう。

　韓国のテスコは、地下鉄の駅構内にバーチャルストアを設置し、通勤客がバーチャルウォールから食料品を買えるようにした。消費者は、スマートフォンのQRコードをスキャンさせる必要があるだけで、あとは商品がバーチャル・カートに追加されて自宅に着くとすぐに配達されてくる。

　したがって、モバイルの真の強みはデバイスの能力にあり、それは、現実の購入ケースの状況に沿った方法で、個人をおカネの使用可能性につなげるというものだ。60インチの液晶テレビの購入よりも、日々のスターバックスでの購入のほうがリスクははるかに小さいから、ユーザー経験は個々の状況にある複雑性とコンテキストを反映すべきだ。

　スマートフォンは私たちのバンキング観を変える力をもっている。スマート

フォンはコンテキストを取り込む力をもっている。それはバンキングが、購入や借入れ、決済などを円滑に行なう必要がある、まさにその時と場所で使えるという実用性をもつようになるということだ。コンテキストとは、「銀行」に行くのを待つのではなく、その場でバンキング機能によって問題を解決できることである。

しかしながら、地球上の誰もがスマートフォンを持っているわけではない。となれば問題は、スマートフォンが十分普及するのはいつかということだ。

非銀行取引層にもバンキングを

アジア・モバイル・マーケティング協会は、地球上の60億の人口のうち、48億人が携帯電話を持っているが、歯ブラシを持っているのは42億人にすぎない、と述べている[14]。

ビジネスウィーク誌によれば、携帯電話普及率が100%を超える国は20カ国以上あり、中でもUAEでは233%という高さである[15]。チャーツビン（ChartsBin）（訳注：ウェブベースのデータ可視化ツール）によれば、普及率が100%を超える国の数は60近くに上り、そこでのモバイル契約者数は概ね46億件であるが、2011年末のモバイル契約数は59億件になるという推計もある[16]。歯ブラシ数との比較で説明された推計では、モバイル・マーケティング協会はおそらく、存在する契約をすべて数に入れている。もしこれらの国での普及率を100%まで引き下げると、携帯電話の保有者数は42億まで減少する。それでも地球上の人口の過半数を超える。

現在スマートフォンを保有しているのは、世界人口のわずか15%である。しかしその数字は急速に増加しつつある[17]。ガートナー、IDC、カナリス・アンド・ストラテジー・アナリティクス社のデータによると、世界市場でのスマートフォン販売は、2011年第1四半期の26%から、同年第4四半期には34%へと加速している。2011年には約16億台の携帯電話が出荷され、うち4億8300万台がスマートフォンであったことをデータが示している。

また、2010年第4四半期以降、スマートフォンはパソコンより多く売れ続けている。スマートフォンとPCの販売台数の差は現在も着実に広がっている。

図6-4　OS別に見たスマートフォン市場（正規化後）──世界のOS別のスマートフォン市場シェア

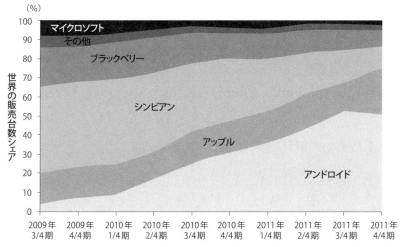

出所：ガートナー

　現在、携帯電話出荷の50％はアンドロイドであり、2010年は25.3％であった。発売後わずか3年でこの状況である。このことは、オープン・プラットフォームという、携帯電話メーカーがライセンスフィーを払わずにOSを搭載できる方式が非常に大きな成功となって、普及が進んでいることを示している。2007年第1四半期以降、総数で15億台のスマートフォンが販売されている[18]。

　iPhoneについてはさまざまな議論があるが、スマートフォン販売で優勢であり続けると考えられるし、おそらくそれは正しいだろう。iPhone販売は、2011年第3四半期には1340万台から1730万台へと伸びたが、iPhone4Sはその流れを大きく変えた。2012年1月24日、アップルは、2012会計年度の第1四半期に3704万台のiPhoneを販売したと発表した。2012年第1四半期だけで、前年全体を超えるiPhoneを販売したことになる。

　3704万台を四半期日数の98日で割ると、1日当たり37万7900台のiPhoneが売れていることになる。これは、1日当たり37万1000人を記録している世界の平均出生率を上回る。だから、知っている人がみなスマートフォンを持っている時代が来るのはあまり遠くないと理解するのは難しくはない。

　ノキアのシンビアンは、同社が廃止を発表しているにもかかわらず、2011年には1950万台を販売した。しかし、ノキアの市場シェアは2011年に半減している。興味深いのは、ノキアはiPhone4Sが登場するまでは、アップルより多くの

フィーチャーフォンを販売していたことだ。だが、いまやそのトレンドは逆転している。

モバイル派にとっての問題は、米国のような最も先進的な国を見ても、人口のおよそ半分がまだフィーチャーフォンを使っていることだ。これは単に、人々が古い電話を機種変更してスマートフォンにアップグレードするまでに時間がかかるからである。問題は、世界人口の過半数がスマートフォンを利用できるようになるのがいつかということだ。

❖──モバイルが銀行口座になる

約45億人が携帯電話を保有している状況では、携帯電話とモバイル決済を通じて金融への受入れを推進することが強く求められる。特に携帯電話が基本的な銀行口座よりも5～10倍普及している発展途上国ではそうだ。実際、2020年までには、私たちが銀行口座と考えるものの定義が携帯電話になる可能性は高い。携帯電話は10年後には、世界中で基本的な銀行口座となっているだろう。

モバイル決済は先進国市場で普及が急加速しているが、モバイル送金のようなピア・トゥ・ピアー・モバイル（P2P）決済は、多くの発展途上経済において確立され、急速に伸びているのが現実だ。発展途上国の大部分の家計は基本的な金融サービスへのアクセスがなく、そのことが経済成長や発展の妨げとなっている。金融サービスへのアクセスとまさに金融全体の発展が、経済成長と貧困の削減に不可欠であることは、多くの証拠が示している。

正規の金融サービスインフラが欠如し、市場交換活動への制約があると、リスクが増加し、貯蓄の機会が制限される。正規の金融サービスがなければ、家計は非正規サービスに依存することになり、それは高い取引コストを伴う。したがって、発展途上国における大多数の家計に対して正規の金融サービスへのアクセスを増加させることは、国際連合、世界銀行、IMFといった組織にとって重要な政策目標であり続けている。また銀行口座がある場合も、支店や金融サービス拠点までの物理的距離があると、取引コストが大幅に増加することも知られている。

主流派の金融機関は、一般に発展途上経済への進出を好まない。その理由は、低所得層は貯蓄をせず、よい借り手でないという想定があるからだ。しかしながら、マイクロファイナンス革命が示したのは、貧困な家計が金融サービスへのアクセスをもてば、貯蓄を行なうだけでなく、借入れを行なっても高い返済

比率と低いデフォルト率を示すことであり、神話は打ち砕かれた。バングラデシュのグラミン銀行の創設者であるムハマド・ユヌスは、同国における小口金融改革への取組みに対して2006年にノーベル平和賞を受賞した。

しかしながら、マイクロファイナンス以上に最近の発展途上経済の最大の所得源のひとつとなっているのは、海外に住んで働いていて、母国の家族に資金を送ってくる国外居住者である。ピア・トゥ・ピアー送金があるため、国外労働者が国境を越えて家族や友人に送金を行なうことが可能になっている。

世界銀行によれば、毎年、1億7500万人の出稼ぎ労働者が何十億ドルもの国際送金を家族や友人宛に行なっており、その送り先の多くは銀行口座を持っていない。ここでモバイルが大きな役割を果たすことになる。ジュニパー・リサーチ社の2011年12月のレポートによれば、モバイル送金企業は、モバイル機器経由で行なわれる国際送金が2016年には550億ドル程度になると見ている。すでに2011年には120億ドルのモバイル送金が行なわれており、2008年の3億3000万ドルから増加している。これ以外にペイパルがモバイル経由のP2P決済として処理した40億ドルがある。120億ドルは、発展途上経済向けのモバイル送金である。

インド、メキシコ、中国、フィリピン、ポーランドは、2008年の送金被仕向国のトップ5だった。2010年には世界銀行の調べでポーランドが経済成長と高賃金のために途上国経済の定義を外れ、バングラデシュがトップ5に入った。

ATMや銀行支店の不在、貧弱な規制、金融リテラシーの低さあるいは他の国内インフラの弱さなどから、世界中のほぼ50億の人々が、伝統的な金融サービスへのアクセスをもたないか、あってもわずかである。携帯電話はその普及の幅広さでATMを2000倍も上回っているため、携帯電話会社はアクセス問題についてソリューションを提供できる力を有しており、その送金サービスを遠隔の僻地にいる何百万もの人々に提供することで、高額の民間送金サービスに対して、比較的低価格の選択肢を提供することが可能だ。

GSM協会[19]（GSMはGlobal Systems for Mobile Communication。世界のモバイル市場の80％で使われるデジタル携帯電話の主要標準）は、携帯電話の力で、国際送金市場が2012年に1兆ドルへと成長すると予測している。一方、ABIリサーチでは、世界のモバイル資金送金市場は、2012年にはモバイル運営企業に80億ドルの収益をもたらすと予測している。2006年にはわずか1000万ド

表6-1　国外居住者からの送金受入れ上位国（2010年）

	送金流入額 2010年、推計（10億ドル）	増減率 2009～10年（米ドル換算、%）	増減率 2009～10年（現地通貨換算、%）	増減率 2009～10年（現地通貨換算、インフレ調整後、%）
全発展途上国	24.7	5.6	3.9	−2.7
東アジア・太平洋	92.5	7.4	4.9	0.8
欧州・中央アジア	34.9	1.3	5.8	−0.5
中南米・カリブ海	57.6	1.7	−2.9	−6.9
中東・北アフリカ	35.6	6.2	8.1	2.2
南アジア	81.2	8.2	4.6	−6.3
サハラ以南アフリカ	21.9	5.5	5.1	−4.0
最大受入れ国				
インド	53.1	7.4	1.5	−10.4
中国	51.3	5.3	4.3	1.0
メキシコ	22.0	0.2	−6.3	−10.0
フィリピン	21.4	8.1	2.3	−1.4
バングラデシュ	10.8	2.7	3.6	−4.3
ナイジェリア	10.0	4.8	5.0	−7.7
パキスタン	9.7	11.1	15.8	3.7
レバノン	8.4	11.3	11.3	6.5
ベトナム	8.0	17.0	27.1	16.4
エジプト	7.7	8.1	9.3	−2.2

出所：世界銀行

ル超だったものだ。エドガー・ダン社[20]（モバイルバンキング、モバイル決済コンサルティング企業）の調査では、2015年には、モバイル決済サービスの利用者数は14億を超えると推定されている。

　その好例が、携帯電話送金サービスによって、携帯電話ユーザーが、国中で便利かつ低コストで金融取引や送金を行なえるようになることだ。その中で最も成功しているのが、ケニアのM-Pesa（後述）とフィリピンのGCashである。

　エドガー・ダン社の調査では、モバイル決済とモバイルワレット普及の成功を妨げる最大の障壁が政府の規制であることも明らかになった。モバイル運営企業とGSM協会のような組織は、モバイル金融サービスの普及と利用に対する規制がそれに関わるリスクに対応したものになるよう、政府に対してロビー活動を行なっている。

　2008年12月に『ナイロビ・スター』誌[21]で報じられたように、M-Pesaはその成功によって、ケニアの4大銀行にとって明確な脅威となった。4大銀行は合計で、300万の口座保有者と750の拠点で市場をカバーしていた。一方、

M-Pesaには、1500万を超える顧客数と3万7000の販売代理店や拠点が国中にあった。4大銀行に対してM-Pesaが大きな脅威となっているのは誰の目にも明らかだ。他の市場でも、新しい決済メカニズムが非常にうまく機能すれば、同様のストーリーが起こりうる。こうした環境においてモバイル決済が直面する問題は、そのメカニズムが銀行にどの程度影響を与えるかと、それが銀行と同じように規制されるべきかどうかというものだ。

規制当局や政府はおそらく、モバイル決済が真に成功するようなインフラを提供する必要がある。そのフレームワークには次のようなものが含まれる。

* **低リスクの送金サービスに対する規制**：従来の銀行サービスに比べて少額の送金で、従来の銀行規制の外にあるもの
* **ノンバンク企業による取引円滑化を可能にすること**：ノンバンク企業が銀行代理店や送金提供者となって、モバイル資金送金の両側における現金入出金の円滑化を行なうこと
* 可能なかぎり**規制を課すのはシステムレベルとして**、顧客インターフェイスには踏み込まないこと

これは銀行にどんな影響をもたらすだろうか？　フィリピンでグローブ社が提供したG-Cashと、ケニアでサファリコム社が提供したM-Pesaのケースでは、銀行にとって最大の脅威は電気通信企業だった。そのため銀行は携帯電話網運営業者と競争関係にならないよう、早急に提携する必要があった。ネットワーク運営業者の数は限られているため、排他的契約や他の思惑によって自行が締め出されることがないよう、銀行は迅速に行動するべきである。例えば、バンク・オブ・フィリピン・アイランズ（BPI）とグローブ・テレコム社はモバイル小口金融企業としてPSBI（ピリピナス貯蓄銀行：Pilipinas Savings Bank）[22]の設置を発表した。PSBIは以前からある銀行で、モバイルと小口金融領域での活動に転用された。

もう一点、銀行はモバイル決済を脅威ととらえるのではなく、そのままでは収益的でない低所得セグメントという市場への収益機会が開かれたととらえる必要がある。銀行が成功するためには、強力なパートナーと堅固なプラットフォームが必要だ。

ケニアとフィリピンの例が示しているように、もし社会全体にバンキングを提

供したいなら、携帯電話は最も容易かつ低コストの方策である。

CASE STUDY M-Pesaのサクセスストーリー

　M-Pesaとして知られるケニアのモバイル決済サービスは、同国の主たる携帯電話会社であるサファリコムによって、ボーダフォンと共同で提供されており、最新のテクノロジーを活用したローコスト・アプローチが金融サービスの限界を拡大しうることを示した好例となっている。M-Pesa（Mはモバイル、「Pesa」はスワヒリ語でおカネの意）は、携帯電話ベースの送金サービスの名称で、セイジェンティア社（Sagentia、現在はIBM傘下）がボーダフォン向けに開発したものだ。当初のM-Pesaのコンセプトは、モバイル業者のサファリコムのネットワークとその回線再販業者を活用して、小口融資の借り手がローン資金を受け取り、返済を便利に行なえるようにするというものだった。これによってマイクロファイナンス業者は現金取扱いコストが減少するため、利用者向けの融資金利を引き下げることが可能になると考えられた。サービス利用者にとっての利点は、自分の借入れ状況をより容易にトラッキング可能になることと想定された。2006年にM-Pesaが開始されたときには、ケニア家計の70％以上が銀行口座を持っていないか、非公式の金融手段に依存していた。

　サービスが試行されると、顧客はサービスをさまざまな異なる利用方法で使ったため、提携マイクロファイナンス機関のFauluにとって複雑な事態が生じた。M-Pesaは方向転換し、新しい価値提案を打ち出した。国中からの自宅への送金と資金決済である。

　現在では、何百万人ものケニア人がM-Pesaを使って支払いを行ない、送金し、短期的に資金を滞留させる。その多くは銀行口座を持っていないが、低リスク、低コストでサービスを利用できる。『エコノミスト』誌[23]に掲載されたように、ケニアのM-Pesaは発展途上国におけるモバイルバンキングとモバイル決済の最も有名なサクセスストーリーである。モバイル資金決済サービスとして始まったものが、コスト効率性と安全性を実現するテクノロジー・プラットフォームによる金融サービス開発のサクセスストーリーとなった。

　またM-Pesaは、同国の金融健全性に大きく貢献している。

最初の月のサービス契約者は1万9000名をわずか上回る程度だった。3カ月後にはM-Pesaの登録顧客数は26万8499人となり、1年で100万人となった。2012年には、その数字は1500万に上った。ケニア人口3500万人の半数近くが、5年という短い期間にM-Pesaを受け入れたのである。もうひとつ印象深いのは、月次トランザクション数の増加である。2007年7月から2009年7月までに、4627％増加している。M-Pesaでは平均毎月11〜14.6件の個人間送金があり、560億ケニアシリング／月（6億7500万ドル／月）を超える金額がM-Pesaネットワークを通じて動いている。2011年には、モバイル送金の総額は1兆シリングを超えた。

　ケニア国中で3万7000の拠点と再販業者の代理店があるため、M-Pesaの拠点数は4大銀行の50倍である。このため、M-Pesaは急速にどこでも使えるようになった。またM-Pesaはアフリカ中の700社の請求書支払いを円滑化している。

　現在M-Pesaはその活動範囲を国外に拡大している。サファリコムは2009年10月、ウェスタン・ユニオン、プロビデント・キャピタル・トランスファー、ケンTVを通じて、英国でM-Pesaサービスを開始した。個人によるM-Pesaの送金利用についてはアンチ・マネーロンダリング上の制約があるが、それでもこのシステムによって、英国で働くケニア人が、英国内の送金代理店にポンドやユーロを預け、母国内の家族や知人が携帯電話を使って、ケニアシリングでその金を受け取れるようになっている。

　M-Pesaはさらにアフリカ内で版図を拡大し、タンザニアでM-Pesaを再始動させた。タンザニアでの立ち上がりはケニアよりも若干遅いが、それでも同国内には900万以上の利用者がいる。また、ボーダフォンはアフガニスタンにおいて、ロシャン社（Roshan）と提携してM-Pesaのローカル版を提供した。2010年初頭には、ネッドバンクとモバイル運営業者のボーダコムが組んで、南アフリカでM-Pesaを開始している。

KEY LESSON

　モバイルバンキングが主流になるかと5年前に尋ねられていたら、ほとんどのバンカーは「一生ないだろうね」と答えたことだろう。しかし、直近の5年間にはまさにそれが起こったのであり、いまやどこの銀行も、NFC、ワレット、モバイルバンキングといったことを口にしている。

　モバイルは過去10年間で成長し、先進国と発展途上国の双方で、金融サービス界に地歩を築いた。

　ディストリビューション網としてのモバイルは、はるかに広い相手に届くだけでなく、非常にパーソナルなレベルでのつながりをもつくるものだ。

　便利で、どこでもいつでも接続可能なサービスという形で、個人のおカネの利用可能性を実現する力こそが、モバイルの強みである。

　金融サービスにおけるモバイルの役割は、成長してすでに本流となる規模にまで大きくなっている。大手決済ネットワークが現在モバイルに大規模な投資を行なっており、それが革命を引き起こすだろう。

　すでに先進国でのスマートフォン普及率が50%に向かうなかで、銀行がほとんどの顧客にとって役に立つ存在でいたいなら、モバイルへの参入を避けては通れない。

　2016年には、モバイルバンキングはほとんどの顧客にとって主要なチャネルとなっているだろう。このチャネルを開発して、日々のリテール・ビジネスの大半をサポートする力をもたせるには、4年という時間は決して長いものではない。現在の銀行にとって、モバイルなどのデジタルチャネルを通じたクロスセル/アップセルの経験が非常に乏しい場合は、特にそうなる。

　ソーシャルメディア、オファー、位置情報を統合することで、消費者にとってのモバイル経験がより適切なものとなることが間違いないからこそ、金融機関に対する要求はさらに高いものとなるのである。

［注］

1) http://148apps.biz/app-store-metrics/, http://www.androidtapp.com/android-apps-statistics-summary-for-2010/, http://techcrunch.com/2012/05/07/google-play-about-to-pass-15-billion-downloads-pssht-it-did-that-weeks-ago/, http://venturebeat.com/2011/01/26/mobile-app-revenue-2011/, http://bits.blogs.nytimes.com/2012/06/11/apples-

stash-of-credit-card-numbers-is-its-secret-weapon/
2) Gartner：http://www.gartner.com/it/page.jsp?id=1529214（収益予想にはアプリ販売、in-app収益、利用契約、アプリベースの広告収入を含む）
3) ABI Research（460億ドル）、Juniper Research（517億ドル）。
4) http://www.wan-press.org/article18612.html
5) Internet World Stats
6) World Bank Report on Financial Inclusion 2012
7) UNCTAD report on Mobile Money Trends：http://unctad.org/en/pages/newsdetails.aspx?OriginalVersionID=134
8) http://www.11mark.com/IT-in-the-Toilet
9) Pew Internet & American Life Project：http://www.dailyfinance.com/2010/09/03/do-you-sleep-with-your-cell-phone-most-americans-do-study-find/
10) ReadWrite Web
11) The Realtime Report
12) スターバックスではわずか15カ月のうちに4200万件のモバイル決済を処理した。2011年1〜11月の11カ月間に1600万件の支払いがあり、カードへの再チャージは総額1億1000万ドルに上った（出所：VentureBeat/Starbucks）。
13) Terence Roche@Gonzobankerの知見によるもの。
14) 以下のブログを参照。
http://60secondmarketer.com/blog/2011/10/18/more-mobile-phones-than-toothbrushes/
15) http://images.businessweek.com/slideshows/20110213/the-20-countries-with-the-highest-per-capita-cell-phone-use#slide1
16) http://mobithinking.com/mobile-marketing-tools/latest-mobile-stats#subscribers
17) 世界のスマートフォン成長に関するGoogleの最近の調査を参照。
http://googleblog.blog spot.com/2012/05/new-research-shows-smartphone-growth-is.html
18) Gartner：http://www.gartner.com/it/page.jsp?id=1924314
19) GSMA：gsmworld.com
20) Edgar, Dunn and Company：edgardunn.com
21) *Nairobi Star* "Big Banks in Plot to Kill M-Pesa," 23 December 2008
22) *Finextra* "Philippines mobile phone-based microfinance bank set for launch," 13 October 2009
23) *The Economist*, 26 September 2009

Chapter 07 The Evolution of Self-Service
セルフサービスの進化

セルフサービス・バンキング――その出発点

　銀行業界におけるセルフサービス機器はこれまでATMが主流で、米国では1970年代に普及が始まり、80年代には徐々に世界中に広まった。ATMは、顧客の預金引出しへの現金の提供という、リテール／商業銀行の最大の問題のひとつを解決した。現金預け払い機は、ほとんどの消費者の日常生活の欠くべからざる一部となっている。ATMは2007年で40回目の誕生日を迎えたが、現在では英国のすべてのキャッシュの75％がATMを通じて消費者に渡っている。

　ATMの発明は、リテールバンキングのオペレーションにおける最大の固定費のひとつである支店の合理化（閉鎖）が可能になったことを意味した。さらに変動費である人員についても削減することが可能だった。したがってATMは、支店バンキングにおける一発で最大のコスト削減策のひとつとなった。銀行の基本機能のひとつを自動化したことは、コスト削減だけでなく顧客利便性をも向上させ、24時間365日の現金アクセスが可能になった。

　ATMに関する物語はここで終わったかのように思える。最初は華々しく登場し、セルフサービスによるさらなるサービス自動化が期待されたが、その期待は決して実現されることはなかった。ATMの外見や効率性、スピードは確かに改善したが、その機能は現在でも概してキャッシュデリバリーに集中している。

❖──効率化の推進

　現金引出しは、最近までずっと支店の活動の一部であったが、ユトレヒトのSNS銀行のように、窓口での現金引出しを取りやめる方向に動く銀行が次第に増えている。他にも一部の英国の銀行は、テラーに100ポンドという最低引出し金額を課している。窓口での現金預金を受け付けなくなった銀行もある。私が最近聞いた話では、米国のある銀行では、紙幣を券種ごとに束ねて包み、硬貨を金種ごとに分けて容器に入れ、それに口座番号を記載するよう顧客に求めて、その上で預金を受け付けているということだ。支店での取引ハンドリングコストをめぐる戦いは現在進行形で、その中でATMは重要な役割を担っている。

　しかし私たちが知っているATMの寿命はもう長くない。なぜだろうか?

ATMは単なる現金引出し機を超えるか?

　当初のATMは、現金引出しのテラー機能を支店から外に出してコスト構造を変革するためのものだった。しかしながら、ATMが大多数のリテール顧客の行動に根づくにつれて、銀行は必然的に、この自動テラーに現金取扱い以上のことをさせたいと考えるようになった。先行した支店に続いて、ATM機のコストも上昇し始めた。第一に、ATM機を設置するのに必要な不動産コストは年間数十万ドルにも上った。第二に、ATMの維持や更新費用が次第に上昇した。そして最後に、手数料でも商品販売でもいいから、この機械に「自分で稼がせろ」という要求が出てきた。

　したがって最近は、ATMを顧客関係深化のプラットフォームとして活用する目的で、形態やインターフェイスの試行が、少なからず行なわれるようになっている。私は、この動きがどこで終わるかについて述べてみたい。

　直近では、小切手預金、請求書支払いその他の機能を組み込む銀行が見られる。バンク・オブ・アメリカは、大々的な宣伝を行なって、ATMで小切手預金が可能になったことを打ち出している。チェース、バークレイズ、RBSでは、携帯電話を使って現金を取り扱えるというATMの機能を宣伝している。香港のHSBCは、タッチスクリーン方式でバーコード読取機能のついたATMを2010年12月に発表し、請求書支払いの取扱いを可能にした。業界は近未来のATM

図7-1　2016年のATMの状況予想

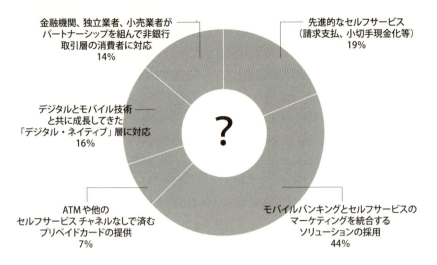

出所：ATMMarketplace.com

をどう見ているのだろうか？

　2012年初めに出されたATMの将来トレンドのレポートでは、今後5年間の「現金志向」の消費者への対応として、上図のようなトレンドが注目の候補となっている。調査が示しているのは、2009～15年の間にATMの設置台数は6％増加し、現金引出しは2016年まで毎年8％ずつ増加するということだ。同調査は、2010～13年で支店数は2.5％減少し、それがATM利用を誘発するとしている（私が思うには、かなり保守的な予想だが）。

　現実には、画面やモバイルを使うデジタル行動が店舗訪問や販売に本格的に影響を与え始めるから、支店の減少は2013～16年の間にさらに加速し始めるだろう。したがって、銀行が支店という「場」をセルフサービス機能をより高めたプラットフォームに転換しようとするのに沿って、ATM利用は急速に増加する。前掲のデータからわかるように、この中核にあるのは、マーケティング／メッセージングと、トランザクション／現金引出しの両側面がセルフサービス方式モバイルによって統合されるということだ。しかしながら、ATMをもっと請求書支払いや小切手入金に使おうとするトレンドは、スマートフォンの利便性に足元をすくわれることになる。したがって私の見解では、ATMの形態は、フル機能型とそれに対する現金取扱いの簡素型に分離する可能性が高い。

最近のこと、アラブ首長国連邦のアブダビ商業銀行（ADCB）のチームでは、より顧客に合ったカード利用オファーを提供する方法を見つけようとしていた。国内のさまざまなショッピングモールにいる消費者をターゲットとして、テレコム業者の位置情報ベースのメッセージング技術を使うという案があったが、テレコム網の運営業者はこの情報を安定的・継続的に提供できないことが判明した。そこでADCBは顧客行動に着目した——ショッピングに行くときの顧客行動はどのようなものだろうか？

　行動分析が示したのは、ショッピングモールに行く顧客はほとんどいつも、2つのうちの1つの行動をとるということだった。モールに着くとすぐにATMに行って現金を引き出すか、あるいは店舗で買い物をするのにデビット／クレジットカードを使うのである。ADCBには、顧客のいる場所を調べるのにモバイル業者が必要ないことがわかった。POSやATM網からのライブの取引データを見ていて位置のトリガーとするだけでよかったのだ。

　現在のADCBは、顧客の行動に基づいて、時間と場所に対応したオファーを提供しており、オファーは、顧客がカードを使ったときにSMSやアプリでのお知らせとして送られるというシンプルなものだ。これは、当たりよりもハズレのほうが多い不要なメッセージの洪水を顧客に送りつけるよりも、はるかに前向きだ。

　ADCBは、クレジットカード顧客基盤の顧客プロファイルとして、ほとんど携帯電話番号を持っていなかった。携帯電話番号がわからない場合、どうすれば顧客にオファーを送れるだろうか？　顧客プロファイルに携帯番号がない場合に、どうすれば顧客が携帯番号をADCBに提供する気になるだろうか？　ADCBがしたことは、顧客が現金が出てくるのを待っている間にATM画面にメッセージを出して、顧客がいまいるショッピングモールの割引クーポンを受け取りたいかどうかを尋ねただけだった。顧客がする必要があるのは、携帯電話番号を入力することだけである。この申し出は、わずか2〜3カ月間にモールを訪れた顧客の30％以上に受け入れられた。

　当然ながら次のステップは、顧客の携帯電話とATMの利用経験の統合に取り組むことであり、そうすれば顧客はカードがまったく必要なくなる。

　現在、数多くの銀行が非接触機能をATMに組み込もうとしており、それによって顧客はNFC対応の携帯電話や非接触カードを使って現金を引き出すこと

が可能になる。中国ではローカルな電子財布スキームが十分に普及しており、昨年ころから何万台ものATMがアップグレードされて、プリペイドのチャージや残高確認等ができるようになっている。中国通信銀行はアプリ方式の非接触でカードレスの引き出しを2010年1月に導入し、カードなしでATMを利用する顧客はすでに200万人になっている。日本や韓国でも、何年も前から同様の機能が使われている。

私がNCRと行なった調査では、2012年は非接触型ATMといわゆる「非接触キット」（現在すでに出荷されている）の需要が堅調に増加するとされていた。その結果に基づいてNCRは、2013〜14年は非接触型ATM普及の転換点となると考えている。例えば、ブラジルやオーストラリアでは、非接触型ATMのハードウェアに投資している顧客企業もいる。ただし非接触型ATMの特徴となるソフトウェアや取引についてはまだ作業が進行中だ。NCRは、非接触型ATMについてパイロットと概念実証試験を、米国、ブラジル、カナダ、フランス、ポーランド、スロバキア、スペイン、トルコ、南アフリカ、ニュージーランド、オーストラリア等のさまざまな国々で実施中である。

NCRによれば、2009年9月〜11年5月の間に、同社は約3000台の非接触機を出荷したが、2011年末にはその数字は3倍を超えて1万台を上回った。NCRは2012年にはその数がさらに2倍以上になると見込んでいる。

非接触機能はクールだが、今後5〜10年を見て、モバイルとNFCの統合よりもATMの進化に大きな影響を及ぼすものは何だろうか？

❖──マルチタッチとユーザビリティの影響

スペインのBBVA（バンコ・ビルバオ・ビスカヤ・アルヘンタリア）は、疑いなく現存で最高のATMデザインを有しており、それはIDEO（訳注：米国のデザインコンサルティング会社）のデザインチームと、NCRおよび富士通のコラボレーションによるものだ。これはチャネルに関する顧客経験を根本から見直したものであり、その機能はすばらしい。現在、市場にあるほとんどのATMより何世代か進んでいる。このプロジェクトは2007年に開始され、BBVAは2010年5月までに5台のATMパイロット機をマドリードに設置した。

このATMで最もすばらしいのは、顧客がATMに対して本当はどんな望みやニーズがあるのか、そして銀行はどうすればその経験をより人間的なものにできるだろうかと、立ち止まって考えた人がいたことだ。それは、従来の繰り返しや

ユーザーインターフェイスの見直しにとどまるものではなかった。BBVAは、ATMを高度で使いやすく、安全で大幅に効率的なものへと一挙に変革することで、顧客の利用経験に革命を起こそうとしたのだ。

図7-2　**BBVAのIDEO（イデオ）ATM**

ちょっと見には、BBVAのATMは設置面積が小さく、よりスペースがあり、セキュリティがよさそうに映る。しかしながら、目を奪うのは、大型で収まりのよいタッチスクリーンだ。19インチのそれは、まるで大きなiPadのようだ（ただしiPadの発表より前に設計されている）。

インターフェイスのデザインは、私が思うに本当に革命的だ。新しいATMの設計にあたって、BBVAとそのチームは努力を重ね、操作全体を変革した。最初は紙でのプロトタイプ、ダンボールの切り出しとモックアップで、顧客に動作をしてもらってフィードバックを得た。そしてインターフェイス全体の操作を基礎から再開発した。ハードウェアのプラットフォームで「この機械に何を搭載できるだろう？」から始めたのではない。BBVAの分野横断チームは、IDEOの革新的デザインチームに率いられ、次の質問から始めた。「操作がより人間的で、自然で、見るだけでわかり、しかも操作がより効率的で、安全で、低コストのATMをどうやったらつくれるか？」

その結果できあがったのが、現在の市場にあるほとんどの銀行ATMプラットフォームに2～3世代も先んじた、最高のインターフェイス（そして形態）である。インターフェイスの特徴の一部だけでも次のようなものがある：

* 消費者と銀行とのリレーションシップに関するインターフェイスのパーソナル化
* ATMは時間経過とともに顧客の引出しパターンを学習し、それをデフォルトとして表示
* 異なる券種を選択する際は、画面上に出る通貨・券種オプションをスワイプ（図に表示）
* 画面上に大きくクリアな操作ボタンが表示されていて、画面横のハード

Chap. 07　セルフサービスの進化　│　169

図7-3　iPad的なインターフェイスを持つBBVAのATM

ウェア上のボタンはなく、時折スクリーンとボタンが揃っていないという煩わしさがない
* 初回ユーザーにはアニメーションと組込みビデオがガイドする。ただしインターフェイスはシンプルなのでそれはほとんど必要ない
* スロットはひとつだけで、現金引出しと預金のいずれにも使用可能

細かい改善点はその他にもある。例えば次のようなものだ。

> 「観察によると、ハンドバッグ、さらにショッピングバッグを抱えて機械を使う際には、動作が難しいことが多かったとIDEOのパスカル・ソボルは語る。財布やコーヒーが置けるよう、デザインには水平な面が加えられた。そして買い物の品々が置けるように、キオスクの面積が広げられた」[1]

BBVAは世界中ですでにこの新しいATMを3000台以上配備し、これまでのところ、顧客の受入れやフィードバックはすべてポジティブなものだ[2]。

私は、iPadとともに育ってきた自分の3歳の息子と年長の子どもたちが、画面を扱う様子を見つめてきた。子どもたちはラップトップやテレビの画面の違いを認識するが、3歳の子どものスクリーンとの付合いは、主にiPadを通じたものだ。したがって、子どもが私の隣に座っているときに、私が自分のラップトップでウェブサーフィンをしながらYouTubeのビデオを見せると、彼はいつも画面にタッチして自分が見たい次のビデオに進もうとする。こんなふうに、彼は画面

に関する行動を学んでいるのだ。私たちはいま、タッチスクリーンだと画面がはるかに使いやすくなることを学んでいる。また私たちはいま、マルチタッチと従来の操作機器（つまりキーボードとマウス）の双方がラップトップに組み込まれるのを目の当たりにしている。

しかし現在、私たちがATMを訪れるとどうだろうか？　タッチスクリーンでないATMの画面に触ってしまうことがないだろうか？　私は無意識にそうしてしまったことが一度ならずある。

ジャレッド・スプール、ドン・ノーマン、ジェイコブ・ニールセンその他のインターフェイスの設計者やユーザビリティの専門家は、デザインパターンについて語ることがよくある。私たちは、時間とともに新しいデザインパラダイムの使い方を学習し、それが新しく登場する機器に対する私たちの期待を変えていく。だから、マルチタッチでなくスタイラス（ペンタッチ）方式や指1本でしか動かないタブレットをいま発売する企業があるなら、そのビジネスが失敗することは間違いない。もちろんこの問題は時間がたつほど際立ってくるが、人は古いデバイスをどこか機能が劣るものとして見るものであり、そのことが買い替えにつながる。

最近、アイコンメニュー・システムを備えた旧式ブラックベリーやノキア電話（タッチ式でないもの）などを手にした人はいるだろうか？　私たちはすぐ現在のマルチタッチのスマートフォンと同じようにそれが作動するだろうと考える。作動しなければ昔の方法でやる必要があるとわかるのだが、そこですでに、時代遅れで流行遅れのテクノロジーだな、と審判を下してしまっているわけだ。

これはATMビジネスにまさにいま起こっていることだ。ATM操作についての私たちの期待を決めるのは、業界標準やダイボールド、NCRではない。それを決めるのは、アップル、iOS、アンドロイド、マイクロソフトのウィンドウズ8、Xboxなどだ。

先日私は、インターフェイスが10年以上昔のままのATMを利用したが、非常に古くて見すぼらしい感じがした。ATMのインターフェイスや形態が、銀行を選択する主たる要因になる可能性は低いが、それは基本的な衛生要因（訳注：あったからといって満足感は高まらないが、ないと不満足が高まる要因）であり、消費者は、自分がちゃんと選ばれていると感じたいものだ。消費者リサーチ企業のバズバック社の調査によれば、世界の消費者の88%は、セルフサービス機器の

利用経験に基づいて、定期的に発生する取引を行なう企業を選択する傾向が高い[3]。あなたの企業のブランド力は、利便性に基づいて評価されているのであり、もはや商品、料率や場所ではないことに留意しよう。トータルなチャネル経験が、あらゆる顧客チャネル経験を最適化してポジティブなつながりをつくり出すのだ。

画面の脇に8つの操作ボタンがあるハードウェア基盤を使い続けても当面は大丈夫だろうが、ユーザーはスクリーンに触れるたびに、旧式のハードウェア基盤の操作に立ち戻らなければならず、ブランドの信頼性は急速に低下していく。現場に行って、どんなに多くの顧客がタッチスクリーン方式でないATMの画面に触っているのを見れば、私の言うことが正しいのがわかるだろう。

❖──モバイルがATM操作を変える

ATMの次の大イベントは疑いなく、スマートフォンとアプリ活用の取り込みである。当初、これは非常に簡単で、モバイルバンキングにATM所在地表示を組み込んで、顧客が最寄りのATMを見つけられるようにするものだった。次の論理的ステップは、ATMの画面ではなく、携帯電話自体をATMのインターフェイスとして使うことだ。最終的には、現金入手を除けば、ATMでできることのすべてが電話で可能になる。つまり、ATMは現金だけ取り扱ってくれればそれで十分ということだ。電話で残高を表示し、口座を選択し、現金受取り／送金／請求書支払いを選んで実行する等が可能になる。現金が出てこないだけだ。

さて、確かなことは、モバイルワレットによって現金依存度は次第に低下するが、現金は完全に消滅しそうにはない。したがって、単純機能のATMは長く必要とされるだろう。少なくとも今後10年はそうだ。

NCRはこのテクノロジーに取り組んできており、『ファスト・カンパニー』誌は、最近その将来像を描き出した。

シナリオの中でNCRは、携帯電話ですべてが操作されるATM機器を描き出している。人通りの多い地域や狭いスペース（コンビニエンスストアなど）では、これは理想的だ。機械は基本的に現金取扱機で、ATMデバイスにはタッチスクリーンのインターフェイスも不要だ。その機能は電話側にあるからだ。最近私は、ニューヨークのワールド・トレード・センターにあるNCRのプロトタ

図7-4　NCRはATMの形態について実験を行なっている

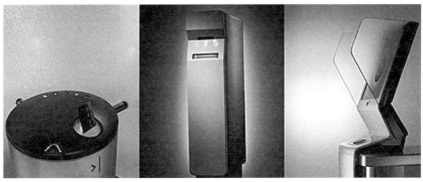

出所:『ファスト・カンパニー』誌

イプのショールームを訪れる機会があったが、スマートフォンで動く現金取扱機のデザインはまったく意外なところがなかった。すべてが論理的で、直感的に理解可能であった。

　もうひとつ興味深いことは、こうした機器が高度にインタラクティブなインターフェイスをもつ方向へと進化するにつれて、ATMも単なるATMをはるかに超えるものになりうるということだ。ATMで、割引クーポン提供、チケット販売、モバイル電話へのチャージ等々が可能だ。カタール最大のテレコム企業のQtelでは、現金出金をまったく取り扱わないATMを100台以上も配備している。その代わりにこのATMでは、顧客が車でやってきて現金を入れて電話料金を支払ったり、コーリング・カードを購入したりすることができる[4]。このNCR製のセルフサービス・ターミナルが成功したことによって、Qtelは従来カスタマーセンターで行なっていた電話料金支払いやプリペイドカードの販売受付けをとりやめたので、手が空いたQtelのスタッフは、新規販売とより多くの顧客への対応が可能になった。

　セルフサービス機器は、2つの異なる発展の道をたどりそうだ。非常に簡素な形態の高速の現金取扱機と、フル機能のキオスク基盤で、現金を扱うと同時に、高度にインタラクティブで新規プリペイドカード、割引クーポン、盛りだくさんのマーケティング統合機能、そしてモバイル機器対応が可能なものである。

　より難解な問題は、現在のセルフサービス機器からどうやって収益を生み出すかということだ。それはATMを設置するくらい簡単なこと……「それをつくれば、彼らはやって来る」のだろうか？　商品販売における問題とは、ソリュー

ションを必要とするニーズが存在しなければならないことだ。ATMでは、ニーズは非常に明確に現金であり、現金の販売は簡単だ。

　現金を媒体として使えば、ほとんど何でも購入できる。そのニーズは世界共通で非常に明確なために、販売のためにマーケティングは必要ない。ATMが目に入れば、そこには顧客がいる。しかしATMから収益を生み出すことは、はるかに難しい。

次の10年

　セルフサービス取引に関するユーザー調査から得られる重要な教訓は、次のようなものだ。

＊早く
＊簡単でわかりやすく
＊最も使われそうなトランザクションを提供すること

　現在の銀行の問題は、マルチタッチのiPadアプリで利用可能な革新的な現在の機械と比べて、それ以前のATM機がかなり安っぽく見えてしまうことだ。カギとなる価値は明らかに、シンプルで魅力的で簡単な操作で主だった取引が可能なことだ。しかしながら、ATM環境を変えてしまいそうな課題や機会は他にも存在している。

❖──形態要因、活用拡大、収益

　ATMビジネスにおいて銀行に独自性発揮の機会がある理由は、ATMやセルフサービス機器の設置数と場所数が膨大であることだ。銀行は、タッチスクリーンのディスプレイ、現金取扱い機能、ネットワーク接続性などを備えた機械に、他の利用方法を付け加えられるはずだ。すぐに思い浮かぶアイテムは、コンサートや映画のチケットといったものだ。インターネットチャネルからの注文に基づいて、ギフトの商品券などを発行することも可能だろう。配布が重要であるマーケティング・キャンペーンの実施にあたって、物理的な提供部分をATMが担う可能性もある。例えば、賞品や提供物として配布する商品券の提供

図7-5　セルフサービスの展開における重要な教訓

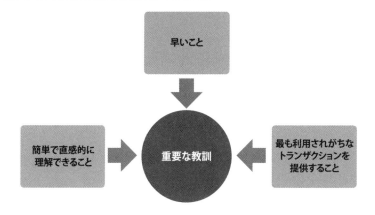

などだ。

　これに問題を生じさせかねないのは、インターネットの存在だ。キャッシュ以外の機能で、インターネットでは無理だが、ATM経由でのみ実施可能なものがあるだろうか。

　バーコード情報が印刷されたコンサートチケットや搭乗券は、ユーザーが自宅でPCとプリンターを使ってプリントアウトできるようになってきている。この方法で消費者は仲介業者を完全に排除することになり、ATMが潜在的に対応可能な提供部分での役割は、いまや冗長なものとなっている。

　繰り返しになるが、ATMは特定場所におけるディストリビューション・ポイントであり、設置場所において適時適切なものしか提供できない。ATMで飛行機の搭乗券の印刷を提供することの意味はほとんどない。自宅か、空港の専用キオスクで簡単にできてしまうことだ。一方、携帯電話で受信したSMSで、割引券を受け取って1時間以内にそれを近くの店に持ち込む必要があるという場合なら、ATMはまさに意味のある存在であり、自分のいる所に近い場所で特定の目的に対応することが可能だ。短期的にATM基盤を活用するために使える機能をいくつかご紹介しよう。

❖──モバイルワレットとプリペイドのチャージ

　プリペイドと組み合わせたモバイルワレットの将来性についてはすでに述べたが、これは、Visaプリペイドや香港のオクトパスカード、英国のオイスターのような使途自由のプリペイド利用にぴったりだ。このカードの目的は、現金で

なくプリペイドカードを使って売買取引を円滑化することだ。NFC付きの携帯電話が徐々に増加しており、それにはプリペイドのコンポーネントがモバイルワレットに組み込まれている。

　カードへのチャージ方法にもよるが、ATMは銀行口座からカードに資金を移動させる「ハブ」としての役割を担いうる。しかしながら、よく設計されたモバイル・ネットの仕組みならば、ATMやセルフサービス・キオスクと同等のチャージ機能が実現可能であることも明らかなようだ。

　バーティ・エアテルのインド国内の利用者は、2012年には、支店やATMに行かなくてもエアテル・ストア（連携銀行として機能）に行けば、携帯電話を使って現金引出しが可能になる。同社はエアテル・マネー社（AM)[5]を最近設立して、ユーザーが送金や請求書支払いを可能にし、現在はそのATMネットワークを通じて現金引出しサービスも実施しようと、複数の銀行と検討を進めている。そのサービスではユーザーは1日当たり5万ルピー（約1000ドル）まで利用可能だが、個々のトランザクション金額は5000ルピーまでに制限されている。現在では、請求書支払い、映画チケット購入、参加レストラン／スパ／商店の支払い、他のエアテル利用者への送金が可能だ。

　シンガポールのNETSキャッシュカードは、駐車料金や高速道路料金の自動車内からの支払いに使われていて、銀行ATMを使ってチャージ可能である。しかし大多数のチャージ活動は現在でも、駐車場やショッピングセンターなどの、人通りとニーズが存在するという論理的に妥当な場所にある特定の機器で発生している。そのため、この取引が行なわれると、ATMのもともとの利用価値が制約を受けることになる。こうしたプラットフォームは時間とともに融合していくというのが、おそらく納得できる考え方だろう。

　これと競合するインフラは、銀行口座からの直接引き出しと、改良版のP2P機能である。この方式では、顧客の銀行口座からの引き出しが設定残高に到達すると、カードが自動的にチャージされるか、SMSまたは電子メールでお知らせが送信されるようになっている。「設定したらそのまま」という傾向があることと、物理的な場所に行く必要がないため、このチャージ方法は人気がある。

❖──現金化機能

　現金のプリペイドマネーへの転換においてATMが適切な役割を見つけられないでいるのに対して、逆方向ではATMは一定のポテンシャルを有する。つま

り、送金を電子メッセージから現金に転換することだ。モバイルワレットの世界では、ATMは「現金化機械」として機能しうる。友人からペイパルでの支払いを受領したとしよう。どのATMに行こうが、電話番号を入力すれば、カードを使わなくても、支払いを現金で受け取ることが可能なのだ！　これは単独でも推進可能な魅力ある機能である。

　現金化のニーズの例としては、グローブ・ジーキャッシュ（Globe GCASH）というフィリピンのサービスがある。SMSを使って2者の間で資金を移転するものだ。携帯電話ネットワーク上での人々の間のやり取りを除けば、多くの海外送金は同じ方法で行われている。現金が代理店に渡されて、受け手の口座に電信送金されるのだ。

　ここでの問題は、資金をどうやって現金化するかだ。ジーキャッシュではいくつもの方法があり、その中には物理的な代理店網経由もあるが、銀行のATM網経由もある。ATMは明らかに、資金がその場で現金化できる選択肢だ。ジーキャッシュのようなサービスは外国人労働者に特に人気があり、中でもアジアと中東で、資金を母国の家族に送るために使われている。

　同様の仕組みはケニアでも動いており、M-Pesaというものだ。これもP2Pの資金送金を携帯電話を使って提供している。面白いのは、M-Pesaのスキームでは、現金化がより大きな課題となることだ。代理店とM-Pesa契約を結んだ商店主は現金フロートを積むことを求められるが、遠隔地ではこれが問題となりかねない。商店主が最寄りの町まで足を運んで現金を補充せざるを得ないことになるのだ。M-Pesaはこの問題を、ペサポイント、エクイティ・バンク・コード、ダイヤモンド・トラスト等のATMでの現金引出しで解決しようと試みた。M-Pesaのケーススタディについては第6章を参照されたい。

❖──パーソナル化におけるデータとアナリティクス

　ATMは数年後には本当の「自動テラー」になるかもしれない。顧客サービスと音声認識にアバターへのアクセスを組み込んで、それに決済カード、NFCその他顧客経験を強化するキー・テクノロジーを統合することもできるだろう。この手の施策の問題は、人々がATMやセルフサービス機器の前に、長い時間立って操作することになる点にある。現時点でATMがうまく機能している理由は、手早く現金を手にすることができるからだ。複雑になればなるほど、ATMの価値提案は現実には低下してしまうだろう。

しかしながら、データ統合とパーソナル化をうまく活用すれば、ATM経験は、単なる「いくら現金が必要ですか？」を超えるニーズに対応するものとなりうる。

ATMのところに行くと、支払うべき請求書がどれだけあるか、個人ローンから引き出したいかどうか、信用限度を引き上げたり、クレジットカード残高をより低金利の他のクレジットライン商品に移行するか、といった情報を受け取ったりすることが可能だ。ATMは、ふだんの取引ややり取りで使う携帯電話に、メッセージを送りましょうかとも聞いてくる。前回電話したときに、顧客サービス部門に投げておいた質問に関するサービス・メッセージも提供してくれる。例えば「最近いただいたクレジットライン拡大のお申込みが承認されました！」といった具合だ。これらはシンプルな付加価値提供の仕組みである。

IPベースでマルチメディア対応のATM機器があれば、現在ATMで行なっているよりもはるかに多くのことが実現可能になる。標準的なATMインターフェイスのコンセプトを早急に変更して、銀行のCRMシステムと安全なIPコネクションでリアルタイムに連携して情報を表示可能なものにする必要がある。

❖──広告・宣伝

世界中のATM設置台数は、2200万台を超えると推定されている[6]。英国だけでも、年間で1億3000万枚の異なるカードがATMにアクセスしており、毎週2100万件を超えるATMアクセスがある。英国で入手可能な現金の75％はATM経由で提供されている[7]。

メディアの買い手から見れば、ATMユーザーは、喉から手が出るほど欲しいターゲット顧客層だ。大多数は銀行口座を保有しており、信用度も高い。またATMは、他のタイプのメディアでは困難な一定の顧客層とつながるための、唯一のコスト効率的な方法でもある。例えば、18〜35歳の男性がそうだ。彼らはATMを苦もなく使いこなす。ATMの顧客インターフェイスは信頼されており、カード保有者はほとんどの場合、少なくとも週に1回は利用する。実際、米国でのATM利用頻度の平均値は1カ月当たり10.6回である[8]。

ATM広告は、ダイレクトメールに完全に置き換わるものだと考える銀行もある。ダイボールド社は、セルフサービス機器におけるレスポンス率は20％近くとなり、ダイレクトメールのキャンペーンの20倍以上高くなると推定している。

ATMベースの広告キャンペーンの結果は詳細に、また多くの場合リアルタイ

図7-6　ATMによる広告・メッセージ提示の機会

ムで計測可能だ。NCRによれば、ATM広告はダイレクトメールに比べて65％安価で、200％より効果的である。

消費者向けにATMで広告やメッセージを提示する機会は3つある。

1. ATMに近寄る時
   a. 商品やコンセプトを広告するプラスチックシートや背景画像
   b. ATMが動作していない時間帯のビデオ広告
   c. モバイル機器感知または顔認識に基づくインターフェイスのパーソナル化
2. 操作時間中（例：機械または処理のアイドルタイム）
   a. 「現金が出てくるまでお待ちください」というつまらないメッセージを出したり、顧客が次のステップを待つ間に画面をそのままにしたりしておくのではなく、ATMユーザー向けの短いビデオでのオファーを提示
   b. 顧客のフィードバックは、ブランドのコンテンツで取引時間が延びることはないし、回転式のゆで卵タイマー的なものよりも何か面白いもので待ち時間を埋めてくれるほうが好ましいとしている。
3. 操作終了時
   a. カードが抜かれた後の最後のメッセージ
   b. レシート上へのクーポンの印刷：ATM広告キャンペーンという、ブランドを明示した持ち帰るものへとレシートが転化する。
   c. モバイル機器へのサポートメッセージ配信：引出し後の口座残高を示して不正やクーポンの印刷を減らすものであれ、ATMを離れる際のストーリーを続けるものであれ、モバイル機器は取引後にパーソナルなメッセージを統合的に出す場として有用なものだ。

❖──生体認証の活用

　ATMに関するテクノロジー分野での最大の改善可能性は、生体認証の利用によるセキュリティ強化である。最も明らかな利用方法は、指紋や顔認証を使って取引実行前にユーザーを認証することだ。

　生体認証には2つの利点がある。第一は不正排除である。生体認証を使うと、犯罪者は暗証番号入力を盗み見したり、カードを盗んだり、偽造してそれを入力するのがより難しくなる。第二の利点は、ユーザー経験のスピードと品質が向上することだ。暗証番号やパスワードが山ほど必要ななかでは、独自の生体認証機能で口座にアクセスできることはアピールになる。生体認証は非常に安価にATMに追加可能だ。NCRでは、ATM1台当たりの平均価格に120〜200ドルの上乗せですむと推計している。ノートパソコン、携帯電話等で指紋認証技術が幅広く受け入れられていることからも、顧客の受容度は問題になりそうにない。

　生体認証のハードウェアは安価だが、ソフトウェアと関連認証プロセスの変更には、銀行側でかなりの投資が必要となる。このため、生体認証をATMに組み込んでいる国は現在2つしかない。コロンビアと日本である。コロンビアでの採用は明白だ。現行の治安状態には明白なセキュリティ上の懸念があるからだ。日本はより興味深い。セキュリティにはそれほど懸念がないからだ。同国では消費者の認知がATMへの生体認証装備のニーズを推進している。現実に日本では、非接触方式の生体認証が使われている。日本の消費者は非常に衛生意識が強く、他人が触った画面に触れたがらないのだ。

　生体認証は新興市場、特により貧困で発展度が低く、ATMが比較的新しいものとして見られる市場においてよりアピールする。成長ポテンシャルの制約となるのは、暗証番号の配布とプロセスの整合性の維持である。つまり、暗証番号とカードを一緒にしないことだ。特に貧困地域では、人々が自分の暗証番号を覚えるのが容易でないため、番号の配布がセキュリティ上のリスクとなる。

　ATMへの生体認証の組込みでより興味深いものは、ATMに近づいたり歩み去ったりするときに（映画「マイノリティ・リポート」のように）行なう顔認証である。ATMは顧客が近づいたのを認識可能で、顧客の現在の保有商品ポートフォリオや最近の金融活動に基づいて、個人別にメッセージを出す。デジタルサイネージにはすでに生体認証が組み込んであるため、顧客の性別、老若、哀

楽を判別可能だ。この機能がセルフサービス機器にも装備されてよりパーソナル化された経験を提供するようになるのも、遠い先ではないだろう（訳注：映画「マイノリティ・リポート」では、主演のトム・クルーズが街路を歩いていると、路傍にある機器で顔認証が行なわれ、それによってパーソナライズされた広告が本人に提示されるシーンがある）。

カーネギー・メロン大学の研究者チームは、拡張現実と顔認識の活用に関する研究調査のために、市販されている顔認識ソフトウェアを使って、写真撮影に同意した学生の約30％を認識することができた[9]。調査では、参加した無名の学生の写真を、フェイスブック上で入手可能なイメージと比較した。研究者たちは、彼らのソーシャルメディアのプロフィールにある他の公開情報を使って、その興味領域を特定したり、一部の学生の社会保障番号の一部分を推定したりすることもできた。

> 「もはや無名性は当たり前ではないというのが将来の姿だ。たとえ私たちが公共の場所で知らない人の中にいる時でさえそうなのだ」
> ——アレッサンドロ・アキスティ、カーネギー・メロン大学准教授
> （『ニューヨーク・タイムズ』紙より）

将来は、ビルボード広告やデジタルサイネージが、顔認識を使って10代の女性を見つけ、例えばレディー・ガガブランドの香水の広告を見せるようになるだろう。しかし、次世代のデジタルサインが、肌質を分析してにきびクリームの広告を公衆向けに表示したり、悲しみを検知して抗うつ薬を提示できたりしたらどうなるだろうか？

ちょっと先読みしすぎだと思われるだろうか。これは、いまフェイスブックのユーザーである私の写真がどこかにタグづけされ、生体特徴データがフェイスブックに保存されて使われたらどうなるかということだ。フェイスブックは現在、私の顔が認識できる他の写真にもこの方法で「タグ」をつけることを示唆している。しかしフェイスブックは、このテクノロジーを活用して、私が普段とは異なる場所からログインしたり、パスワードを忘れたりしたときに私を認証してもいる。パスワードを思い出させるために、フェイスブックは、「お母さんの結婚前の姓は？」といったクラシックなパスワード・リセットの質問を尋ねたり

Chap. 07　セルフサービスの進化

しない。私の友人の写真がわかるかどうかを尋ねてくる。これは、すでにフェイスブックに組み込まれている生体認証機能の単純な使用例である。

パーソナル化、個人のニーズへの対応、プライバシールールとセキュリティの間で正しい組み合わせを見いだすことは、ポジティブなセルフサービス経験をつくり出すために重要な差別化となる。

年齢や性別関連のサービスに関するカスタマイゼーション提供は、最初のうちは、ユーザー経験の観点から十分な差別化になるだろう。これはすべて、私たちのデジタル経験をよりパーソナライズし、人間的なものにする施策の一部なのである。

❖──ATMネットワークはロングテール

オーストラリアでは最近5年間で、リテール決済における現金利用が25％以上減少した。英国と米国市場ではいずれも、支払方法としての現金利用は今後5年間で17〜20％減少するだろう。ただし、現金が消滅するわけではない。実際には、現金は次の10年間も存在し続けるだろう。しかしながら、2005〜25年の間に、多くの先進国経済で、リテールの場での現金利用は50％の減少に直面するだろう。こうして数字を並べると、中期的に見れば、「現金の消滅」は説得力のある議論だ。この手の行動変化はATMビジネスにどんな影響を及ぼすだろうか？

現金減少の早い段階では、現行のATM網の維持が難しくなり、銀行はATM網が、支店と同じくほとんどコストでしかないことを実感することになる。もともとATMや他のセルフサービス機器は、支店のコスト削減のために設置された。モバイルバンキングやモバイル決済が急速に台頭するなかで、ATMもまた、時代遅れで高コストのインフラとして見られるようになるだろう。

この1月、スカンディアバンケンは、スウェーデンでATMをアウトソーシングする最初の銀行となり、コンタクテンという同国最大の独立ATM運営業者と契約を締結した。コンタクテンは現在ノルウェー、フィンランド、スウェーデンにおいて1000台以上のATMを管理しており、ヨーロッパ内でより多くのアウトソーシングの要請に直面している。その理由は、同社がそれに特化したほうが、銀行自身よりも低コストで、銀行が持つネットワークを運営可能だからだ。

2020年代には、大多数の金融機関は独自ブランドのATM網を持たなくなる

図7-7　コカ・コーラのインタラクティブなタッチスクリーン式自動販売機

可能性が高い。しかしそれで銀行が、現在のATM網が持つブランディング機会と顧客とのつながりを失ってしまうわけではないだろう。

　セルフサービス機器、デジタルサイネージ、メディアウォールがひとつのプラットフォームに統合されるのは、そう遠い先ではない。北京オリンピックでは、コカ・コーラがサムスン製のインタラクティブなタッチスクリーン式のユーベンド（uVend）と称する自動販売機を設置した。未来のATMもけっこう似たような動き方になるかもしれない。

　ATMに組み込まれたRFIDや顔認識が、近寄る人を認識して銀行のブランドを表示する。それ以外のときは、そのATMで利用可能なブランドや、ネットワークを使用している銀行の有償広告を繰り返し流す。カードを入れたり非接触の電話をタップしたりしてサインインすると、ATMの画面、ブランディング、インターフェイスは、HSBC、バークレイズ、バンカメ等のATMになる。ブランドが誇らしげに表示され、私たちの銀行や、最もよく使うATM利用のタッチスクリーンのインターフェイスになるのだ。つまり、例えば私たちが頻繁にATMで請求書支払いをするなら、それが最初のオプションとして出てくるし、頻繁に直接引出しをするのなら、そのオプションが出てくる。

　現金の準備ができる間に（待ち時間は最大で5秒）、ATMは位置情報に基づく最寄りの小売業者のショッピングのオファーを表示し、それにタッチすると携帯電話にオファーが送信される。また例えば、クレジットカード申込みのオファーを出して顧客がそれを受け入れたら、自分のNFC付き電話の画面にタッチして、新しいクレジットカードをアップロードする。

　これなら、銀行は自社ブランドATMを保有しつつ、顧客は一貫性のある同

Chap. 07　セルフサービスの進化　| 183

一のサービスレベルを得られる。しかし銀行はそれを顧客に提供するために、自分でハードウェアを保有する必要はない。銀行のコストは低減し、顧客満足は向上し、ATMの利便性は最適化される。

2020年までには、このタイプの取引が標準となり、銀行保有のATMネットワークは過ぎ去った昔の記憶となるだろうと考えられる。

結論

ATMは存続のために時代に適合し続ける必要があるが、その中で銀行は、ATMを主に使う顧客とつながる時間は、非常に限られたものであることを認識せざるを得ない。顧客は多忙で時間がないからだ。インターフェイスやエンゲージメントの手法については非常に慎重に考えることだ。ATMに組み込まれる新技術は顧客の操作スピードを向上させるものであり、取引時間を延ばすものではない。

現金は現在も主流であるが、モバイル機器やスマートカードが時間経過とともにATMの利用減少をもたらすという脅威が存在する。ATMがソリューション全体の一部になりえるなら、その寿命はあと20年くらい延びるだろう。もっと大胆な者にとっては、これは新しい収益機会にもなる。現金預金、小切手預金、クーポン発行、通帳更新機はいずれも、顧客接点を販売およびサービス志向の心理に向けるための支店再構築における重要要素である。

次の大きなステップは、モバイル技術をATM機器に組み込むことである。その次に来るのは、操作とパーソナル化を巡る大きな変化であり、その変化はセルフサービス・プラットフォームからの収益獲得施策と同時に進められる。三番目はATM機器の特化であり、それは本質的に2つの形態へと進む。現金取扱機と、フル機能のセルフサービス機器だ。最後に、あるいはそれらと並行して、コスト削減のために技能によるATM網のアウトソーシングが行なわれる。

現金利用が減少するに伴って、ATMは、顧客の銀行との日々のやり取りを移行させていくための重要なプラットフォームとなる。しかしながら留意すべきなのは、モバイル決済が標準となるにつれ、ATMの「機能性」は特別なものではなくなることだ。消費者はATMで機能的に行なえることのすべては、概念的には電話で行なうことが可能だからだ（現金の預金・引出しを除く）。

KEY LESSON

　ATMは最近40回目の誕生日を迎えたが、その普及状況はすぐには衰えそうにない。

　銀行が自らの幅広いATM網を活用しようとする場合、顧客にとって重要な利用促進要因は何だろうか？　ATMのベストな設置場所はどこだろうか？　顧客はいつATMを利用しているか？　特定のATMの利用を妨げる可能性があるものは何だろうか？

　収益の上げ方は現在も課題のままだ。ATMはコストセンターか、それともプロフィットセンターだろうか？　当初の目的は支店の負担を軽減することだったが、現在でもその役割を果たしているだろうか？

　現金預入や小切手預金機などの他のセルフサービス機器も配備されている。これらはどの程度うまくいっているだろうか？

　低機能ATMのプラットフォームは、今後どうなるだろうか？

　セルフサービス成功のカギは、使いやすさとスピードだ。複雑にしすぎないこと。そして装備機能についての意思決定では、プロセスやタスクをそぎ落として最も簡素な形式にすること。

　ATMと携帯電話を分ける唯一独自の機能が現金取扱いだけになる時期が訪れるのはいつごろだろうか？　電話を決済に使うとしたら、それが現金依存を、そしてその結果として銀行のATMネットワークを、どの程度減らすことになるだろうか？

［注］
1) Gizmodo：http://gizmodo.com/5895379/smarter-safer-and-fun-the-surprising-science-of-atms
2) http://futureselfservicebanking.com/
3) http://www.gabriellogan.com/whats-new/page.asp?page=530/Retail-Convergence:-The-Future-of-Multi.html
4) NCRブログ：http://blogs.ncr.com/ncr-banking/consumer_experience/atms-at-the-center-of-the-conversation/
5) よりくわしくは、AirtelMoney.inを参照のこと。
6) ATMIA：http://atmsecurity-pro.blogspot.it/2011/02/how-will-global-atm-growth-forecasts.html

7) i-Design and FirstData Analysis：http://www.firstdata.com/downloads/thought-leadership/fd_atm_advertising_marketinginsights.pdf
8) ATM Services Inc：http://www.atmserve.com/placements.html
9) 「拡張現実に直面するプライバシー（Privacy in the face of augmented reality）」カーネギー・メロン大学、2011年8月4日

Chapter 08　I Trust the Crowd, More Than I Trust the Brand

私はブランドより大衆を信用する

ソーシャルメディアの台頭

❖──ソーシャルメディアの出現

　ソーシャルメディアのルーツは1978年に遡る。ウォード・クリステンセンとランディ・ジュースという2人のコンピュータ愛好家が、情報、イベント、告知などを友達と電子的に共有する手段としてBBS（Computerized Bulletin Board System：電子掲示板）を発明した。1993年には、世界初のインターネット・ブラウザーであるモザイク（Mosaic）が登場した。これは、その後のウェブの成長にとって非常に重要な要素となった。1994～1999年にかけて、今日のソーシャルメディアの礎となったサービスが出現した。ジオシティーズ（訳注：ユーザー自身でウェブサイトを構築可能としたサービス）、AIM（アメリカンオンラインのインスタント・メッセンジャーサービス）、フレンズ・リユナイテッド（Friends Reunited：英国のソーシャルネットワークで、昔の学生時代の同級生との再会を促すようデザインされている）がそれである。そして、1999年8月23日、世界で初めてウェブ・ログツールであるブロガー（Blogger）がパイララボ社によって展開された。

　2002年にフレンドスターというネットワーキング・サイトが開始された。開始わずか3カ月で300万ユーザーを抱えるようになった[1]が、ユーザー数は2008年にはピークを迎えた。2004年にアメリカン・オンライン（AOL）のユーザー

数は3400万だったが、それがマイスペースの登場を促した。2004年には、ティム・オライリーが初めて「ウェブ2.0」という言葉をつくり出し、参加型の情報共有、相互運用性、ユーザー中心型デザイン、コラボレーションの促進につながるウェブとアプリケーションの関わりを定義しようとした[2]。

2003年にフェイスブックが開始されたが、当時米国では、ソーシャルメディア・プラットフォームとしてはマイスペースが独占状態であった。英国最大最古の民間放送局である独立テレビジョン（iTV）は、2003年にフレンズ・リユナイテッドを買収し、1500万を超えるユーザー数を記録した。また同じ2003年には、YouTubeがビデオの保管・検索サービスを開始した。

2005年にはニューズ・コーポレーション（訳注：ニューヨークに拠点を置く出版・メディア企業）が約5億8000万ドルでマイスペースを買収し[3]、バイアコム（訳注：米国のメディアグループ、MTVをはじめとするケーブルテレビ局向けチャンネル事業、およびパラマウント映画を傘下に持つ）は、急拡大中のフェイスブックに対して、買収額約7500万ドルをマーク・ザッカーバーグ（訳注：フェイスブックの創業者）に提示した[4]。2006年にはその金額は約15億ドルに跳ね上がった。この交渉が不成立に終わったとき、ヤフーが約10億ドルのカウンターオファーを提示したが、当然ながらそれは却下された。アップルがiPhoneを発売した2007年には、フェイスブックの月間訪問者数はすでにマイスペースを上回っていた。その1年後、フェイスブックは2億ユーザーを達成した。これはマイスペースの2倍の規模にあたる。

2008年、フェイスブックは急速に成長していたソーシャルネットワークとマイクロ・ブログサービスであるツイッターを約5億ドルで買収しようとした[5]。同じ年、タンブラー（訳注：米国のメディアミックス・ブログサービス）が登場した。

2009年1月15日、USエアウェイズ1549便、ニューヨーク・ラガーディア空港発ノースカロライナ・シャーロット行きが、離陸わずか6分後にハドソン川に墜落した。上昇中のエアバスA320にカナダ雁の群れが衝突し、飛行機の両方のエンジンが機能しなくなってしまったのだ。午後3時31分、飛行機はハドソン川に不時着水し、2分後の午後3時33分にはジム・ハンラハン（ツイッターのハンドルネームは@highfours）が以下のようにつぶやいている（図8-1）。

2008年2月、米国の大統領選挙の準備期間に、ジョン・マケインは選挙運動としてのキャンペーン資金調達イベントを通じて約1100万ドルを集め、指名権争いの一助とした[6]。一方、バラク・オバマはそのような資金調達イベントに出

図8-1　ジム・ハンラハンのつぶやき

ジム・ハンラハン
@highfours

たった今、マンハッタンで、飛行機がハドソン川に不時着水するのを目撃した。

3:33 PM - 15 Jan 09 via Twitter · Embed this Tweet
Reply　Retweet　Favorite

席しなかったが、インターネットのソーシャルネットワークを通じてわずか29日間で約5500万ドルを集めた[7]。ツイッターは、2009年のイランの大統領選挙の際に、マフムード・アフマディネジャドの勝利が議論の的となって、抗議行動が起こったことで知名度を上げた。ツイッターとフェイスブックがこのような抗議行動の結集に必要不可欠なツールとなったのは、これが皮切りである。

また、ツイッターはどの大手報道ネットワークよりも先に、マイケル・ジャクソンやオサマ・ビン・ラディンの死を伝えた。ビヨンセは、ビデオ・ミュージック・アワードで妊娠のニュースが発表されたことで、2011年に最もつぶやかれたセレブとなり、レッドカーペットで妊娠した彼女がお腹を触っているTwitPic（訳注：ツイッターで写真投稿を可能にするウェブサイト）は、わずか6時間で60万ビューを記録した[8]。2012年のスーパーボウルでは、ツイッターが1秒当たり1万2233ツイートを記録した[9]。しかしこれは、ツイッターの能力から考えれば取るに足らないことだ。ツイッターは通常、4日間で10億ツイートを処理している。だからツイッターにとってこれらの処理は、実際にはそれほど負荷のかかるものではない。

フェイスブックは、ナスダック上場後の現在、約500～900億ドルの価値があるといわれている[10]（株価水準にもよるが）。

ベイン・アンド・カンパニー社の調査によれば、ソーシャルメディアは、顧客エンゲージメント拡大戦略の一環として、マーケティング、販売、サービス、インサイト獲得、離反防止等における有効かつコスト効率の高いツールとなりうる。調査では、ソーシャルメディアを通じて企業と関わっている顧客は、他の顧客に比べてその企業に20～40％多く支出していることが明らかになった[11]。

図8-2 つながりの深い顧客と関係の浅い顧客の支出比較
　　　　——つながりの深い顧客は30%多く支出する

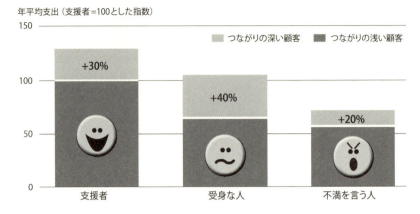

出所：ベイン・アンド・カンパニー

　さらにこれらの顧客は、その企業に対してより情緒的な思い入れを示している。
　ビジネス上のメッセージの伝達や対話に対して、これほど短期間にこれほど大きな影響を与えるようになった新しいタイプのメディアは、これまでなかったといっても過言ではないだろう。この観点から見れば、多くの銀行はそれまでよりはるかに真剣にソーシャルメディアに向き合うべきだった。しかし、銀行はどうやら、インターネットバブル崩壊のソーシャルメディア版が起こるのを待っているようだ。そうなれば物事はすべて平常状態に戻る、とでもいうのだろうか。

❖──フェイスブック、ツイッター、ピンタレスト、フォースクエア
　　──終わりはいつ来るか？

　デジタルマーケティングのアイクロッシング社は、フェイスブックのユーザー数は2012年夏には10億人を突破するだろうと予言した[12]。この数は非常に意義深い。まず、自社の顧客ベースを開示している企業の中で、それを世界で3番目に大きい国と同等の規模にまで成長させた企業はない。インド、中国の次であり、これは賞賛に値する。次に、この世界規模での成長が、近い将来すぐに鈍化するようには思えない。最後に、その成長は物理的な流通や在庫の制約を受けることがないため、市場は私たちがいるどの場所にでもある。
　ただし現実的には、フェイスブックの成長には限界がある。まず、アクティブ

図8-3　フェイスブックは10億ユーザーを突破する

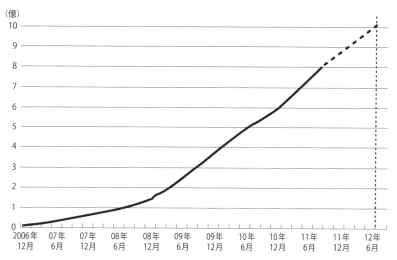

出所：アイクロッシング社

なインターネットユーザー数を超えることはできない。次に人口数そのものを超えることもできない。しかし、これらの制約は、企業の成長カーブについて現実的な議論をするときには、ふつう話題にならないものだ。すでに米国だけでも、フェイスブックユーザー数は2014年[13]までに1億5000万になるだろうといわれており、この数は同時期の人口予測である3億2000万人の半分に非常に近い。わずか10年程度の企業活動の歴史の中で、人口の50%に近いユーザーを獲得した企業があっただろうか。たとえ人口の10%であっても、すばらしい成果には違いない。顧客数という観点で、歴史上これほどの成長を遂げた企業はない。

ツイッターもそれに大きく遅れることなく、2012年7月31日までに5億のツイッターユーザー・プロファイルが作成され、日に3億5000万近いツイートが発信されている（もっとも、ツイッター自身はアクティブなユーザーは3分の1未満で、ユーザー数はグローバルで1億7000ユーザーくらいだと言っているが）[14]。

位置情報に基づいたソーシャル・ネットワーキング・サービスであるフォースクエアも、2000万ユーザーに達している。さらにグーグル・プラス（Google+）やピンタレストといった新しいソーシャルネットワークも台頭してきている。ピンタレストは2012年1月時点で1000万ユーザーを突破し、それまでで最も早く成長したスタンドアローンのウェブサイトとなった。同年第1四半

期、ピンタレストは米国で最も人気のあるソーシャル・ネットワーキング・ウェブサイト第3位に急浮上した。

　この状況が終わるのはいつか？　という問いに対しては、終わらない、というのが答えだ。それは、テレビ、音楽、インターネット、モバイルがいつ終わるのかと尋ねているのに等しい無意味な質問だ。フェイスブックは2011年、わずか1年で2億ユーザーを獲得するという、それまでで最も大きな成長を遂げた。これで成長が鈍化しているように思えるだろうか。その一方で現在は、フォーチュン誌500に入る金融機関の中で、明確なソーシャルメディア担当部門長を置いている企業の名前をあげるのに四苦八苦する状況なのである。

　コモンウェルス銀行、シティバンク、INGダイレクトは、シニア・エグゼクティブがソーシャルメディアでのプレゼンスのトップに立っている数少ない例外だ。この本を書いた時点で、フランク・エリアソンはシティバンクに在籍しており、アンナ・オブライエンやその前のジェイム・プニシル同様、行内で著名なツイッターユーザーのリストに名を連ねた。シティバンクは、ソーシャルメディアで知られていて、組織内のシニアメンバーがその代表となっている米国で唯一の主要金融機関であるようだ。ソーシャルメディアの大きな影響を前にしながら、なぜ銀行はソーシャルの力や影響に対して明確な拒絶反応を示すのだろうか。ソーシャルは本当に投資対効果があるのかと延々と議論しているのが、いまでも聞こえてくる。まるで銀行にとって、投資対効果がソーシャルへの関与の是非を決定する重要要因であるかのようだ。

　顧客との関係を深めるあらゆる技術や機能の中で、リテール顧客の50％近くが使用しているものは、最優先で取り扱われるべきだ。しかしながらこの考え方は、多くの主要な金融機関では、予算面と組織面双方の優先順位からほとんど通らない。本書出版時点では、HSBCは世界中でツイッターのアカウントを持ってさえおらず、このメディアで顧客との関係を深めようとしていなかった。これはかなり許し難いことだが、あるいはただ単にこの分野をよく知らないのかもしれない。

　いまこそリテール銀行は、ソーシャルメディアとデジタル対応力を組織の中核に据えて再編成されるべきだ。それくらい重要なものである。ソーシャルは顧客との関係深化の方法を再定義するものだが、しかしそうはなっていない。「現実の」バンキングにかかわるものであるという見方を根本的に欠いたまま、ソーシャルが役員会の机上に上がっている。なんらかのマーケティング施策を

打つ価値はあるとはされるだろうが、その場合でも施策策定や戦略立案は外部委託されることが少なくない。

> ## ソーシャルメディアは何の役に立つか

　ソーシャルメディアは、顧客の言葉に耳を傾け、顧客支持（アドボカシー）獲得に向けた有用な戦略を立案し、また、顧客からのリアルタイムのフィードバックに基づいて商品やマーケティング戦略を知らしめるすばらしい機会であり、ますます非常に強力なサービス提供ツールとなってきている。ソーシャルメディアを用いた口コミによるマーケティング手法がある程度成功してはいても、もし銀行組織内でソーシャルメディアが単なるマーケティング・ツールやチャネルのひとつとして位置づけられているだけなら、それは次の2つのうちのいずれかであることを意味している。

＊双方向の対話ができるというソーシャルメディアの特性を理解していない
＊現行マーケティング部門内に従来型のマーケティング担当者が多すぎる

　ソーシャルメディアは一時的な流行でもなければ、ただのマーケティング・ツールでもないことが明確になったいま、次に起こることは何だろうか。

❖──マーケティング担当者以外は、フェイスブック使用禁止

　ソーシャルメディアの活用法やビジネスへの影響を考えるには、まずどのようにそれが機能するのかを学ぶ必要がある。ソーシャルメディア導入時の多くの銀行のお決まりの反応には、2つの段階がある。まず第1段階では、これまでの従来型の広告やPRキャンペーンをお払い箱にする方法を見つけようとする。第2段階では、組織内部からのすべてのアクセスを遮断する。その理由は、従業員が公的な場で直接発言するのは危険だし、就業時間中にフェイスブックのソーシャルゲームであるファームビルで遊んだり、仕事に関係ない非生産的なタスクに時間を取られてしまったりすることを危惧するからだ。

　この考え方の問題は、それ自体が根本的に間違っていることだ。

　そもそも組織がソーシャルメディアの真の能力を学べないようにしていること

が、銀行が支援者を得たり顧客との絆を深めたりすることを妨げているのである。さらに実際には、従業員は社内で使用するデスクトップではなく自分自身のモバイル機器を使うため、アクセス遮断によって阻止したいリスクは避けられていない。従業員は管理された環境の外でソーシャルメディアを使用しているだけだ。

　私は2010年に欧州のある有名な金融サービス企業を訪問し、マーケティングのトップと会ってソーシャルメディアに関して議論した。そのマーケティングのトップは、当社は「ソーシャルメディアを信用していない」と私に言った。
　その論理は以下のとおりだ。同社は毎年ブランドを強化して社会にそのイメージを伝えるのに莫大なお金を費やして、非常に注意深く潜在顧客に対するブランド・ポジショニングを行なってきた。一方で同社は、ソーシャルメディアで顧客とリアルタイムの対話を行なう態勢を整えていなかった。ソーシャルメディア上では、何かの話題に会話が支配されてしまい、注意深く立案したブランド・コミュニケーション戦略から外れてしまう可能性があったためだ。
　唯一の問題は、顧客はすでにブランドについて会話していたのに、それが見過ごされていたことだ。そしてこれが、ブランド・イメージを弱体化させる可能性を増大させていた。まるで、顧客グループが一堂に会して、ブランド叩き専門のラジオ局を設立したようなものだ。それでも同社は、「無視しよう、誰も聴いてなどいない。もし私たちが耳を傾けようものなら、彼らの言うことにお墨付きを与えてしまうだけだ」と言うだけだった。
　この戦略は、ソーシャルメディアを無視するだけではない。ブランドに関する会話を遮断したり、従業員のソーシャルメディア活用をやめさせたりしようとするものだ。2011年2月、オーストラリアのコモンウェルス銀行がまさにこれを試み、従業員に対して厳しいソーシャルメディア規則を課した[15]。これはまったく裏目に出て、即座にマスコミの攻撃と組合の反対にあい、コモンウェルス銀行は最終的にこの浅慮の規則を取り下げることになった。

　最近は、内定者やその候補者にフェイスブック・アカウントへのアクセスを要求する企業も出てきていて、それが人権活動家からの予期せぬ激しい反応を招いている。
　これは多分に世代的な問題である。大半の銀行は指揮統制的な組織構造とし

て長年にわたって成長してきたのであり、現在のネットワーク化された、相互につながっている世界で業務を行なってきたわけではない。しかしいまの世の中では、相手が従業員であれ顧客であれ、衆意に沿わない愚かな意思決定をすると、声高で厳しい抵抗に直面する可能性が高いのだ。

銀行が理解する必要があるのは、ソーシャルメディアは統制できないということと、それでも組織的に参加しなければならないということだ。ソーシャルメディア戦略は、十分な情報に基づくエンゲージメント（つながり）のひとつであるべきで、従業員による積極的な活用を推進する必要がある。銀行がソーシャルメディアを統制しようとすればするほど、戦略は失敗に終わる可能性が高くなる。以下の事例がそれを示している。

大衆は統制できない

フェイスブック、ツイッターのようなソーシャル・ネットワーキング・サイトが大衆文化に与えた影響度合いからすれば、金融サービス・プロバイダーがソーシャルメディアを自分たちのビジネスに取り込むことを真剣に考え始めているのは、驚くにあたらない。しかしながら、これらの新しいメディア・ツールを企業に取り込む過程には困難が伴う。進めるには組織全体のコミットメントを得る必要があるのだが、これが大変難しい。なぜならば、幅広い支援を得られる人を見つけることが課題となるからだ。

2012年2月11日、エーエヌジー（ANZ）とウェストパックはオーストラリアで初めて、オーストラリア準備銀行の指導なしに4年物住宅ローンの金利を引き上げた。ANZはウェストパックと一緒に金利を引き上げたが、批判は金利引上げ自体ではなく、この決定に腹を立てた顧客に対するウェストパックの対応に関するもので、その怒りのはけ口となったのが、ウェストパックのフェイスブック・ページであった。

金利引き上げ公表のわずか数分後から、顧客は意見や不満を表明し始めた。ウェストパックもANZも明らかに、住宅ローン金利引き上げ発表の朝、プレス対応のコミュニケーション戦略を準備していた。問題は、ウェストパックのフェイスブック・ページの管理担当者が、知っていて当然のことを知らなかっ

たことだ。

　否定的なコメントが飛び交うようになるや否や、ウェストパックのフェイスブック・ページの管理担当者（誰かは問題でない）は、それらのコメントを削除し始めた。口汚い罵りや人種差別的発言などを削除するのは適切だが、企業の意思決定が顧客の不評を買っている場合の否定的なコメントは、違う形で取り扱う必要がある。

　もし銀行がまだソーシャルメディアの働きを理解していないなら、いまはもう無知の雲を取り払うべきときだ。フェイスブックのようなソーシャルメディア基盤は、聴衆を誘導したり統制したり、微妙な物言いをするためのものではない。ウェストパックのような企業がどう考えるにせよ、彼らがフェイスブック・ページを所有しているわけではない。そのページは、フェイスブックという中立の第三者が主催する基盤上にある、ブランドについて議論するコミュニティなのだ。そのような場において、企業が果たすべき義務は語ることであって、特別に攻撃的だと見なされないかぎりは、否定的や挑戦的なコメントを削除することではない。

　ウェストパックは怒った顧客からの否定的なコメントを削除することが安全な選択肢だと考えたのかもしれないが、実際にはそれは状況を悪化させただけだった。

　これはまるで、顧客がコールセンターに電話をかけたり、支店に足を運んで金利引き上げの決定に対して不満を言ったりしているのに対して、ウェストパックが、顧客が強欲でウェストパックに厳しく当たっているという理由で、話の途中で電話を切ってしまったり、もっと悪いことには無理やり支店から追い出したりしているようなものだ。顧客はそう受け止めて、メディアはいっせいにこの話題に飛びついた。以下がいくつかのメディアの見出しである。

　　　「ウェストパック、フェイスブックで取締まりを実施」
　　　　　　　　　　　　　　　　　　——ナショナル・ナインニュース
　　　「銀行批判者がソーシャルメディアで団結」
　　　　　　　　　　　　　　　　　　——ビジネスデイ
　　　「金利引き上げへのコメントに対するウェストパックの検閲にソーシャルメディア上で批判の嵐」
　　　　　　　　　　　　　　　　　　——スマートカンパニー

「嫌悪感：ウェストパックはフェイスブックの警察か」

——スマートオフィス

「フェイスブック検閲でウェストパックに非難」

——フィンエクストラ

「ソーシャルメディア専門家がウェストパックのフェイスブック検閲を非難」

——アイデアルパス

　ネットワーク化されて相互につながる今日の世界を生き抜くブランドになるには、コミュニケーション戦略を十年一日のごとく考えていてはいけない。
　ウェストパックは、公開の議論の場で金利引き上げの理由を議論し、顧客が金利引き上げを好ましく思っていないことを受け入れた。企業が怒りの反応を受ける多くの場合、人々が期待しているのは、自分の反応が意味あるものとして扱われ、不満に耳を傾けてもらい、その内容を認められることだ。企業が問題に対応することができれば、一般に顧客は満足する。これがデジタル・ネイティブ層の信頼を獲得する方法だ。彼らとつながり、彼らの言っていることの意味を認める。決してやってはいけないのは、顧客が企業の施策やブランド・ポジショニングに反対の場合に、彼らを切り捨ててしまうことだ。
　しかし、ウェストパックは特別な例ではない。2009年9月、アン・ミンチは、バンク・オブ・アメリカ（以下バンカメ）がクレジットカード金利を年12％から30％へと「べらぼうに」引き上げたことに対して、明確なメッセージをYouTube上で伝え、公の場で痛烈に攻撃した。アン・ミンチはこう言った。

「高利貸しから借りたほうがましだわ」

　アン・ミンチの痛烈な批判に対して、バンカメは典型的な反応をした。つまり反応しなかったのだ。地方のメディアがこれを取り上げる段になって、バンカメはようやく自分の立場の防御に回り、ミンチに対して、これはクレジットカードの契約条件に書いてあり、銀行はこのような変更を行なうことが可能なのだと述べた。その後どうなったか？　わずか2〜3週間という短期間に、アン・ミンチは主要なテレビ網、新聞に登場し、YouTubeのビデオは50万回以上視聴された。結局、バンカメは対応に窮し、決定を撤回した。これでバンカメは、何百万ものクレジットカード保有者に対して、もし銀行が同じことをしようとしたらアン・ミンチの話を引き合いに出せるという前例をつくってしまった。バンカメ、大失敗である。

バンカメが金利をいきなり30％に引き上げるべきではなかったと言う人もいるだろうが、それは本質的な問題ではない。問題は、バンカメがこの新しく、つながっていて、ウイルス並みの伝播力を有し、モバイルで多部族的な世界に住む消費者のパワーを完全に軽視していたことだ。バンカメは、問題をすばやく解決する機会に当たって、顧客サービス企業としてではなく、銀行としてどうすべきかを考えてしまったのだ。

シティバンクはまったく異なる顧客アプローチをとった。シティはツイッターアカウントを取得した世界初の金融機関であり、顧客へのサポートや対話の機会を積極的に探り始めた。2011年8月にiPadアプリを始めたときも、顧客向けのサポート用にツイッターをそのアプリに統合することまでした。

効果的な方法で顧客に対応しないと、ソーシャルメディアは銀行に害をもたらすことになる。なぜならソーシャルメディアを動かしているのは、そこでのやり取りに関心をもつ人々や、その人々の周囲で彼らが信頼をおく人々だからだ。

銀行がもつPR機能でソーシャルメディアに対抗しても絶対に勝てないことを示す実績は山ほどあり、まったく疑いの余地はない。アン・ミンチかウエストパックに聞けば明白なことだ。

しかし、大衆は暴走してしまうこともある。2010年4月16日、エーエヌジー（ANZ）は、モバイルバンキングの携帯電話通信プロトコル（WAP）を廃止すると公表した。銀行は顧客にレターを送って5月14日からのサービス廃止を伝えた。一方でテキストサービスやiPhoneのモバイル・ポータルのサポートは継続する予定だったのだが、顧客の理解は違っていた。レターを読んだ顧客でさえ、モバイルバンキングサービスが廃止されると思ったのだ。その理由は、ANZはレターの中で、WAPによるモバイルバンキングでやっていたことは、インターネットバンキングとテレフォンバンキングでできますと強調していたからだ。

レターのリリースからわずか数時間で、ツイッターが炎上した。「モバイルバンキングをやめるなんて、ANZは何を考えているんだ」「ANZはモバイルバンキングを打ち切る」「ANZ、モバイルバンキングを葬る」「モバイルバンキングをなくすなんて、ANZどうなっちゃったんだ」といったツイート内容だ。「悪事千里を走る」という古い諺があるが、まさにこのことだ。

ANZはモバイルバンキングをまったく廃止したわけではないので、正確にい

えば、ツイッターの反応は間違いだ。古いワイヤレス・アクセス・サービスのポータルを停止して、よりよいミニブラウザとテキストベースのモバイルバンキングに置き換えただけのことだ。同行がソーシャルメディアで行なうべきだったのは、新しいモバイルバンキングサービスのすばらしさについて語ることであり、その中で「古い」時代遅れのWAPは冗長になるので廃止する、ということを顧客に知らしめることだったのだ。

顧客とのやり取りにおいて誤解が発生した場合、銀行はまずツイッター、フェイスブック、グーグル・プラスや他のチャネルなどで、メッセージを発することができる。ソーシャルの流れとのつながりをもっていないと、何か問題があったときに最初にその知らせが入ってくるのは、情報がソーシャルメディアからあふれ出してメインストリームのメディアに流れ込んで来たときだ。いまや多くのジャーナリストがソーシャルメディア経由でニュースを入手していることを考えると、企業にとっては、ソーシャルメディアを使っていないことによるPRリスクが増大している。

多くの大手企業は、ツイッター、フェイスブックなどに取り組む際に、何らかの成長の痛みを経験している。銀行はリスク回避的である上に、上場している場合は当局だけではなく資本市場の規制も受けていて、公の場で誤った発言をすることのリスクが大きいため、早い段階から完全に透明性のあるメディアに参加しようとはしない。そのために、ソーシャルメディアを他に先駆けて導入するという話に理解を得るのは非常に難しいのである。

顧客支持（アドボカシー）と影響――本当の投資対効果

米国でインターネットを使用している個人の約57％が、毎日ソーシャルメディアにアクセスしているといわれている[16]。情報のスピードとアクセスのしやすさを重要と感じるようになるにつれて、彼らはより要求の多い顧客になっていく。例えば、多くの人は企業に対して、リアルタイムでの顧客サービスの回復や、自分が行なったネット上のフィードバックに対するクイックレスポンスを求めている。高度につながり合った個人は、自分の意見を常時配信し合っている。そして、商品やビジネスに関する友人やソーシャルネットワークからのニュース、評価、推奨を頼りにしている。

ソーシャルメディアは人々に力を与えるものだ。陳腐に聞こえようが、それは事実である。ソーシャルメディアはひとりの謙虚な消費者の声より強力だ。ソーシャルメディアは仲間、友達グループ、ネットワーク、猛攻撃の伝播を生み出し、伝統的な企業にとって夢でしかない（悪夢でしかないかもしれないが）方法で、主要なインフルエンサーに力を与えているのである。私の言うことが信用できないなら、エジプトのムバラク元大統領に聞いてみるといい。
　これからは間違いなくソーシャルメディアの時代だ。

　中国のような国では、QQ、51、Xiaonei（校内）、Chinaren、Kaixin001（開心）、5460、Wangyou（網遊）その他さまざまな、戸惑うほどのローカルのソーシャル・ネットワーキング・ツールがある。大きなネットワークに対して絶え間なく働きかける個人はインフルエンサーと認識され、最近では新製品の販売やアイデアの流布のために企業からアプローチを受けている。それほど頻繁にコメントをするわけではない人も「市民ジャーナリスト」として扱われ、企業に関する懸念や経験を人々に伝えている。
　中国人の作家でブロガーでもあるハン・ハンは、ブログを3億回以上閲覧されており、中国だけではなく全世界で最も読まれているブロガーとして知られている。2010年9月、英国の雑誌『ニュー・ステイツマン』は、ハン・ハンを、「2010年最も影響を与えた人物50」[17]の48位として取り上げた。ハンは高校生のときにライターを始め、新概念作文大会で賞を受賞した。そして彼の最初の小説である『三重門』は2000万部を突破し、ここ20年で中国最大のベストセラーとなった。
　ハンはソーシャルメディアとより幅広いソーシャルの全体観の理解に天賦の才を示し、ブログを通じて直接彼に対する批判に対応することで、読者との関係を深めた。このやり方は、時には声高な批判者と直接やり取りすることもあるのだが、多くの批判者は最後には疲れてやめてしまう。2009年5月、ハンはブログの投稿で、雑誌を発行する予定であることを中国全土に知らせ、購読を勧めた。また、その雑誌に記事やストーリーが掲載された人には報酬を出すと提示した。これは実質的にはクラウドソーシング（＝不特定多数の人に業務を委託すること）型の雑誌であり、開始5日で投稿数は1万に達した。2010年7月6日、彼の雑誌『Party（独唱団）』がついに創刊された。発行物としては短命だったが、同誌はアマゾンでの先行発売の開始後10時間で、最も人気のある雑誌と

なった。これはハンの驚異的なソーシャルメディアでのプレゼンスによるところが大きい。

　ジャスティン・ビーバーはもうひとつのソーシャルメディアの成功事例だ。彼はギターケースを前において道端で歌うことから始めたが、小さなタレントオーディションに参加するときに決心して、YouTubeに自分のビデオをアップロードし始めた。音楽プロデューサーのサミュエル・(スクーター)・ブラウンはそのビデオを見て、彼を探し出した[18]。
　最初、米国のレコード会社は、どのようにビーバーを売り出したらよいかわからず、彼のYouTubeでの成功はすばらしいが、誰もソーシャルメディアでうまく歌手生活をスタートさせた人はいないと言うばかりだった。スクーターは他の方法をとらざるを得なくなり、ソーシャルメディアと、どこでも歌うというビーバーの意志を活用した。
　ビーバーはYouTubeで数カ月の間に1000万ビュー以上閲覧され、アッシャー・レーベルと契約した。ビーバーのデビューシングル「ワン・タイム」やデビューアルバムの「マイ・ワールド」がリリースされると、YouTubeでの閲覧回数は1億ビューを超えた。これと並行して、ビーバーはツイッターのアカウント (@justinbieber) を活用した。彼がニューヨークでフラッシュモブ(訳注：ウェブでの呼び掛けに応じた参加者が、特定の場所に集まって何らかのアクションを行ない、すぐに解散するパフォーマンス)を企画したときは、5000人のファンが彼に会おうと殺到したため、イベントはキャンセルになった。現在ビーバーは、1000万を越えるツイッターのフォロワーと、3000万近くのフェイスブックのファンを抱えている。

　バーチャルであるソーシャルネットワークは、「現実の」人のつながりにおける最もよい部分を真似てできているが、いくつか特徴的な要素があり、それがソーシャルネットワークの成功につながっている。その効果のひとつが、新しいファッション、流行、企業、商品や技術を世に広める「流行発信者」やインフルエンサーがもたらすものである。

　「検索エンジンで購入リサーチをする消費者世代にとって、企業ブランドとは、企業がどう言っているかではなく、グーグルがどう言っているかであ

る。新しい流行発信者とは私たち自身なのだ。口コミはいまや公開の対話である。ブログのコメントやカスタマーレビューという形で伝播され、徹底的に照合されて評価される。アリが拡声器を持ったようなものだ」

——クリス・アンダーソン
『ロングテール——「売れない商品」を宝の山に変える新戦略』(2006)

　ソーシャルメディアはまた、長期の結びつきを形成するのに驚くほど有効だ。ビジネス・コンサルティング会社のベイン・アンド・カンパニーは2011年9月に、ソーシャルメディアを早期から採用している企業（デル、ウォルマート、スターバックス、ジェットブルー、アメリカン・エキスプレス）のソーシャルメディアへの投資が、現実の経済的価値を生み出していると結論づけた報告書を発表した[19]。ベインが導き出した結論によれば、多くの10億ドル規模の企業が年間75万ドル（7500万円）に満たない額しかソーシャルメディアに投資していない一方で、早期採用企業は数千万ドル（数十億円）を投資しており、予想どおりそのほうがより高い効果が出ている。

　この3000名以上の顧客調査によって、ソーシャルメディアを有効にしているものが何かが明らかになった。ソーシャルメディアを通じて企業との関係を築いている顧客は、他の顧客と比べると、20～40％多くその企業にカネを使っていることが判明した。またこれらの顧客は、その企業に対してより深い情緒的な傾倒を示しており、ネット・プロモーター・スコア（訳注：「あなたはそれを友人や同僚に薦めたいと思いますか？」という問いに対する答えを、0～10の11段階で調査するもの）の平均値も33ポイント高い。

　ベインはこの報告書の中で、ソーシャルメディアがもたらす価値に確信がもてない企業に対していくつか具体的なアドバイスを与えている。それによれば、ソーシャルメディアは次のような価値をもたらす。

* 伝統的な広告宣伝メディアのほんの一部のコストで認知を獲得できること
* 位置情報ベースのプロモーションに日次ベースで取り組み、そして徐々にリアルタイム化へ進むこと
* ソーシャルゲームやショッピング等のソーシャル機能を組み込むことで、商品や顧客体験を改善すること
* リアルタイムでのサービス対応、サービスの回復、および技術的な支援を提供して顧客を感動させること

* 奔流のような顧客インサイトをとらえて、顧客主導の変革を進めやすくすること
* 顧客との関係深化を通じてコミュニティや親近感を築き上げ、ロイヤルティを高め、消費や推奨を促すこと

　フォレスター社の2010年顧客支持ランキングレポート[20]では、50社近くの米国金融サービス企業が、「私の取引金融機関は、企業の収益だけでなく、私にとって最もよいことをしてくれる」という質問に対して同意した顧客の比率によってランキングされているが、信用組合は大手銀行より大幅に高くランクされている。数年前まで信用組合は、自社の都合を第一にしていると70％の顧客に言われていた。対照的に、2010年の同ランキングの下位7社は、バンカメ、チェース、キャピタル・ワン、トロント・ドミニオン・コマース、フィフス・サード、シティバンク、そしてHSBCである。これら7社の数値は、16〜33％である[21]。

　金融危機や現在進行中のソブリン債務危機の中、ヨーロッパでは、金融機関が顧客のことを考えて行動していると回答した顧客はわずか29％であった。フォレスター社の報告書が指摘しているとおり、これは大きな問題だ。なぜなら顧客アドボカシー（顧客による支持）と将来的な購入意向の間には強い相関関係があるからだ。

　顧客に支持を受ける銀行と顧客との関係が弱い銀行とでは、何が違うのだろうか。トップクラスにランクされる銀行は、物事を単純化し、オペレーションの透明性を高め、信頼を築き、顧客に対して好意的に接している。幅広く顧客からの支援や支持を得るために、ソーシャルメディアは現時点で知られている最良の方法だ。英国で最も顧客アドボカシーを得ている銀行が「ファースト・ダイレクト」であり、同行が企業全体としてソーシャルメディアを強力に統合している一方で、その親会社であるHSBCはランクが悲惨なほど低く、ツイッターアカウントも保有していないというのは、決して偶然ではない。

　私たちは現在、金融サービス分野における顧客センチメントの変化に直面している。具体的にいうと、消費者が「大衆」の意見に基づいて金融機関を選ぶということだ。この新しい対話の場で存在意義を示し続けようとすれば、企業は強い顧客支持を受けることが必要となる。しかし、透明性の高いソーシャル

な場で、顧客が期待もし、また受けて当然の尊敬の念を銀行が示さなければ、この顧客支持を手に入れることはできない。

ウェストパックがフェイスブック戦略で誤ったのはこの点だ。フェイスブックのニュースフィードを選別、削除することで、同行は昔のマーケティングやコミュニケーションでいうところのダメージ・コントロールをしようと考えた。しかし現実には、企業への反発や否定的センチメントのリスクを飛躍的に増大させ、はるかに解決が困難で時間のかかる課題を生み出してしまった。

大衆を尊重しよう。彼らはいまや巨大な力をもっており、銀行ブランドの将来を決める存在である。大衆が銀行の支持者となりうること、そしてそれが巨大な力の源となりうることを理解していただきたい。もし彼らを突き放すようなことをしたら、二度とその信頼を獲得することはできないだろう。

たとえ失敗してしまったときでも、彼らに語りかけよう。そうすれば彼らは、銀行のオープン性、改善、適応、関係深化への思いを尊重するだろう。

顧客の声は影響力が強く、ブランドを乗っ取ることも可能である……そしてその方法はひとつではない。

顧客支持（アドボカシー）の目的は、信頼やコミットメントのレベルを引き上げたり、顧客との対話やパートナーシップを推進して、顧客リレーションシップをより深化させたりすることである。顧客支持とは端的にいうと、顧客にとって一番よいことをすることだ。それはたとえ競合の製品を薦めることになった場合も、自社が顧客のニーズに対応できないとわかった場合もそうである。

企業は顧客支持プログラムを実施することで、コミュニティの生態系（エコシステム）の中でソーシャルメディアを活用する方法をつくり上げることができる。生態系のどこにどんなセンチメントがあるかを特定することで、**インフルエンサー、コネクター、権威者、支持者**といった熱心な人々を見つけたり特定したりすることができる。インフルエンサーを特定できれば、キーメッセージを投下する適切なネットワークを探し当てて、そこからキャンペーンを開始して推進力を得ることが可能になる。

大衆の中にいる支持者を正しく選ぶことが重要だ。まず、彼らがいまどこにいるのかを見つけよう。業界トップクラスのブログや、お助けフォーラムで最も役に立っていて知識も多いコミュニティメンバー、そして自分の時間を使ってフェイスブック・ページやオンラインフォーラムを管理していたり、コミュニ

ティの生態系の中で積極的に活動したりしている人に目をつけることだ。

❖──YouTube、重要なインフルエンサー、そして見返り

　顧客アドボカシープログラムの最も重要な点は、ファンやインフルエンサーにコミュニケーションをとる基盤を提供することだ。顧客が自分の話ができるように、銀行は、グループブログやコミュニティなどの発信基盤を提供して、その活動を支援したいと考えるだろう。最新情報が入手可能で、議論のためのコミュニケーションの道が常に開かれているようにすること。たとえ否定的なコンテンツの場合でもだ。彼らに見返りを与えることも必要だ。それが例えば最新のモバイルアプリやウェブサイトへのプレリリース版のような新しいものへの早期限定アクセスであれ、その他の物理的なものであれ、見返りを与えることで、彼らに気分よく、支持する気持ちでいてもらうことができる。

　ただし、重要な課題は、そのような人物を見つけることだ。顧客のフェイスブック・ページやツイッターのハンドルネームを知らずにこのような人たちを見つけるのは、不可能に近いだろう。だから、まずやるべきなのは、フェイスブックやツイッターで顧客とつながることと、ソーシャルメディア上のプロファイルと銀行内部にある顧客の口座プロファイルをひも付ける方法を考えることだ。

　とはいえその目的は、「いいね！」の獲得やフォロワーになってもらうことではなく、コミュニティをつくって顧客との関係を深化させることだ。多くの企業は、フェイスブックの「いいね！」ボタンを押すように顧客に依頼し、競争まがいのことまでさせようとする一方で、その後は顧客を無視したり、ソーシャルメディア経由でさらに多くの広告を浴びせかけたりする。いくら強調してもしすぎることはないのだが、ソーシャルを他のマーケティングチャネルのように取り扱ってはいけない。ソーシャルとは、顧客との対話の機会なのだ。ソーシャルを使って投資対効果を上げることばかりを狙ってマーケティングを撒き散らすと、企業は想像を超えた大きく長期にわたるダメージを受けることになる。顧客とつながり、関係を深め、コラボレーションすること。それが顧客支持を生み出すのだ。

　ジェネレーションY（Y世代）は、どの企業が「よい」か「悪い」かについて、ソーシャルメディア上の友人の言うことを聞く傾向が強い。Y世代は非常に口コミの影響を受けやすいため、若年層向け広告よりもインフルエンサーのほうが、

図8-4　フォウラー姉妹は大衆の中にいるスーパー・インフルエンサーである

出所：YouTube

企業ブランドにはるかに強い影響を与えることができる。

　YouTubeに美容やスタイルに関するアドバイスを投稿している姉妹、エル（ハンドルネーム：AllThatGlitters21）とブレア・フォウラー（ハンドルネーム：juicystar07）を例にとってみよう。彼女たちのお化粧方法指南の動画や洋服に関する「ホール（haul）」（訳注：チェーンストアやショッピングセンターで見つけたアパレル商品をYouTubeで紹介する動画）は、ビデオ共有サイトでたくさんの視聴者を獲得して人気を高めた。2012年4月時点で、エルの動画は1億1400万回、ブレアの動画は1億8900万回視聴された。

　YouTubeの検索で「ホールビデオ（haul video）」と入力すると、若いビデオブロガーがショッピングの録画ビデオや仲間に自分の意見を述べているところをアップロードした動画が、35万件以上もヒットするだろう。しかし、エルとブレア・フォウラー姉妹の場合は、その成功によって同世代の人たちに名前が知られ、化粧品、洋服、そして宝石類を選ぶ際のインフルエンサーとして認知されるようになった。フォウラー姉妹が思いついた同世代の層に訴えかける魔法の公式はいまや現実の仕事となり、テレビコマーシャル、雑誌広告、店内の販促活動やその他の従来型バラ撒き広告よりはるかに強い影響力をもっている。

　一方、バンカメのプロモーション・ビデオは最高で1万1965回閲覧されたが、それはバンカメがYouTubeにカネを払ってから後のことだ。しかしながら、バンカメに関する数値で最も興味深いのはこれではない。「バンカメが私をクビに

206　Part 02　銀行の再構築

したわけ」というタイトルの不満を抱えた元従業員のビデオは、45万3006回も視聴された。顧客支持や顧客とのつながりが弱い企業だとこういうことになる。

　ソーシャルで顧客支持や透明性の強いWeb2.0の世界で、新しいメディアで信頼を獲得したければ、フォウラー姉妹のような強力な支持者が必要だ。しかし、顧客支持を受けたり、企業のことを肯定的に話してくれたりするファンをつくる最もよい方法は、その人たちにすばらしいサービスを提供することである。収益性の最適化につながる評価指標しかもたない銀行には、その実現は難しい。その特定顧客がウェブサイト、コールセンター、支店を訪れてくれたのを、他の人と区別できないからだ。

　大衆の中にいるインフルエンサーのデータを銀行口座やクレジットカード番号にひも付け、彼らに接する顧客サービス担当者やテラーや営業担当者に対して、メッセージが組織内で確実に伝わるようにするというのは、夢物語のような話や不可能な任務だと思う銀行が多いだろう。しかし、大衆の中にいるインフルエンサーがもたらしてくれる機会を台無しにしたくなければ、これをやらなければならない。

❖——ソーシャルメディア効果の測定可能性

　無料オンライン監視ツールを山ほど使ってソーシャルメディアの動向分析を行なっている事例は多く見られるが、ソーシャルメディアで得られた知見を、商品開発、顧客サービスや営業活動改善に具体的に生かす試みとなると困難だと、多くの企業が述べている。その主たる理由は、「企業向け」のテクノロジーが、バラバラで統合されていないことだ。

　ここで留意すべきなのは、企業でのソーシャルメディア利用とベンダーの「企業向け」ソーシャルメディア技術開発の歴史は、まだ3〜4年にすぎないということだ。それにもかかわらず、顧客とのつながり度合いの指標である**メンション、いいね！、ファン、フォロワー、リツイート数の計測**に始まり、新規顧客獲得や既存顧客からの追加収益獲得につながったやり取りや会話の数を収益指標に組み込むことまでの、一連のROIに関するループを完結させることが、企業にとって2012年の重要な戦略目標になってきている。

　現在可能な最善策は、モニタリングと顧客関係の深化である。何が語られているかに耳を傾け、ポジティブに反応し、オープンであることを示す。なぜか？ソーシャルメディアがこの先どう発達しようが、信頼とは、大衆との対話や

オープンなコミュニケーションによってのみ築かれるものだからだ。まだこのゲームに参加していない者にとって、よい席につくのはどんどん難しくなってきている。

　人々が銀行を好きか嫌いかを見分けるための技術的な解決策はない。可能なのは、人々に対する話しかける方法を変えることだけだ。

クラウドソーシング——大衆の力を利用する

　新商品やサービスの開発の仕組みとして、クラウドソーシングを使うという手法が存在する。開発された商品やサービスはすぐに顧客に受け入れられる。なぜなら、大衆のために大衆が開発しているからだ。

　オーストラリアのコモンウェルス銀行は、銀行での顧客体験を向上させるアイデアを一般から募集し、議論し、投票させるという施策を行なった。このウェブポータル（アイデアバンクと呼ばれた）を通じて、同行は実質的にR&D部門を立ち上げようとしたわけだ。そこでは顧客が、ブレーンストーミング参加者、ベータ版のテスター、そして駆け出しの発明家の集団となる。

　コモンウェルス銀行は、最もよい「アイデア」の創出者に対して賞金1万ドルを提示した。1万ドルを手に入れたのは、アンドリュー・デーンというブリスベンのハーストン出身で22歳の工業デザイン科の学生だった。彼は、電子領収書のアイデアを提案した（スクエアみたい、というご指摘があるかもしれないが）。しかし、これはまだほんの序章だ。コモンウェルスは、カッチング（Kaching）という電子メール、フェイスブック、そして、携帯電話番号を介したP2P決済が可能なモバイルアプリの例にならって、より多くのアイデアを募集したいと考えているのだ。

　このアイデアを集める場やクラウドソーシングによる顧客との関係深化を図る基盤というコンセプトは、いまに始まったものではない。実際にコモンウェルス銀行のアイデアバンクは、その5カ月前に開始されていたファースト・ダイレクトの「ラボ」に非常によく似ている。

　ファースト・ダイレクトは、クラウドソーシングの力を活用した英国初の金融サービス・プロバイダーだ。公式基盤であると記載されている。「商品デザイン、サービス、ウェブコンセプトなどのコンテンツが毎月創出されます。ユー

図8-5 悪いほうではなくよいほうに大衆の力を活用しよう

出所：ワシントンポスト

ザーはこれらのコンテンツをフォーラムへのコメントなどを通して評価することができ、そのコメントはリリース前に商品やサービスを開発しているチームへフィードバックされます」

　顧客の金融サービス業との関わり方を理解するのは難しいし、コストもかかる。クラウドソーシングはそれを容易にするツールとして有用と思われるが、それは媒体の評価が高く、顧客とのつながりの強い企業に限られる。一方で顧客に、自分の意見を聞いてもらえている、自分の意見には価値があると感じさせていれば、企業は低コストで変革を推進することができる。変革は組織の内部からも外部からも、どこからでも起こりうる。それが顧客から直接提供されるなら、それ以上のことはないだろう。

　こうした質疑応答のコミュニティを設けることは、顧客満足度を向上させ、顧客との関係を育ててつながりを深めることに加え、大きなコスト削減につながる可能性もある。その理由は、商品開発で多額の無駄な出費をする前に、製品の不具合を修正したり、不要なアイデアを取り下げたりすることが可能になるからだ。

　英国以外にも、シンガポールのDBS銀行とオーバーシーズ・チャイニーズ銀行（OCBC）でも、ジェネレーションYとの関係を深め、商品開発やテストにおいて大衆とつながる施策に注力したよい例がある。

　2010年6月、DBS銀行は「私がデザインする銀行」と銘打ったコンテスト実施を告知した。

図8-6　ファースト・ダイレクト

大衆との定例的なやりとりのためにクラウドソーシング基盤を提供した最初の企業である
出所：First Direct UK

「現代の若者は、自信家で自己主張が強く、権利も主張します。彼らのライフスタイルとニーズは時代とともに進化しており、もはや過去のコミュニケーション手段は通用しません。私たちは彼らに、もっと彼ら自身の意見を言い、未来の支店に関する見解を述べ、DBS銀行が彼らのバンキングニーズに対応できるベストの方法について話してもらいたいのです」
——DBS銀行リテールバンキンググループ代表、ジェレミー・スー

　このコンテストでは26歳以下と27歳以上とでグループを分け、5000シンガポールドルから3000シンガポールドルまでランク別の賞金が用意された。コンテストそのものは年齢を問わずアイデアを募集したが、その80％が26歳未満の人々から応募されたものだった。最も若い応募者は10歳だった。
　提出に当たり主に使われた手段は、フェイスブックの特設ページだった。
　その結果は、現在**DBSリミックス**と呼ばれている新しい支店のデザインとして使われている。
　オーバーシーズ・チャイニーズ銀行は、シンガポールという非常に競争が激しい市場において、DBS銀行に負けじと、支店のデザインを新しくしただけでなく、新しいジェネレーションY向けのブランドの立上げにクラウドソーシングを活用した。
　その結果が、オーバーシーズ・チャイニーズ銀行の**フランク**というブランド

図8-7　DBSリミックス支店

クラウドソーシングをインプットとしてつくられたもの
出所：DBS銀行

図8-8　フランク（入り口）　　図8-9　フランク（店内）

出所：オーバーシーズ・チャイニーズ銀行

だ。フランク（またはフランクOCBC）は彼らが狙ったジェネレーションYの顧客の中で、「"熱狂的な"ブランド」を確立したすばらしい成功事例である。

　顧客との関係を深化させたいのであれば、新商品、支店のデザイン、そして、顧客関係を深化させるためのアプローチの方向性を、顧客自身に選ばせればよい。それで失うものはないのだから。

結論：これまでの話が意味するところ

　ソーシャルメディアはビジネスや顧客経験の主要部分に組み込まれつつあるなかで、一般的に銀行はその動きが非常に遅い。今後2～3年のうちに顧客支持

（アドボカシー）は、ソーシャルの「クラウド」の中での銀行の価値や知名度を測るための新しい指標として、支配的なものとなるだろう。そうなれば銀行は、顧客による推薦やブランド好感度の向上に取り組むようになるだろう。

バンカメは、2011年のバンク・トランスファー・デイで標的となったときに、成長を支える面でも企業を攻撃する面でも、ソーシャルメディアによる対話が驚くほど強力なツールであることを理解した。

私たちは、友達や自分のネットワークからの推奨が、ますます多く検索エンジンに組み込まれていくのを目にするようになるだろう。また、友達の「いいね」に基づいたブランド選好情報が場所と組み合わさり、位置情報ツールに記録されるようになるのを目にするようになるだろう。

今後、ソーシャルの世界で強力な顧客支持を得ることが、企業が追求する目標となっていくだろうが、このことは多くの複雑性をもたらすことにもなる。どんな規模の銀行にとっても、市場シェアを上げそれを維持していくための課題は、ブランド・プロミスの実現である。ここで初めて、マーケティングと顧客サービスが、この新しい指標と直接つながることになる。顧客満足を得ることが強いブランド支持につながり、それがまた顧客満足に回帰する。

そうなれば、組織全体での顧客支持向上への取組みが実現し、それが口コミ代理人である主要なインフルエンサーによって、ソーシャルメディアにポジティブに反映される。まさにこれによって、マーケティングと顧客サービスの双方にまたがる新しいブランド・マネジメント機能がリテール銀行に創出されることになろう。そこでは、ツイッター、フェイスブック、グーグル・プラスといったツールが活用され、より幅広くブランド認知を向上させていく。

トップマネジメントが、組織内の全員がブランド支持者となって対話に参加しうるのだということを理解すれば、企業組織は、職場でのフェイスブック等へのアクセスを拒否するのではなく、よりよい顧客関係深化モデルとソーシャルメディア指針の開発に取り組めるようになるだろう。

「会話」は今後2〜3年の大きなテーマとなるだろう。現在のプロセスが顧客を銀行の指示に従わせるものだったり、顧客サポート機能が支店やコールセンターに限定されていたりするような銀行にとっては、オープンで透明性の高い対話を通じて、顧客に話しかけて問題を解決することは、大きな課題となるだろう。今後私たちは、顧客サービスが次第に幅広く分散していくのを目の当たりにすることになるだろう。

ソーシャルメディアを使うことは、サポート、ブランド構築、顧客関係深化、リサーチなどのいずれでも大きな利点がある。しかし、最も大きなソーシャルメディアの力とは、顧客とつながり、顧客が銀行をどう思っているかを把握できることなのは明らかだ。ただし、ここで要注意なのは、大衆は移り気であり、これまで企業が行なってきたような力ずくのやり方では統制できないということだ。巧妙さと透明性が、ソーシャルメディアによる関係深化を成功させるカギである。

　銀行は、フェイスブック、ピンタレスト、ツイッターなどの活用とは、新しいチャネルを通じて昔ながらのメッセージをばら撒くことではないと気づき始めている。そうではなく、企業、商品、そして顧客満足に関する対話を育むもののひとつとしてとらえ始めている。

　人々を幸せにすることで企業は非常に強いブランドを手に入れられる。それを無視するなら、危険を覚悟することだ。

［注］
1) New York Times：http://www.nytimes.com/2006/10/15/business/yourmoney/15friend.html?_r=2&oref=slogin&pagewanted=print
2) O'Reilly Media, Wikipedia
3) http://news.bbc.co.uk/2/hi/business/4695495.stm
4) Facebook.com：https://www.facebook.com/note.php?note_id=125834784133334
5) Businessweek：http://www.businessweek.com/technology/content/mar2009/tc2009031_743025.htm
6) http://blog.mlive.com/elections_source/2008/03/mccain_raises_11_million_in_fe.html
7) http://articles.latimes.com/2008/mar/07/nation/na-money7
8) http://www.mtv.com/news/articles/1669903/beyonce-lady-gaga-vma-twitter-trends.jhtml
9) Los Angeles Times：http:///www.latimes.com/business/technology/la-twitter-super-bowl-46-new-york-giants-new-england-patriots-eli-manning-tom-brady-madonna-20120206,0,1184572.story
10) フェイスブック（NASDAQ: FB）は2012年6月末頃に32.50ドル付近で売買されており、市場総額は700億ドルに非常に近かった。公開価格の38ドルからは下がっており、株価は最近では20ドルまで下がっている。
11) Bain & Company「ソーシャルメディアを機能させるために（Putting Social Media to Work）」（http://www.bain.com/Images/BAIN_BRIEF_Putting_social_media_to_work.pdf）

12) iCrossing：http://connect.icrossing.co.uk/facebook-hit-billion-users-summer_7709
13) eMarketerより引用。http://therealtimereport.com/2012/03/06/forecast-twitter-to-grow-4x-faster-than-facebook/
14) TechCrunch Analysis：http://techcrunch.com/2012/07/31/twitter-may-have-500m-users-but-only-170m-are-active-75-on-twitters-own-clients/
15) SocialMediaToday、2011年2月12日：http://socialmediatoday.com/craigthomler/269570/learning-social-media-policy-mistakes-commonwealth-bank
16) 米国人の57％はソーシャルネットワークに加入しており、ソーシャルネットワークはコンテンツ創造と共有のプラットフォームとしてナンバーワンとなっている（Universal McCann, 2008）。
17) New Statesman「2011年の重要人物50人（50 People Who Matter 2011）」（http://www.newstatesman.com/blogs/2011/09/han-popular-blogger-star-china）
18) Los Angeles Times：http://www.latimes.com/business/technology/la-fi-tn-justin-bieber-twitter-king-20120703,0,1667104.story
19) Bain & Company「ソーシャルメディアを機能させるために（Putting Social Media to Work）」2011年9月12日
20) Forrester, Customer Advocacy 2010：How customers rate US Banks, Investment Firms, and Insurers：http://www.forrester.com/Customer+Advocacy+2010+How+Customers+Rate+US+Banks+Investment+Firms+And+Insurers/fulltext/-/E-RES55483
21) 「信頼度が最も低い米国銀行（The Least Trusted Banks in America）」New York Times、2010年2月3日

Part 03

The Road Ahead—Beyond Channel

未来への道
──チャネルを超えて

Chapter 09 Living with Continuous Technology Improvement
進化し続けるテクノロジーとの付き合い方

　1965年4月19日、インテルの共同創立者であるゴードン・ムーアは、『エレクトロニクス・マガジン』誌に「集積回路への搭載部品数の増大」と題する論文を寄稿している。その論文の中で、彼は、コンピューティング能力に関する法則が40年にわたって成立していると述べた。その法則は、現在および近未来のテクノロジーの発展を推進するものだ。

> 「最小部品コストの複雑性は概ね年に2倍の速度で向上する……この比率は、短期的には上昇しないまでも継続するものと確実に予想される。長期的には、増加スピードはやや不確実になる。ただし、少なくとも10年間のうちにこの安定が崩れることを信ずるに足る理由はない。つまり1975年には、最低コストの集積回路1個の部品数は6万5000個になるということだ。私はこの規模の回路が1枚のウェハー上に構築可能だと考えている」
>
> ──ゴードン・ムーアの予言（1965年）

　「ムーアの法則」という言葉は、1970年にカルテックの教授で超LSIのパイオニアであるカルヴィン・ミードが初めて使ったものとされる[1]。これが意味していたことの本質は、**ムーアはコンピューティングのパワーは2年で倍になる**と予想したということだ。この法則は1965年以降成立し続け、伝統的なコンピューティング基盤の発展の基礎となった。つまり、1965年以降、私たちはコストの低減とマイクロチップの計算能力の向上について安定した予想が可能となったということであり、この予言は実現し続けた。

図9-1 ゴードン・ムーアがトランジスタの発展を予測したグラフ（オリジナル）

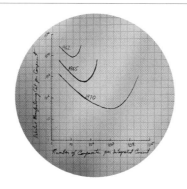

出所：インテル

　具体的に見よう。1965年には、集積回路に詰め込めるトランジスタの数は10個だった。1971年には2300個のトランジスタを内蔵したインテルの4004マイクロプロセッサが登場した。1978年、インテルは8086マイクロプロセッサを発売し、IBM PCが誕生した（最初のIBM PCが使用したチップは8088だった）が、このチップは2万9000個のトランジスタを搭載していた。2006年、インテルのイタニウム2プロセッサは、17億個のトランジスタを内蔵している。現在のチップには150億個を超えるトランジスタが入っている。進化の度合いをもう少しわかりやすくしてみよう。現在のトランジスタは非常に小さく、ピンの頭の上に何百万個も収まる。60年代のトランジスタ1個が通常1/2×1/4インチであった時代からは非常に大きな変化である[2]。こうしたことが起こっている一方で、トランジスタのコストもムーアの予言に正確に沿って、対数的に低下していった。

　実質的には、1970年代のメインフレーム・コンピュータは1台100万ドル以上していたが、その計算能力は、現在の平均的なスマートフォンよりも低いということだ。

　これがムーアの法則の現実だ。ムーアの法則は、それが洗濯機、冷蔵庫、タブレット機器、テレビ、携帯電話、コンピュータ、あるいは電気カミソリであれ、チップやCPUを内蔵するあらゆる種類の機器に同様のインパクトをもたらしている。

　法則は、記憶メディアの進歩にもつながっている。私たちは、1テラバイトの記憶容量があるハードディスクや、64ギガバイトの記憶容量がある携帯電話をふつうに持ち歩いている。

Chap. 09　進化し続けるテクノロジーとの付き合い方 | 217

1995年に、64ギガバイトのストレージは5万ドル程度だった。同じものが1985年には400万ドルを超えていた（ギガバイト当たり約7万1000ドル）[3]。現在では、64ギガバイトのSDカードの値段は100ドルしない。例えば私は、1995年に486ペンティアムのコンピュータ用に2ギガバイトのハードディスクを約2000ドルで購入した。つまり、私たちが持ち歩くUSBメモリは、70年代の大判ハードディスクいっぱいの領域をもっていることになる。現在では2ギガバイトのメモリースティックを見つけることさえ難しい。小さすぎるのだ。

　働いている法則や原理は他にもある。例えばギルダーの法則[4]は、帯域の拡大がムーアの法則の3倍の速度で起こるとしている。今後5年間で私たちは、1ギガビット／秒の下り回線容量に対応した機器を目にすることになるだろう[5]。言い方を変えれば、携帯電話やタブレットは、2016年までには、DVD画質の映画をどこでも1分以内にダウンロードできるようになるだろう。

より速く、より小さく、より賢く

　コンピューティングのアーキテクチャ、データ保存と送信、それと並行した素材科学の進展によって、2〜3年前ならSFかと思われたようなコンピューティング機器をつくることが可能になっている。

　コンピューティングの長期的未来を予測することは、短期的な未来とテクノロジー進化のインパクトを予測することよりも、いまやはるかに難しい。現実には実用的でないほど小さな携帯電話をつくったり、持ち運び可能なコンピューティング機器がパワフルになったりして、小さな銀行のすべてのコンピューティング機能を複製し、カバンやポケットに入れて持ち運べるものに搭載が可能な領域に、私たちは現実に足を踏み入れつつあるのだ。

　ここで、リテールバンキングや、リテールバンキングの場における顧客行動について、今後4〜5年で起こるコンピューティングの進歩の主要領域について検討してみよう。

1. 「画面（スクリーン）」
2. 電子ペーパー

3. マルチタッチのインタラクティブ・ディスプレイとイメージ認識
4. ネットワーク／位置／行動／コンテキスト認識

❖──1.「画面（スクリーン）」

　現行のiPadは、アップルが命名した「革新的な」レティーナ・ディスプレイの搭載という大きなファンファーレとともに発売された。レティーナ・ディスプレイが革新的とされる理由は、人間の目には詳細をとらえられる一定の最大解像度があり、ディスプレイがその能力に匹敵するか超えるものであるためだ。だからレティーナ・ディスプレイを見ると、画像や画面の画素（ピクセル）を見分けられないくらい解像度が高い。

　なぜこれがすばらしいか。テクノロジーが、人間の知覚が画面と現実世界の像との違いを見分けられる限界に到達したからだ。もしかすると、現在の画面テクノロジーから2～3世代後には、現実世界のイメージと画面上のイメージの区別が難しくなるかもしれない。解像度と天然色だけでなく、画面の重量、サイズ、電力消費の観点からも、まさに現在、画面テクノロジーの進化に向けた取り組みが始まっている。

　過去2～3年の間に、一部の企業が、モバイル機器、テレビ、ラップトップに有機ELディスプレイを導入した。有機EL画面技術の優位点は、すばらしく明るくて極端に薄い画面で、ほとんど電力を使わずに、高い解像度、発色そして従来型液晶やプラズマ画面の能力を有していることだ。実際、解像度と画像品質は従来の画面よりもはるかに高質である。2～3年のうちには、壁紙の薄さで60インチあるテレビ画面が存在するだろう。そしてそれは、従来の平均的な電球よりも少ない電気しか使わない。これらの機器は現実に、現在市場に出回っている大半の省エネ型液晶ディスプレイの40～50％低電力で動く。コントラスト比が100万：1というのもすばらしい。

　現在までは、ソニーとサムスンが有機ELディスプレイ技術の商業化を先導している。2008年4月、ソニーは厚さ0.2mmで解像度が320×200の3.5インチディスプレイを展示した。同社は最近、21インチの平面スクリーンのテレビを展示したが、厚さはわずか1.4mmだった。サムスンも負けじと、有機ELディスプレイ技術を使って製作した、ディスプレイ画面が折りたためる携帯電話を展示してみせた。

　ソニーVAIOの「コントラスト」コンセプト[6]は、折りたたみ可能で継ぎ目の

ない有機EL画面のディスプレイとタッチスクリーン型キーボードが特徴だが、キーボードを隠して全体をディスプレイにすることも可能だ。これは高パフォーマンスの柔軟なバイオ・プラスチックでつくられ、生産されれば閉まったドアの下を通せる薄さとなる。ブレスレットとして装着できるウェアラブル・ウォークマンはもうひとつの「コントラスト」コンセプトだ。このテクノロジーの近未来の姿はQD（quantum dot）有機ELディスプレイと呼ばれ、現行の有機ELディスプレイ標準よりもさらに薄くてかっこいいものになる。非常に面白い。

3Dディスプレイはここ2～3年で一般的になったが、このテクノロジーにはさまざまなアプローチがある。3D効果を見るために専用の3Dメガネを必要としないテレビ画面をリリースしているメーカーもある。このテクノロジーの初期の商業利用にニンテンドー3DSゲーム機も入っており、プレーヤーは3Dメガネをかけずに3Dでゲームをすることが可能だ。

現在のコンピュータ・ソフトウェアは、昔の映画を3D版に変換することも可能だ。最近3Dで再リリースされた映画の中には「スター・ウォーズ：ファントム・メナス」や「タイタニック」もある。「カサブランカ」や「風と共に去りぬ」が3Dで見られるようになるのは、いつだろうか。

コーニング社は最近、さまざまな商業ガラスにおける内蔵スクリーンの使われ方を見せるビデオを出した。テーマは「ガラスの一日」だ。ムーアの法則によれば、画面のコストも低下しているため、日常生活のあらゆる場所で画面を目にする日も遠くないということになる。テーブル上、壁の上、窓への内蔵、黒板、職場の壁やパネルなどだ。SF的だろうか。今後4～5年のうちには、メディアウォールや組み込みディスプレイがあらゆる場所に配置されるのを目にし始めることになろう。2016～18年にはそれらはごく当たり前の存在となる。

❖──2.電子ペーパー

ソフト・ディスプレイや有機ELディスプレイの発展と非常に密接に関連しているのが、電子ペーパーの領域だ。これは印刷技術において、1440年にグーテンベルクが活版印刷を発明して以来の最も重要な発展とされている。

ゼロックスのパロアルト研究所にてニック・シェリドンが、最初の電子ペーパーを開発したのは1970年代のことだった。この電子ペーパーは「ジリコン（Gyricon）」[7]と呼ばれ、透明なシリコンのシート・ポリエチレンの球が内蔵されていた。マイナス／プラスいずれの負荷がかけられるかによって、球は黒か

白を示すピクセルに変化して、かなりふつうの紙らしく見えた。

　アマゾンのキンドル（Kindle）やバーンズ＆ノーブルのヌック（Nook）は、いずれもEインク技術を導入した例だ。使われているのは、電子ディスプレイとして知られるタイプのテクノロジーである。基本的には、電圧をかけて着色粒子にかかる負荷を調節し、イメージを形成する情報ディスプレイである。キンドルとヌックは、高精細のアクティブ・マトリクス・ディスプレイで、Eインク社が製造した電気泳動イメージング・フィルムでつくられている。

　しかしながら最近Eインク社は、トリトン・イメージング・フィルムを導入して、電子ペーパーの能力を引き上げた。この電子ペーパー・ディスプレイは、単なるモノクロに限定されず、ハイコントラストで太陽光の下でも読める低電力のディスプレイで、何千色も表示可能だ。Eインク社によれば、トリトン・ディスプレイのアプリケーションには次のものが含まれる。

* リーダー：電子書籍、電子教科書、電子新聞、電子マガジン、電子文書
* ワイヤレス機器：リモコン、ゲームコントローラー
* サーモスタットと産業用ディスプレイ
* モバイルのPOS機器（サインパッド）
* 店舗内サイネージ

　キンドル、ヌックや他の電子ペーパーはすでに幅広く利用されている。しかし5年後には、数枚の紙ほどの厚さしかない形状の電子ペーパーが市場に出回ると予想される。このデバイスは非常に持ち運びやすく、柔軟で丸めることができ、10時間のささやかなバッテリー寿命をもち、新聞紙、本、ウェブページを白黒またはカラーで表示可能だ。

　アマゾンのような企業は、iPadやタブレット型プラットフォームよりも、さらに安価でより紙的な経験として電子ペーパーを展開しようとしている。自然太陽光の下でも使用可能という利点は無視できない。

　2009年、サムスンはWiFi技術を使った柔軟な電子ペーパーの初期プロトタイプを提示した。それは「IN」デバイスと呼ばれ、「Innovation Newspaper」の略である。就寝前にデバイスをクレードル（受け台）に置き、内蔵アラームをセットすれば、目が覚めて朝のコーヒーとともに新しく配信されたニュースが読める。5年のうちにはこうしたデバイスが比較的当たり前の存在になるだろう。

図9-2　iPad

　フレキシブルTFTまたは薄型フィルム・トランジスタ技術によって、サムスンやソニーの同業者も、非常に薄くて柔軟で曲げられるスマートフォン、タブレット、ラップトップのデザインを試行することが可能になっている。ソニーの最新の魔法は、わずか80マイクロメーターの薄さの4.1インチ有機ELディスプレイ画面だ。比較対象としては、人間の髪の毛が100マイクロメーターの太さである。

　こうした新しい画面は、製造も非常に簡単だ。実は、使用されている有機部品は一般的な溶媒に溶けるので、画面は組み立てられるのではなく、溶媒から現実にプリントされるのだ！

　これが意味することは、私たちは日常生活でより多く画面を利用するようになり、画面が紙に取って代わって、ガラス、服、家具、台所設備などのあらゆるものに内蔵されるようになるということだ。

❖——3.マルチタッチのインタラクティブ・ディスプレイとイメージ認識

　だが、ここ2～3年のスクリーンや機器の分野で最大の進歩をひとつ挙げれば、それは明らかにマルチタッチのタッチスクリーン機能が組み込まれたことだ。もちろん、タッチスクリーン技術は何年も前から存在しているが、マルチタッチや複数の指が画面に同時に触れる使い方は可能ではなかった。マルチタッチによって、ピンチング、ポーキング、パニング等々といった独特の操作が可能になった。それらは、一度にひとつの操作しか取り扱えなかった以前のタッチスクリーンでは不可能だったものだ。そのおかげで、オンスクリーン・キーボードを入力に使用するなどのより自然な操作が可能になった。これはかなり新しいテクノロジーであり、iPhone、iPad、マイクロソフト・サーフェスな

図9-3　ソニーの最新スクリーンは鉛筆に巻きつけられる

どのデバイスとともに登場した。

　もっと最近では、触覚技術の登場が話題になっており、タッチスクリーンや機器のインタラクション能力はさらに高まるだろう。例えば触覚フィードバックによって、オンスクリーン・キーボードが、自分のタッチに反応するリアルのキーボードのごとく感じられるようになるだろう。振動技術を使えば、電話をバイブレーション・モードにしたときに起動するモーターに似たものが実現される。アップルは触覚フィードバック、マルチタッチの「マイティ・マウス」を現行のMacマウスシリーズに代わるものとして発表すると報じられている[8]。

　iPhoneの欠点として知られているのが、オンスクリーン・キーボードの使い勝手が相対的によくないことだ。ブラックベリー（RIM）やQWERTY標準キーボードに比べて、そのエラー率は突出している。Siriがオンスクリーン・キーボードへの依存を軽減する方策のひとつである一方で、触覚技術はオンスクリーン・キーボードの使い勝手の問題を解決するメカニズムになるかもしれない。触覚フィードバックによってリアルのキーボードを使用しているような感覚が得られれば、理論的にはキーボード（とユーザー）がまるで「ホンモノ」のように反応するので、入力の正確性は大幅に向上するだろう。

　こうした理由から、マウスや物理的なキーボードは今後10年で消滅する。スクリーンそのものがPCやラップトップとなり、私たちの指がマウスとなって、オンスクリーンの触覚キーボードが、入力が必要なときにそこに現れるのだ。

　その結果、スクリーンはより大きく、おそらくテーブルやデスクの表面全体のサイズとなるだろう。そして「デスクトップ」PCは、現在のディスプレイが別になったものではなく、スクリーンが内蔵され、角度が斜めの製図台的なものになる可能性が高い。無線LANの利用が普及し、ハードディスクがより固体

素子に移行するにつれて、DVDドライブはまったく使われなくなるため、コンピューティング機器は、タブレット、スマートフォン、机、壁のいずれであれ、スクリーン形態の中に収まる。

　すべてはiPhoneから始まったのだが、それで終わりではまったくない。今後7〜10年はこうした目覚ましいテクノロジーの革新が起こるだろう。したがってバンカーとしては、この革新を活用して、これらの新しい力を駆使するアプリケーションを開発することに備えなければならない。

　スクリーンの普及が進むと、当初広がる利用方法のひとつは、デジタル画面、ウォール、看板などを通じて私たちの面前により多く広告を出していくことだ。2015年には、スーパーマーケット、ショッピングモール、レストラン、医療クリニックその他のビジネスの場にある2200万の広告板が、デジタル・ディスプレイに置き換わり、それが消費者とさまざまな方法でやり取りするようになると、エレクトロニクス業界のアナリストは予想している[9]。

　これの初期の事例は、ユニリーバが製造した自動販売機で、「笑顔」を見せると、引き換えにタダのアイスクリームが出てくる。背後にあるテクノロジーは先進的なものだが、コンセプトはシンプルだ。消費者は機械に歩み寄り、笑って、冷たいご褒美をもらえる。この製品デザインでコラボしたサピエントとユニリーバの提供情報によれば、次のとおりだ。

> 「モーション・センサーは人が近くにいるのを感知すると、機械はその人を近寄らせてやり取りを行ないます。顔認識技術を使って、年齢、性別、感情などを認識し、『スマイルメーター』を使って笑いを測定します。笑い顔が十分はっきりしていれば、無料のアイスクリームが出てきます」

　だから、銀行支店のサイネージが、顧客の年齢を認識して、学生ローン、初回購入者向け住宅ローン、女性専用ショッピング・クレジットカードを提案したり、顔、性別、年齢だけに基づいて退職プランセミナーを推奨したりするのも遠い未来ではないだろう。

　現在出回っているデジタルサイネージは、2×4m（6×12フィード）くらいのハイビジョン・ビデオスクリーン、70インチのタッチスクリーン式デジタル黒板、70インチのホログラフ・ディスプレイで特製メガネなしで3D映像が見られるものや、シースルーのディスプレイで透明ガラスの枠内にカラー画像を出す

図9-4　ユニリーバのスマイル起動式アイスクリーム自販機

ものなどだ。

　小売業者は、体感型広告、デジタルサイネージ、ハイビジョン・コンテンツ、BGMや音響効果、天井のLED照明等が、顧客が来店するときに協調して反応するといったコンセプトまで実験している。

　このテクノロジーは複雑である必要はない。独自の複雑なイメージ認識ソフトウェアやカメラを使う向きもあれば、Xboxキネクトのような現在入手可能なテクノロジーを使い、ごくふつうのPCと組み合わせてイメージ認識を行なうところもある。最近発売されたサムスンのGalaxy S3では、「スマート・セイ」技術が携帯電話に組み込まれており、対面カメラが目の動きをとらえて、画面のウェブページを読んでいるかどうかを認識して、バッテリー節約のために勝手に画面が落ちたりしないようになっている。

❖──4.ネットワーク／位置／行動／コンテキスト認識

　都市部では、モバイル・データ・ネットワークやWiFi経由のアクセスができない場所（地下を除く）を見つけるのが難しくなってきている。ほとんどのモバイル機器には現在、GPSチップが内蔵されているという事実を付け加えれば、私たちが持つ機器は常時接続され、居場所がわかるようになる。

　これら位置情報テクノロジー活用に関する初期のイノベーションの中には、フォースクエアやフェイスブック、グーグル・プラスなどを使って、場所に写真をタグづけしたり、チェックインしたりするものがある。

　しかし、これらすべてを結びつけるのはコンテキストである。今後バンキン

グの核心となるのは、自分の銀行取引や金融イベントについて銀行にどうしてもらいたいと顧客が考えているかを理解する力だ。影響力ポイント・マーケティングについては後で検討を加えるが、顧客が銀行取引を行なう方法と理由を理解することが、コンテキスト・バンキングを展開するために不可欠となる。Chapter 13で詳述する。

銀行組織全体にとっての意味

　さて、バンカーのみなさんは、私がこうした未来的なテクノロジーやコンセプトを説明している理由について知りたくてウズウズしているのではないだろうか。

　単純な事実として、日々の銀行取引経験を変えるようなテクノロジー活用についてのイノベーションが止むことはない。あるとすれば、そうしたテクノロジーの進化スピードが上がることだ。それも指数関数的上昇カーブで。適応のための時間は短期化し、ビジネスへの影響度は次第に大きく破壊的になっていく。銀行ビジネスに対するアプローチを変えなければならなくなるにはまだ「時間」がある、と自分に言い聞かせて動かないままでいると、リスクは高まっていく。

　新しい革新的なテクノロジーの普及速度は、ムーアの法則、ギルダーの法則、メトカーフの法則やマズローの欲求段階の心理との関連によって影響を受ける。それには回避も、停止も、疑問の余地もない。過去100年かもっと長い期間にわたって、普及期間は短縮を続けている。ムーアの法則の登場が普及サイクルのスピードアップを主導し、ウェブがそれをさらに加速した。モバイルなスマート機器、ソーシャルメディア、常時IP接続、無線接続が、普及期間をさらに短縮している。

　金融サービス産業が、旧式のモノ、チャネル、テクノロジーでつくられている伝統的なリテールバンキングの仕組みを維持することは不可能である。なぜなら私たちは、グローバル金融危機や「大恐慌」よりも破壊力の大きなものに直面しているからだ。目の前にあるものは、インターネットの「ブーム」よりも、その進化においてさらに容赦がない。銀行が直面しているのは、顧客行動力学の全面的なリエンジニアリングと、消費者レベルで起こる金融への関わり方の全面的な変化である。営業店、ATM、現金、小切手といった昔馴染みのものと

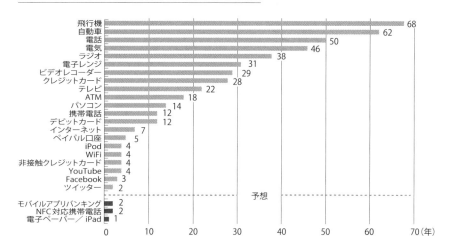

図9-5　普及期間の短期化とイノベーションの関係
　　　　——ユーザー数5000万人に達するまでの年数

ともにある従来のバンキングの世界は、このままではもたない。理由は、変化のペースが急激に加速していて、誰もそれから逃れられないからだ。

端的にいえば、変化のスピードが、何よりも「銀行」という言葉の意味するものを破壊しようとしているのだ。

多くの面で、新興企業群の方が新しいテクノロジーを駆使するための道具立てに優れているようで、それが消費者行動と業界の間に存在する大きなギャップを埋めている。銀行業務は、テクノロジー、顧客経験、購入に至るプロセスを通じて再配置される。バンキングとは、行くべき場所から、するべきことへと進化するのだ。

いまでも支店訪問を好む「正常な」顧客はたくさんいる、と主張する向きもあるだろう。いまだに小切手を使う顧客だ。しかし、こうした顧客層は減少の一途である。こうした顧客行動を何よりも大事にするなら、そのビジネスはひたすら縮小に向かう市場にいるということだ。そして、こうした主張に逆行する数字が明らかになる。現実には、最もロイヤルな昔からの顧客でさえ、以前のように頻繁に支店を訪れなくなり、小切手数は不可逆的に減少し、最高齢層の顧客でさえインターネットにシフトしつつあるのだ[10]。

「正常な」顧客への回帰は決して起こらない。私たちはBank 3.0の新しいパラダイムの中にいる。新しいテクノロジーの能力と利用可能性が高まることと、そ

Chap. 09　進化し続けるテクノロジーとの付き合い方　|　227

うした新しい道具に目がない顧客の存在に基づいた、継続的で容赦のない変化……これが新しい世界秩序なのだ。

　この部分が複雑である。

　間もなく主流となる現在の顧客世代について見ると、フェイスブック、iPhone、インターネット、NFCといったバンカーが目新しいと感じるものは、現在のY世代顧客にとっては別に新しいものではない。ふつうに存在するものだ。インターネット、モバイル、ソーシャルメディアやマルチタッチなど、あらためて覚える必要はない。それは生活を営む方法だ。ふつうではないのはバンカーのほうだ。

　さて、現実には、**銀行は消滅しない**。しかし、金融システムの日々のオペレーションにおけるその役割は変化することになる。

　現金の取り扱いや小切手処理を行なわなくなったとしたら、リテール銀行の役割は何だろうか。金融商品、信用メカニズム、おカネを預ける場所等々といったものはすべて役割として残る。ところが、それらの流通の仕組みはテクノロジーによって完全に覆される。ビル・ゲイツ氏の「バンキングは必要かもしれないが、銀行は……」という言葉のとおりだ。

　スクエア、ペイパル、シンプル、ムーブンバンク等のサードパーティのプレーヤーが、伝統的なバンキングのインフラを徐々に侵食しつつある。銀行はその存在をかけて戦わねばならないかもしれない。その格好の例となっているのがペイパルだ。12年が過ぎた現在も、ほとんどの銀行はペイパルを新参者だと考えているが、同社はいまやインターネット上で利用される第一位の決済プラットフォームなのである。ドゥオラ（Dwolla）などの新興企業はペイパルを既存プレーヤーととらえており、そのビジネスを覆そうとしている。

　したがって、銀行は、顧客のおカネのバーチャルでデジタルな預け場所として非常に優れたものとなり、いつでもどこでもそのおカネへのアクセスを可能にしなければならない。しかし何よりも、銀行はすばらしいサービス企業である必要がある。なぜなら、追い上げているサードパーティのチャレンジャーたちは、疑いなくより機敏で、顧客とその行動に対応する適応性が高いからだ。

　銀行が、顧客意向や最新機器を活用する時代に合った仕組みに取って代わられないようにする唯一の方法は、今後、イノベーションや新しい方法・手段の実験やテストの手を止めないことだ。私の言うことが壊れたレコードのように聞

こえたらお赦しを……。

おっと、Y世代やデジタル・ネイティブの人たちには、壊れたレコードが何かをここでは説明しない。おじいさん、おばあさんに尋ねてください。

KEY LESSON

テクノロジーは、指数関数的進化が当たり前の段階に到達したように思われる。新しいテクノロジーの普及速度はうなぎ上りで、価格は低下しているため、これらのテクノロジーを手にできる人が増えている。

有機ELディスプレイ、フレキシブル基板やチップなどの新素材の科学は、機器の製造や設計にまったく新しい可能性をもたらしている。無線技術の普及が進むにつれて、私たちが持つ機器は、ネットワーク・アクセスによってよりインテリジェントになっていく。

インターフェイスのメカニズムの刷新、拡張現実、そして日常経験にテクノロジーが一体化していくことによって、テクノロジーの進歩はビジネスを行なう上で当たり前の前提であり続けるだろう。

カギとなるのは、価値を提供すること、ただしそれを適切かつコンテキストに沿った方法で行なうことである。それは、デジタル・ウォール、携帯電話やタブレットでより多くの広告を押しつけることではない。顧客の行動、現在行なっていること、金融機関に案件や商品を求める理由等を理解し、その行動やニーズの兆候に対応することだ。

テクノロジーは特殊なものではなく、消費者にとって使うかどうか選ぶものでもない。テクノロジーは、Bank 3.0の世界においてバンキングを行なう方法なのだ。現在の顧客にとっての日々のリレーションシップを築く中心チャネルなのである。

支店がこれにうまく太刀打ちする術はない。

未来はどうなるだろうか。その未来は金融業界のサービス・プロバイダーにどんなインパクトをもたらすだろうか。そして私たちはどんな準備をすればよいだろうか？

[注]

1) 「ゴードン・ムーアとの対話：ムーアの法則（A Conversation with Gordon Moor: Moore's Law）」（Intel Corporation, 2001）、p.1からの抜粋。
2) IBM：History of Transistors, IBM 1401
3) mKomo.org「ストレージ価格の歴史（A history of storage costs）」（http://mkomo.dom/cost-per-gigabyte）
4) 以下を参照。http://www.netlingo.com/word/gilders-law.php
5) 以下を参照。Wikipedia.org.articles on WiMax, 4G, UMTS, and Spectra Efficiency of long-range networks utilizing 802.11, 802.16 and 802.20 standards
6) SonyInsider.com
7) Wikipediaのジリコンの項目
8) Geek.com「アップルには動かす必要のない強力なマウスがある（Apple has a mightier mouse that needn't be moved at all）」2009年10月5日
9) USA Today「デジタルサイン革命（Digital Sign Revolution）」2012年4月11日
10) Pew Internet Researchは、フェイスブック上で最も増加している層は50歳超の年代であることを示した。（http://www.pewinternet.org/Reports/2010/Older-Adults-and-Social-Media.aspx）

Chapter **10** A Land in the Data Cloud

データはクラウドへ

　2011年、グーグルがクロームブックを発表した。従来型のハードディスクを搭載しておらず、ソフトウェアもハードコードされていないノートパソコンである。フラッシュメモリー上で稼働するのは、グーグル・クロームOSとウェブに接続するための基本機能のみである。データはすべてクラウド上に保管され、ソフトウェアを使用する場合もクラウド上でアクセスする。文書作成や表計算ソフトを使う必要があるだろうって？　クロームブックを起動してウェブに接続し、コンピュータ上で必要な文書にアクセスするだけでよい（訳注：Google Chrome OS〈グーグル・クローム・オーエス〉はグーグルが開発しているオープンソースのオペレーティング・システム）。

　モバイル化が進むと、私たちが行なうことの非常に多くの部分が、デスクトップPCやノートパソコン、ネットワーク・サーバーから切り離される必要性が高まる。ひとつの例は、移動中に自分のデータやアプリケーションにアクセスできることだ。特定の場所にある物理的な機器にデータが縛り付けられている場合は、そうはいかない。だから、持ち運びできるようにノートパソコンの能力を向上させることがこれまでの流れだった。しかし、ノートパソコンだと持ち運びには便利でも、企業データへのアクセスやセキュリティ問題への対応の必要性は、依然として存在する。

　ノートパソコンはもはや、最もよく使用する機器としての地位を失いつつある。私たちは個人レベルでは、分散型コンピューティングのパラダイムへと移行しつつある。タブレット・コンピューティングは非常な勢いで成長している。モバイル機器の販売台数はすでに従来型PCを上回っているし、タブレットの販

図10-1　主なインターネットサービス企業はクラウドサービスが主体になると予想している

売台数がPCを超えるのもあと2～3年だろう。人々の生活様式のモバイル化が進むにつれて、データにすぐにアクセスできることが不可欠になる。複数の機器にある自分のアドレス帳を同期化させようとした経験がある人なら誰もがわかることだが、現在はこの作業はうまくいったりいかなかったりと不安定だ。さて、これを個人の医療データや財産のデータ、重要な企業情報、購買履歴情報、好みの映画・音楽等の情報まで拡張するとしよう。モバイル環境でこれら重要情報にアクセスするにはどうしたらよいだろうか。

　こうしたことから、グーグル、IBM、マイクロソフトなどの企業が、**クラウド・コンピューティング**の分野に大きく力を入れている。クラウド・コンピューティングとは、インターネットと集中リモートサーバーを使って、データとアプリケーションを運用管理するものである。ユーザーは、アプリケーションを機器に導入しなくても使用でき、インターネットに接続する機器を使って、どこからでも自分の個人データやファイルにアクセスできる。クラウド・コンピューティングでは、ユーザーはブラウザを介してアプリケーションとデータにアクセスし、ストレージ（記憶装置）を最小化したり、自分の機器側で重い処理能力をもったりすることなしにクラウド側で処理させることが可能になる。ただし、迅速な応答を得られるかは、ネットワーク帯域性能にかなり依存する。

　PCとノートパソコンでは、まだウィンドウズが主流で80%を占めているが[1]、PCの存在意義が薄れているということは、ソフトウェアおよびプラットフォームの競争の世界で、マイクロソフトがもはや全能ではなくなったことを意味して

いる。グーグル社のアンドロイドとアップル社のiOSが、ウィンドウズの実質的な競合製品だという見方もあるが、モバイル機器が急激に躍進している現状に照らせば、PCのオペレーティング・システムは、今後のコンピュータの世界では、もはや重要な推進要素ではないということだ。こうした理由から、マイクロソフトはウィンドウズ8において、機器に「依存しない」、本当の意味でポータブルな世界、つまり、タブレット、モバイル、PC、ゲーム端末、テレビなどを起動したら必要なデータにアクセスするための共通のインターフェイスが提供される世界へと、オペレーティング・システム戦略を変更している。賢明な戦略変更だ。

数多くの企業がクラウドサービス、つまり、ウェブベースのアプリケーションをデータセンターに配置したものを提供しているが、中でもフェイスブック、アマゾン、マイクロソフト、グーグル、IBM、アップルはなかなかすばらしい。これらの企業は自社のグローバル・ネットワークとデータセンターを構築した上で、さまざまなクラウド上のサービス提供に取り組んでいる。

最近のクラウド戦略の成功事例は、インターネット上のストレージ、データおよび転送というシンプルなものだ。DropBox™（ドロップボックス）、YouSendIt™（ユーセンドイット）、Flickr（フリッカー）といったクラウドサービスが、データ保管、移動、管理の分野で急速に成長している。当然のことである。データ・ストレージは安価で豊富なのだから。

私たちはこれまでにムーアの法則について述べ、通信網に関するメトカーフの法則や、ネットワーク帯域幅とデータ伝送能力の増加に関するギルダーの法則についても多少議論してきた。近い将来にはこれらすべてが相まって、私たちの機器が常時接続となり、ストレージ容量やデータ検索と伝送等、必要なすべての能力が使えるようになる。そうなれば、各ローカル機器のストレージに保存したデータやファイルは不要になり、クラウドに常時接続可能な機器が主流となる。いまや、個人情報、私的・公的データ、アイデンティティおよび関連情報など、多くの情報がオンラインストア経由で常時共有されているのに、複数の機器間でファイルを伝送したり、スマートフォンで定期的に同期処理をしたりする必要が果たしてあるだろうか？　すべての機器がクラウド上の同じデータに接続するようになれば、複数の機器間での同期処理やファイル転送処理は一切必要なくなる。

❖──クラウドサービスのプレーヤー

　どのサービスが有力で、どの収益モデルがクラウド・コンピューティングを牽引するかは、まだ答えが出ていない。企業にとってのクラウド採用のビジネスケースはシンプルなもので、基盤費用を減らし、プラットフォームとアプリケーションの費用項目を設備投資から営業費用に変更すればよい。昨今の経済環境からすれば、このアプローチは有望なはずだ。さらに、クラウド型のデータセンターとリモートからのアクセスによって、より機動的で多様性のある就労モデル（例えば、テレコミューティング〈在宅勤務〉、ホームショアリング〈在宅勤務型のアウトソーシング〉、ポータブル店舗、移動式店舗など）を検討する機会がもてる。

　あなたがいま、この本を読んでいて、銀行ビジネスにおけるクラウド採用の可能性を懐疑的に思うのであれば、こう考えてみてはどうだろうか。現在、クラウド・コンピューティングサービスの分野で最も成功している企業は、約10億人のユーザーをもつ、フェイスブックだと考えてほぼ間違いないだろう[2]。フェイスブックはブラウザやアプリ上で稼働し、ユーザー同士がオンライン上で連携し、情報共有し、会話することが可能だ。これらはすべて、ビジネスの世界でも求められることである。

　企業の意思決定者の立場にある人は、主な基盤やプラットフォーム、アプリケーションがクラウド上で稼働した場合、社員がより創造的に生産性高く仕事をこなすことができ、あなたの企業が提供するサービスに顧客が広く自由にアクセスできるようになるかどうかを検討する必要がある。クラウド・ソリューションは、一企業専用基盤と同様のセキュリティを確保することも可能であり、また、分散性、機動性や、より高次の間接業務サービスといった便益を享受できる。

　コンピューティングやストレージ機能に加えて、顧客管理、営業人員配置その他あらゆる機能に対応可能なアプリケーションを必要に応じてレンタルすることが可能となるため、CIOは、企業が巨額の先行投資を行なわなくても、新しい市場機会をつかむのを支援することができるようになる。

　クラウド・コンピューティングに関してさらに興味深いことは、決済機関としての銀行の役割がどう変わるかという点である。消費者や企業間での決済処理の大半がクラウド上で行なわれる場合、銀行が顧客に提供している同様の決済

サービスは実質的に冗長なものとなってしまう。何といっても、すでにペイパル（PayPal）はクラウド上に存在しているのだ。

このように、クラウドは、世界の金融サービス企業のCIOにとって最重要施策となってきている。2011年に報告されたガートナー・レポートによると、EMEA地域（欧州、中東およびアフリカ諸国）の44％の金融サービス企業のCIOが、2015年までに自社の取引の50％以上を、クラウド基盤で提供するようになるだろうと予想している。

> 「特に金融サービス業界においては、初期のクラウドの採用は、主要でないビジネスや実証実験に限定されるかもしれない。しかし、クラウド利用が主流になることは確実であり、ビジネスや取引企業や処理そのものの中核へと進むことになろう」
> ——ピーター・レッドショー、ガートナー社マネージング・バイスプレジデント

❖——サービスはクラウドに移行する

今日稼働している多くの国際金融ネットワークシステムは、独自システムか、またはインターネットが主流になる前から稼働している、独自ネットワークの拡張システムである。例えば、銀行ATMネットワークは、銀行独立系か取引サービスの「ネットワーク」であり、かなり限定的な独自のネットワークである。SWIFT銀行間決済ネットワークは70年代から[3]、つまり、今日私たちが目にするIP層ネットワーク技術よりはるか昔から存在している。

ビザやマスターカードの独自決済ネットワークは、POS端末や背後にある決済システムや、銀行システムに接続している。ビザ、マスターカード、アメックスなどの企業は、ここ数年でIP接続に対応したが、大半は独自ネットワークシステムのままであるため、「インターチェンジ」手数料などの課金が可能となっている。Giro（ジャイロ。シンガポールの国内口座自動決済の制度）をはじめとした国内および地域決済ネットワークや、SEPA（Single Euro Payments Area、単一ユーロ決済地域）ネットワーク、米国ACHネットワーク（Automated Clearing House、米国内銀行（証券）間小口決済システム）も同様で、独自ネットワークとして運用されているが、最近はIP接続に対応している。

これらの独自ネットワークが、今後数年間のうちに統合されクラウド化するのは必然である。これらのネットワークの多くは実際、すでにかなりの程度IP

層アーキテクチャを採用しているので、それで十分だという主張も可能だ。しかし、ビザやマスターカードのネットワーク、さらにSWIFTネットワークにとってさえも、おそらく、クラウドは大きな脅威となるだろう。さらには、新たな競合相手が、独自性の低いシステムを選択して、従来の電子決済を迂回するような組合せとともに出現する可能性もある。

例えば、POSシステム、販売業務統合、カード決済の分野では、物理的な「カード読み取り」処理パラダイム全体が、デジタルワレット（電子財布）への移行という脅威に直面しているという議論がある。現行プレーヤーたちは、プラスチックのカードからモバイル機器へ、カード読み取り処理からモバイルでタップする操作への秩序ある移行を望んでいる。しかし、アップル社やスクエア社をはじめとする企業が最近示したとおり、ここで問われているのは、レジ機器やPOS端末の必要性の是非なのである。

マスターカードとビザが最近発表したデジタルワレット・プラットフォームは、こうした動きを部分的に受け入れ、デバイスやアプリケーション、使用パターンに依存することなく広範囲に対応することを意図している。

一方で、バンキングの機能は、オペレーションの本質的利便性と、場所・時間を問わない必要時の取引実行力で評価される可能性が高いため、顧客とつながるブランドを構築するためには、銀行商品・サービスとその提供プロセスをクラウド上で提供することが絶対的に不可欠となるだろう。シティバンクをはじめとした銀行は、すでに戦略的な対策に着手している。

シティバンクはオンライン決済戦略を拡張して、ペイパルなどの新しい決済サービス企業に対して、銀行免許と同様に決済処理の基盤となるAPI（訳注：アプリケーション・プログラミング・インターフェイス。アプリケーション〈ユーザーのプログラム〉がOSや他のアプリケーションの公開機能を使うためのインターフェイス。アプリケーション開発の手間を省くことができる）の提供を行なっている。提携企業間の連携方式としては、独自のプロセスやインターフェイスを構築するというのがこれまで一般的だったが、シティバンクでは、複数の提携先企業がアクセスしやすいように、共通の公開インターフェイスでの連携方式に変更している。この変更の第一の目的は、提携先と決済システムを統合する際に複雑なやり取りが発生するのを回避することだが、さらに、セキュリティや堅牢性も担保されている。

「テロの脅威もあり、マネーロンダリングの脅威もある。シティバンクは149カ国で銀行免許を得て、各国の法規制に準拠している。このため企業施策を変更するのにかなり時間がかかるのだが、一度施策変更を実施すれば強力な経営基盤となる。この領域が、銀行業界がいつも苦労している部分だ」
——ヨビー・ベンジャミン、シティバンク最高技術責任者、グローバルトランザクションサービス[4]

　規制と現行レガシー・システムは、統合や変革を推進する上での障害になるといわれるが、シティバンクがとったAPI提供への戦略変更は、先進的な新興企業のアプローチを模倣したものとも理解できる。スクエアやツイッター、フェイスブック、ペイパル等の企業は、すでに自社システムへの接続のためにAPIを提供している。したがって、銀行が顧客ジャーニーにおいて競争優位に立ちたいのであれば、柔軟で使いやすい銀行商品や業務処理を提供することが必須となる。例えば、シティバンクは、**デビットカードとクレジットカード等の契約処理**をAPIを活用して実装する方針を決定した。つまり、承認を受けた提携先は、クレジットカードを即時発行して顧客に提供できることになる。なぜそうするか。このAPI機能を初めて導入したのはグーグル・ワレットであった。これによってグーグルは、エンドユーザーの携帯電話上でクレジットカードを安全に即時発行することを可能にして、多くのカード企業で必須であった、書類だらけの申込処理や本人確認を不要としたのである。

　だからといって、シティバンクは処理の安全性を落としているわけではない。つまるところ、携帯電話を所有する顧客は、名前、住所、ソーシャル・セキュリティ番号等のデータ項目をネットワーク企業に提供済みなのであり、しかもそれはシティバンクの既存顧客である場合が多かった。そこで、新しい「カード」（この時点ではカードのデジタル版だが）発行業務を手作業に限定して、物理的な書類作業や支店での顧客確認作業を行なっても何の利点もないと結論づけたのである。

　シティバンクでも他企業同様、銀行の将来が物理的なネットワークや業務処理にあるのではなく、必要に応じてリアルタイムでバンキング機能を提供できる能力にあることを理解したということだ。

❖──バンキングと決済のクラウド化

　多くの銀行はこれまで、クラウド・コンピューティングの採用に消極的だった。コンプライアンス部門は、機密情報漏洩のリスクにさらされるというある意味正当な理由から、重要システム機能を自行内のサーバーシステムからクラウド環境に移行することを躊躇してきた。しかし、クラウドモデルを採用することが金融サービス業界に便益をもたらす可能性があるのに、銀行がクラウド活用を否定してしまうのは間違っている。

　だが、クラウド活用を検討する最大の理由は、現行システムがもつ限界である。平均的顧客は、ウェブ、モバイル、ソーシャルメディアなどのデジタルチャネルを通して1年間に何百回と銀行にアクセスするのだから、より柔軟なプラットフォームが強く求められることになるのだ。

　大多数の銀行は、60年代からの主役であるメインフレーム・システム上に開発されたレガシー・システムをベースに、ビジネスを遂行している。大手銀行では、何十年もの間、レガシー・システムに文字どおり何十億ドルも投資してきたので、長い年月の投資を破棄するのに抵抗があるのは、よく理解できる。しかし問題は、基幹システムが開発された時代の銀行の主要ビジネスは取引処理であったが、いまは時代が異なるという点である。

　顧客が中心に位置づけられる現在では、レガシー・システムが存続し続けられるかには疑問符がつく。こうした基幹システムが旧式のハードウェアとソフトウェア上で稼動し続けている理由は、日常の業務処理と大量のデータを、より先進的で新しいインフラに移行するには、コストと困難とリスクが伴うからなのである。

　クラウドを活用した銀行ビジネスで最も魅力的なことは、とりわけ、「チャンピオン／チャレンジャー」モデルを（財務的に実現可能なやり方で）採用できることだ。これにより、プロセス改善や意思決定手法に競争力学が導入されることになる（訳注：「チャンピオン／チャレンジャー」モデルは、すでに成功しているモデル〈チャンピオン〉に対して、より有効な可能性のある他のモデル〈チャレンジャー〉を比較し、優位なほうを採用するアプローチ）。

　ビッグデータが、リスク管理上の意思決定や、あらゆる場での顧客リレーション深耕における銀行戦略の中核要素となってくれば、価値連鎖を構成する

プロセスのより多くが、リアルタイム分析に基づくデータ主導のものへと変わっていくだろう。その意味するところは、価値連鎖の中の人的資源の役割が、アルゴリズム的処理、つまりバーチャルな業務処理と意思決定機能へと、次第に置き換えられていくということだ。例えば、審査担当者が手作業のリスク判断プロセスを実行して個々の顧客のローンを判断するのではなく、事前承認ベースのものや、リアルタイム判定を要するような意思決定が要求されるようになる。

　銀行の価値連鎖上にある人的資源が、アルゴリズムとデータ主導の意思決定数式へと置き換わるにつれて、知的資産の存在場所は、支店網、商品部門やトレーディング基盤等の組織構造上ではなく、ますます「プログラム」つまりシステム内のデータと、顧客に適合したソリューションの提供能力の中へと移っていく。これらをクラウド上に配置して動的に活用することができなければ、レガシー・システム基盤は、機動性、競争、顧客関係深化に対応する際の代表的な障壁となってしまうことになる。

　すでにクラウド活用に試験的に取り組み始めている銀行もある。2012年1月、BBVA（スペイン）では、デスクトップ・アプリケーションを、クラウド上のグーグル・アップス（訳注：Google Apps。独自ドメインでGmailをはじめとする、いくつかのグーグル製品を使えるようにする企業向けのサービス）基盤に移行すると発表した。この発表において、BBVAは、これは行員の生産性を高める施策であって、顧客の機密情報をクラウドに移行するものではないことを市場が理解するよう念押しした。それは現在も同様である。

> 「主な目的は、変革を推進し、意思決定を行ない、生産性を高めることだ。私たちがいる市場は困難だがやりがいのあるもので、より早くより正しい意思決定を推し進める必要がある。モバイル環境でシステムにアクセスすることも不可欠である」
> ——カルメン・ヘランツ、BBVAディレクター・オブ・イノベーション[5]

　しかし、BBVAの方針転換よりずっと早い時期に、生産性向上、意思決定、携帯性およびスピード重視という同様の目的から、基幹システムをクラウドに移行するという構想を打ち出していた先進的な銀行がある。

　2010年5月に、オーストラリアのコモンウェルス銀行（CBA = Commonwealth

Bank of Australia）のCIOであるマイケル・ハルテは、同行がアマゾン・ウェブ・サービスを利用したクラウドベースの銀行業務を準備中だと発表した。ハルテは、この施策変更の背景として、新たなITと関連インフラの購入費用を削減し、銀行の成長に応じて必要なサービスをオンデマンドで購入することをあげ、その理由として、デジタル統合とリアルタイムでの顧客とのつながりへの関わりの重要性が、CBAが提供する顧客経験において不可欠なレベルになってきたと述べた。

2011年12月、ドイツ銀行のクラウド基盤の第一フェーズ、つまり、IaaS（訳注：Infrastructure as a Service。クラウドの提供形態のひとつで、システム開発基盤をクラウドで提供するもの）開発プラットフォームが本番稼働した。ドイツ銀行は、最優先命題のひとつとして「積極的標準化」戦略を掲げ、銀行の提携企業や開発企業やベンダーができるだけ開発期間を短くできるようにした。

プライベート・クラウドを採用する第一の目標は明確だ。行員が利用する社内アプリケーションやシステムを全社的に標準化すること、また、非常に機動的なプラットフォームを整備し、機能の拡大／縮小要件にすばやく対応できる環境をつくることである。その次のステップも明確で、上記と同等の柔軟性を確保しつつ、顧客や銀行の提携企業とリアルタイムに統合可能なアプリケーションを採用することである。

❖──クラウドをさらに活用するために

銀行は一連の銀行サービスの実現者として顧客のパートナーとなる、というのは自明の文言だが、中小企業向けには事情が異なるようだ。最近、オーストラリアのベンディゴ（Bendigo）やアデレード銀行（Adelaide Bank）などが、中小企業向けに、従来の法人向けサービスである貿易金融や信用融資等に留まらず、さらに拡張したサービスの提供を始めた。例えば、キャッシュフロー分析や会計分析、中小企業向け助言サービス、ウェブサイトやミニサイトの開発、電気通信の再販サービスなどである。

また、ANZ（オーストラリア・ニュージーランド銀行）では、「スモール・ビジネス・ハブ（The Small Business Hub）」を新設し、自行の中小企業顧客にさらに多くのサービスを提供し始めた。アメリカン・エキスプレスでは、もう一歩踏み込んで、「オープン・フォーラム」というプラットフォームを運営し、外部調達手段を積極的に活用して広範囲の企業コミュニティの取引推進サービスを

提供している。ベンディゴ銀行では、「PlanBigポータル」を運営し、地域コミュニティの交流を促進するサービスを提供している。

私は、この業界で始まっている多くのサービスは、クラウド活用の候補対象になるのではないかと考えている。私のアイデアをいくつか記載する。

■会計、キャッシュフロー・モデル化と信用提供サービス

MYOBやクイッケン（Quicken）などの中小企業用基本会計ソフトウェア（訳注：世界的によく使われている会計ソフトで中小企業に普及している）と接続して、キャッシュフローの動きをわかりやすく提供したり、延滞債権処理への対応とか、借入や当座貸越取引の適正化の必要性検討を支援したりすることは、どれも企業にとって非常に有用なサービスになるだろう。キャッシュフロー分析ツールによって基本的な会計機能の幅を広げることは、バンキングのリレーションシップの拡大ではあるが、法人インターネットバンキング基盤の拡張とすべきものではない。中小企業が財務諸表にアクセスして、損益分岐点、キャッシュフロー、将来シナリオに関する有効な分析を行なうためのさまざまなツールも、クラウド分野に登場し始めたところである。収益の対象としてではなく、PFM（訳注：個人の財務管理／家計簿 Personal Financial Management）のようなサービスとして考えてみよう。BFM（企業の財務管理 Business Financial Management）とでも呼べばよいだろうか。

もしこのサービスを基本的な取引先情報や口座情報、請求情報とともに提供することができれば、中小企業に対して、便利なツールが組み込まれた銀行取引を提供して、当座貸越、ファクタリング取引、在庫金融やその他あらゆる補完的サービスの利用を検討してもらえるようになるだろう。

■法人・個人の支払決済の容易化

中小企業向けコマーシャルバンキングの道具立てとして、e-invoicing（電子請求処理）がますます重要になっている。最近、RBS（ロイヤル・バンク・オブ・スコットランド）は、電子請求処理や電子債権/債務取引処理などを含む各種サービスを開始した。HSBC Net（香港上海銀行の企業向けサービス）では、以前から提供している支払債務統合サービスにより、電子請求処理やキャッシュフロー予測・管理などが可能になっている。この分野での競争のテーマは、業務処理の簡素化、短期決済確度の向上、および中小企業向け決済処理や債権処理への銀行取引の統合である。

英国では広範囲で小切手の使用率低下が確認されている。2000年には非現金取引の25％に小切手が使われていたが、2010年には5％以下に低下した[6]。2020年には1％を切るだろう。

この変化は、モバイル機器とP2P基盤普及の影響によるものである。デビットカードの普及率が近年大幅に上昇し、クレジットカードとデビットカードがひとつの携帯電話に統合されて非接触の決済手段として流通するなかで、小切手と現金の利用がさらに減少するであろうことは明らかだ。また、スクエアの登場により、決済サービスが飛躍的に簡単なものになってきている。

個人対個人またはP2P決済は、中小企業や法人顧客にとって大きなイノベーションである。2009年、バンク・オブ・アメリカやINGダイレクト、PNCフィナンシャルなどの金融機関では、顧客がウェブや携帯電話を使って口座間の送金取引をするサービス、いわゆるP2Pテクノロジーを本格稼働させた。JPモルガン・チェースや他の金融機関もすぐに追随した。今後2〜3年のうちに、私たちの携帯電話が、中小企業から受けたサービスに対する支払い機器となるだろう。

この点に関しては次のように考えよう。中小企業が日々抱えている課題で最大のものは何だろうか。ここ数年ではおそらく、キャッシュフロー管理が一番大きな悩みであろう。これと非常に関連が深いのが、いかにタイミングよく決済が完了するかといったシンプルな課題である。より便利で簡単な決済サービスを提供すれば、中小企業がより早く支払いを受けられる可能性が高まる。「現在小切手を郵送中です」といった問題はなくなる。

支払・受取処理におけるネットワーク基盤サービスへの依存度が高くなるにつれ、中小企業にとってクラウドサービスはますます不可欠なものとなる。ネットワーク上でのP2Pサービスと決済サービス機能へのニーズを基本的な銀行サービスに取り込むことが最重要であるのは、考えるまでもないことだ。

■中小企業コミュニティの形成

リンクトイン（LinkedIn：世界最大級のビジネス特化型ソーシャルネットワーキング・サービス）上には現在140万以上のグループが存在しており[7]、その多くは中小企業専用のフォーラムである。エカデミー（Ecademy.com）という英国のソーシャルネットワーキング・サイトには、全世界で1700万以上の会員が登録しているが、そのほとんどが中小企業である。英国のO2（携帯電話会社）の調査によると、600以上の中小企業が毎日ツイッターに参加しており、その

17%がすでにツイッターを活用して自社のビジネスを推進している。

　中小企業のコミュニティ形成は、ビジネス活性化のための優れた手段であり、銀行の既存顧客基盤というすでに強力なネットワークを拡張するものだ。銀行は自らの顧客コミュニティを企業間のやり取り推進に活用していないが、信頼のおける仲介者としての活動、例えば、コミュニティを活用して顧客同士のビジネスを活性化させ、銀行のエコシステム内部で閉じた価値連鎖を創出することなどの意味は大きくなっている。リンクトインやエカデミーに代表されるような、クラウドやオンラインでのコミュニティは、そういった活動を始めるには完璧な提携先だと考えられる。

❖──プライベート・クラウドの利点

　プライベート・クラウド構築の利点は、プライベートで安全なシステムのセキュリティと、標準的なクラウド・アーキテクチャが有する機動性、利便性、シンプルさを提供できることである。

　ドイツ銀行は、前述のとおり、新しいモジュラー型データセンターの設計方法と、柔軟なコンピュータ基盤を開発した。その基盤は、独自の管理基盤を使っており、マイクロソフト・アクティブ・ディレクトリ・システムとSAPに接続したグローバルLDAPデイレクトリを含む（訳注：いずれも、ネットワークに存在する各種情報を一元的に管理し、検索機能などを提供しているディレクトリ・サービスに関するもので、ユーザー認証やその管理を一元的に行なう場合などに使われる）。

　バンク・オブ・アメリカは、プライベート・クラウド機能構築施策において、9万台近い物理サーバーのうち40%をクラウド上に移行した。ブラッド・スピア氏（バンカメのコンピュート・イノベーション部門長）によると、バンカメはこの時点で、アマゾン・ウェブ・サービス環境と同様の規模と能力を構築するという目標設定をした。大量高速処理や高度な意思決定支援の目的を達成するために、画像処理機能、半導体ストレージ（記憶装置）、インメモリ・データベースの実装に、バンカメがかなり多額の投資をしている点は興味深い。

　オーストラリアのNAB（前身はナショナル・オーストラリア銀行）も、プライベート・クラウド基盤の活用に大々的に取り組み、NextGenと呼ばれるプログラムの一環として、PaaS（訳注：Platform as a Services。システム基盤をインターネット上のサービスとして提供するもの）コンセプトへの移行を実施した。NABの次世代基盤施策は基幹システムの移行プロジェクトとして始まったが、すぐに

姿を変えてクラウド活用が含まれるようになった。2010年には、ユーバンク（UBank）という、NABのオンラインバンキングサービスを開始したが、それがクラウド基盤上での初めての実装プロジェクトであった。前述したとおり、ユーバンクは目覚ましい成功を収めている。

ビッグデータ

　自行顧客と顧客に関するあらゆる情報について「データの大洪水」現象が新たに出現しているが、そこに数兆ドルという規模の市場があることから、銀行と金融サービス企業は細心の注意を払っている。極めて複雑な市場ではあるが、新しい規制、経営の透明性への圧力、価格圧力によって、その透明度は増しつつある。これは、大量の新たなデータが分析や運用で利用可能になるということだ。データ処理規模の拡大はアウトソーシングの必要性につながり、それが新たな業界を生み出すことになる。この大量データを扱うには何百万人という規模での人材育成が必要となる。システム内のデータそのものが大量となるだけでなく、巨大な業界が出現してそのデータを扱うようになるのだ。

　ビッグデータによって、銀行は将来の金融危機を回避できるであろうか。前回の金融危機の結果として登場した規制によって、新たに利用可能となるデータが生み出され、それ自体が新しい巨大イノベーションの発生源となるのだろうか。

　現実には、規制もビッグデータの活用促進の一翼を担っている。過去10年近くの間に、マネーロンダリングや疑わしい取引、本人確認、顧客管理（KYC）データに関する財務報告上の要件が爆発的に増加した。バーゼルⅡ、バーゼルⅢや、テロ資金供与やAML（アンチ・マネーロンダリング）に関する疑わしき取引報告などの情報は、そうしたデータを外部機関に見えるようにするためであると同様に、コンプライアンスの観点から企業としての対応必要性を認識し、準備を進めるためのものだ。

　しかしいまや、グーグル・ワレットやペイパル、スクエア、アップルといった企業が、格好の標的を得たかのごとく、取引データに注目している。銀行業界内の多くが取引データの開示に非常に強い抵抗感をもっている一方で、顧客は、銀行取引について対応速度の向上をいっそう求めるようになっており、多少の

セキュリティと引き換えに、自ら進んで個人の金融取引管理（PFM）や日常取引やオファリング等の利便性を手にしているのが現実だ。どの業界の企業もすべてこうしたデータの取扱いを習得する必要があり、また、新たなサービス業者が登場して、各企業を支援する必要性も出てくるだろう。企業は個別に閉じたサイロ状態から脱却しなければならない。それは劇的な転換になるだろう。すべてを自前で構築する資金を十分準備できないため、銀行は、オープンソース・モデルでインフラを構築しなければならないだろう。

　現在の課題は、データ分析に何カ月もかかることだ。専用のプログラミングまたはシナリオモデルが必要で、さらにデータマイニングのプロジェクトに数週間、数カ月かかる。データが実際に利用可能になるまでに、その有用度や価値が下がってしまうことも懸念される。ビッグデータを活用する上で解決すべき課題は、いかに効率的に対象データを抽出し、処理するかである。そのために必要なのは、データの可視性を高めることに加え、アウトソーシング、外部データの円滑化、そして業界でいう「ストーリー抽出」つまりデータの中に有用性を見いだすことである。
　クラウドでは、拡張性がキーポイントとなる。銀行はデータに関して拡張性をもたない。圧倒的な可能性をもつ何テラバイトもの大量データを定期的に破棄するか活用できないでいるのが銀行の実状である。
　例としてあげられるのは、クレジットカードの購入データである。銀行は、消費者にクレジットカードを使い続けてもらうのにいつも苦労している。リボルビング払い常連顧客や、一定のカード残高を保ついわゆる「健全な」顧客は、上限利息を継続的に支払うため、（他の融資形態と比べて）銀行にとっては魅力的である。クレジットカード利用を促進するために、銀行は消費者に対して次から次へとオファーを繰り返し、施策が顧客の購買意欲を促進することを期待する。だが、最も簡単にカード利用を促したいのであれば、その顧客の過去の購買履歴と手持ちのオファーをマッチングさせることだ。

　　　「データはセクシーだ。捨ててはいけない」
　　　　──ショーン・パーク、アンセミス・グループ、2011年、SIBOS Innotribeにて

　もし銀行が、私が過去に特定の店で何か買ったという履歴をわかっていれば、

その店での買い物をオファーするほうが、私が過去に何の関心も示したことのない「買い物」をオファーするよりも、はるかに有効だろう。

　大手の銀行でも、この種のデータは破棄または無視されていることが多い。顧客のお金や生活に関して保有する大量の取引データや行動データの調査にとりかかるためには、データ分析結果を活用すれば顧客にリアルタイムで新たなオファーができる仕組みが可能になるという議論は、きわめて魅力的だろう。取引・行動データに加えて位置情報データを活用し、顧客がいまお気に入りの店の近くにいるという情報に基づいて、その店のお得情報を、その顧客にリアルタイムに届けられるとイメージしてみよう。それは顧客にとって非常に魅力的なオファーになるはずだ。

　企業がビッグデータの活用に腰が重いのは、プライバシー問題のせいだという議論があるが、それは、たいていここ数年、効率化を優先して投資にブレーキを踏んできたことの言い訳だと私は思う。しかしながら、金融業界で強力なビジネス収益を生み出すものとして、ビッグデータの活用について2つの分野が常に議論される。ひとつは、トレーディング意思決定能力の向上であり、もうひとつは、小売業の現場での顧客とつながる能力についてである。

　トレーディング・ビジネスにおいてビッグデータがもたらす財務上のプラス効果は、きわめて魅力的に映る。例えば、売買コスト分析や、売買許容量、トレーダーの業績指標等を理解する能力があれば、トレーディング・ビジネスから非常に大きな収益を得ることが可能だ。データに基づいて他を上回る収益機会を生み出すには、どうすればよいだろうか。価格の短期予測アルゴリズムを創出し、それで取引を行なうことができれば、銀行やトレーディング企業の短期的な収益を押し上げられる可能性は高い。もちろん、取引実行スピードがこの学習効果活用のもうひとつのカギとなる基本能力であり、そのことが、こうした最上級のデータを儲けにつなげるための高速実行基盤への大量の投資を生み出したのである。

　小売業では、特にリアルの販売現場における顧客獲得やクロスセルの実績が落ちているため、顧客に対する販売能力が引き続き最優先課題である。小規模のオファーを機動的に試行して、次いで広く展開する能力が、データを活用して顧客行動パターンを収益に転化するためのカギとなる。

　「データコンテンツ管理とビッグデータ活用を混同してはならない。ビッグ

データの活用に必要なのは、大量データをマイニングし、傾向を発見して洞察を見いだすことである」

——マイク・アトキン、Enterprise Data Management Council[8] の
マネジメントディレクター

　支店には来なくても、ダイレクトチャネルを介して銀行と常時接点をもつ顧客とのリレーションシップを築くことが重要となる。次の章でエンゲージメントについて述べるが、エンゲージメントモデル構築のカギは、データを活用してこの問題に当たることである。
　一般的には、銀行にとっては残念で、ビッグデータ業界にとってはありがたいことだが、この種の機会を活用するには、コラボレーションがカギとなる。つまり、小売業者、ネットワーク・オペレーター、日次キャンペーン運営業者、モバイル検索プロバイダー等々との協業体制だ。閉じた社内環境と現在のシステム制約の中で、銀行がこれを実施するのは不可能であり、コラボレーションによって顧客にサービスを提供しなければ、もはや競争力を保つことは不可能である。
　ビッグデータ分析は、通常データウェアハウスに保存されている従来型の構造化データと、ビデオ、音声、テキスト、イメージ等のデジタル情報である、非構造化データやコンテンツとの間にある障壁を取り除くものだ。銀行は、申込書や電話の会話、eメールでのやり取り、取引履歴など、顧客に関する膨大な量の非構造情報を保有している。だが、ブログやフォーラム、Wiki、ツイート、フェイスブックの投稿など、ウェブ上で顧客自身がつくり出した大量のコンテンツや情報のほうが情報量としてはさらに大きい。この情報を統合して、顧客によりよいサービスを提供する方法があるだろうか？
　行動分析は、この取り組みの一部である。FICO（訳注：Fair Isaac、フェア・アイザック社）等では、行動データを利用して、第三者または第一者の立場から不正を検知する。
　ソーシャルメディア盛況のこの時代、顧客は自分の態度や意見、意図、行動情報など、非常にたくさんの情報を公共ドメインで他人と共有している。これらの情報を解析して、顧客（および非顧客）が銀行のブランドや商品、サービス、価格設定に関してどう反応し、考え、発言しているかの洞察を得る力があれば、非常に大きな競争優位となる。銀行のブランド評価をモニタリングし、

ソーシャルメディア中でこれまでできなかった顧客とのリアルタイム対話を行なえる機会までもが存在する。

問題は、これらすべてのデータをどう活用するかである。

第一の活用領域として明らかなのは、データを活用して対象顧客を絞り込んだマーケティング・オファーを作成することである。銀行は次第に、現実環境に重要データを重ね合わせる型のソリューションを展開して、リアルタイムで消費者の金融行動を変えたり、意思決定に影響を及ぼしたりするようになるだろう。スマートデータのアプリケーションを使って環境を拡張する手法は、今後10年にわたって魅力的で、非常に高収益のビジネスとなるだろう。

拡張現実

あまり世に出ていないが、考えてみると興味深いのは、現実社会の画像認識とデータ・オーバーレイの新技術である。OCRまたは光学式文字認識という技術はかなり以前から存在したが、画像処理や画像マッチング技術はここ数年で非常に進化している。最近、グーグルが開発した検索エンジン技術「グーグル・ゴーグル」では、ユーザーが自分の携帯電話のカメラで撮影した画像をもとにした検索が可能になる。現在テスト段階であるが、書籍、DVD、有名なランドマーク、ロゴ、接触情報、芸術作品、企業、製品、バーコード、テキスト等を使って検索を支援し、さほど悪くない結果を出している。

拡張現実（AR=Augmented Reality）は、現実環境の中にリアルタイムでデジタル情報を重ね合わせることを指す言葉であり、現実要素に、コンピュータで生成された仮想の画像、感触や能動的フィードバック、音、場合によっては臭いまでが融合される（あるいは拡張される）。結果として得られる複合現実感が「拡張」と呼ばれる。「拡張現実」という言葉は、1990年代初期に、ボーイング社職員であったトマス・コーデルが名づけたと信じられている。

拡張現実は、人間の、少なくともテクノロジー利用者の、世の中の見え方を変化させる。自分が通りを歩いている、または運転していると想像してみよう。ふつうのメガネによく似た、仮想現実機能をもつスマート・ディスプレイを使うと、情報提供画像があなたの視界に広がり、目にするものに関する情報やフィードバックが音声で聞こえてくるだろう。

図10-2 ニューヨーク地下鉄の最寄り駅はどこだ？

出所：アップル

図10-3 拡張現実は、新しい方法でデータをコンテキストに組み込むことを狙いとしている

出所：グーグル

　スマート・グラスのアプリケーションは、さまざまな形になりうる。それは、私たちが移動しながら使う、現行のノートパソコンのディスプレイ相当のものから、スマートフォンに組み込まれているブルートゥースを使ってリアルタイムに仮想のHUD（ヘッド・アップ・ディスプレイ）に、自分の機器（デバイス）からの重要な情報（例えば、電話の発信者名、現地の天気予報、アラート情報、スケジュール情報まで）を表示するものにまでわたる。画像・顔認識ソフトウェアとRFID（無線IDタグ）技術を組み込むと、主要企業の連絡先はもちろん、ショッピングモールでゆったりと過ごしているときに偶然通りかかった学生時代の友達の名前や詳細情報について、あるいは本屋の店先に置いてある本がアマゾンではいま、いくらで売り出されているか、などの情報をスマート・グラスが知らせてくれるようになる。その可能性は広範囲にわたるが、多少恐ろしくもある。

　いずれにしても、わずか5年のうちには、こういった機器をスマートフォンと連携させて、映画を見たり、テレビ電話を受けたりするようになるだろう。これはかなり驚くべきことだ。メガネが次世代のiPhoneのようなファッション・アクセサリーになるだろう。

　現在、iPhoneもグーグル・ネクサス電話も、簡単に使えて非常にクールな、仮想現実関連のアプリケーションを提供している。

　この種のテクノロジーを、デジタルカメラやカメラ付き携帯電話と統合するのもひとつの方法だが、まったく新しい方法で、われわれの環境や周囲の物事の見え方を変えるような新技術も登場しつつある。

Chap. 10　データはクラウドへ　249

結論

テクノロジーの普及についてすでに概観してきたように、ソーシャルメディアやスマートフォン利用の急速な広がり等に伴って、顧客体験は緩やかだが絶え間なく変化している。顧客体験の次に来るものは何だろうか。データの爆発は、銀行とリアルタイムにつながる方法に関する顧客の期待値を変えていくだろう。

情報を受け取り、優先順位を決め、確認する方法は変わらざるを得ない。いまや私たちはあふれかえるほど多くの情報を得ており、これまでのやり方では対処できない。

私たちが扱うデータは圧倒的な量であるため、銀行がその本領を発揮すべきなのは、これらすべてのデータを有用かつ創造的な方法で処理、分別、適用して、顧客によりよいサービスを提供したり、企業の適時適切な意思決定を支援したりする部分だ。

次に、私たちがテクノロジーと付き合う方法が進化するだろう。タッチスクリーンのおかげでマウスやキーボードの代わりに指が使えるようになり、データへのアクセス、ユーザーインターフェイスのアプローチ、アプリケーション・プラットフォームの新たな手法が登場したことで、まったく新しいコンテンツの整理／処理／優先順位づけ手法への道が開かれることになる。拡張現実技術は、機器（デバイス）と周囲の環境との相互作用の方法を変えている。

最後に、これらを実現する中核的なプラットフォーム技術は、非常に柔軟で機動的で、コラボレーションに対してオープンなものでなければならない。クラウドとAPI（アプリケーション・プログラミング・インターフェイス）はいま以上に使われるようになり、顧客のエコシステムにおけるさまざまなプレーヤーを結びつけ、リアルタイムの問題解決や、リアルタイムのソリューション提示はさらに進歩するだろう。自社データの垣根の内に閉じこもる銀行は、顧客との日常のつながりを実現する提携企業との統合が不可能なために、かなり厳しい状態に陥るだろう。

［注］
1) w3schools：http://www.w3schools.com/browsers/browsers_os.asp

2) 2012年7月26日付の同社四半期業績報告の時点で、9億5500万の登録ユーザー。
3) SWIFT History：http://www.swift.com/about_swift/company_information/swift_history.page
4) Finextra.com, "Citi slaps down Bank 2.0 rivals in Innotribe face-off," 22 September 2011
5) BBVAプレスリリース
6) 英国決済評議会（UK Payments Council）：http://www.paymentscouncil.org.uk/media_centre/press_releases/-/page/943/
7) LinkedIn.com
8) Bank Technology News, "Defining Big Data," 20 January 2012

Chapter 11 Engagement Banking: Building Digital Relationships

エンゲージメント・バンキング
──デジタル・リレーションシップの構築

> 顧客とのエンゲージメントの時代

　サピエント社の金融サービス拠点（センター・オブ・エクセレンス）のグローバル・バイス・プレジデントであるアレックス・シオンおよび、英国チャータード・インスティテュード・オブ・マーケティングのフェロー（特別研究員）であるジェフリー・バイのご協力に感謝する。

　顧客との関係の始まりにおいて、われわれが知りえる最も重要な情報は顧客の氏名である。顧客の氏名こそがエンゲージメント開始のすべてだ。
　銀行が私の名前を知らないということは、私を知らないし、知ることができないということである。私の名前さえ知らないで、どうやってリレーションシップを構築できようか？
　少し掘り下げてみよう。私の取引銀行は私の名前がきちんとわかっているだろうか。データベースに私の名前が格納されているとか、ダイレクトメールの宛先として名前の一部が書いてあるとか、インターネットバンキングにログインしたらフルネームが表示されるとか、そういうことを言っているわけではない。重要なのは、銀行の中で私の名前を個人的に「知っている」行員がいるかどうかである。私の名前を「知っている」ということは、ある種のリレーションシップを意味する。銀行に今日電話したとして、私が誰で、銀行とどんな取引をしているのかをわかっている銀行員が果たしているだろうか。

これは、大多数の顧客にとって非現実的であろう。プライベート・バンキングの顧客、もしくは、可能性があるとすれば、富裕層に分類された顧客ならば、その顧客をわかっているリレーションシップ・マネジャーが銀行内にいるかもしれない。しかし、そのマネジャーが銀行を辞める際には、リレーションシップも同時に移動してしまう。この場合、銀行には顧客とのリレーションシップは残らない。『アジア・バンカー・ジャーナル』誌の2007年のレポートによると、プライベート・バンキング部門のリレーションシップ・マネジャーが別の金融機関に転職すると、元の銀行は彼の顧客リレーションシップの60〜70％を喪失することになるという。金融機関が経験豊富なプライベート・バンカーを求めるのは、同時に「顧客リスト」を持ち込むことを期待しているのだ。それが雇用の際の重要な評価基準となる[1]。しっかり管理されたプライベート・バンキングのレベルでも、リレーションシップというのは非常に不安定なものである。

一方、反対の側面もある。私のほうは、取引銀行の行員の誰かの名前を把握しているだろうか？　サピエントニトロ社の最近の調査によると、銀行顧客の70％は通常利用する銀行の行員を個人として誰ひとり知らない[2]。銀行はみな、顧客とリレーションシップを構築したいと口にする。しかし、顧客は果たして銀行ブランドとのリレーションシップを欲したり、必要としたり、さらには大切に思うだろうか。

銀行は顧客には自行ブランドとの「リレーションシップ」が必要だと主張するが、現実に顧客が求めているのは、単純でよりよいサービスやアドバイスや問題解決なのではないだろうか。顧客が求める銀行というのは、自分自身の金融ニーズや金融面での立ち位置を理解しており、その知識をもとに個別にお薦めやアドバイスを与えてくれる銀行ではないだろうか。リレーションシップというのは、その人間を理解することから始まるものだ。

ただし、この新たなデジタル時代において、銀行が顧客との絆を深めるための秘訣は、知識があるというだけではなく、その知識をどう使うかにある。この点において、顧客との関係深化というのは、デジタルおよびマルチチャネルの顧客体験を通して、豊富で中味の濃いつながりをもつ能力という意味である。つまり、テクノロジーを活用して、個人的な意味のあるリレーションシップを醸成することだ。

❖──テクノロジーを活用して顧客体験を徹底する

　テクノロジーはパーソナルなつながりを生み出すだろうか？　いや、これは直感的に正しくない。今日、テクノロジーについて私たちが知るかぎりのことが示しているのは、人間的ではなく、温もりに欠け、柔らかさがなく、機能的に優れているが、リレーションシップを生み出さないということだ。

　アマゾンという、最も取引の多いウェブサイトについて考えてみよう。アマゾンのユーザーなら疑う余地もないが、アマゾンは顧客の名前を知っている。名前はもちろんのこと、読書の嗜好や支払い方法、届け先、パッケージ方式の好み、購買傾向、過去の購買履歴に基づく関連商品、さらには、自分たちの購買意思決定を助けてくれるような、類似購買傾向をもつグループを分析した結果の知見も提供してくれる。アマゾンはおそらく個人のショッピング体験の最たるものだといっても過言ではないだろう。しかも、店構え、支払いレジ、棚から棚へと商品を見て回る人々など、個人のショッピング体験に通常なくてはならない項目がすべて揃っているのである。

　銀行は自行の公式ウェブサイトで金融商品を売るのに時間とお金をかけているが、アマゾンは顧客にログインさせた後に商品を売ることに多くの時間をかけている。これによりアマゾンでは、パーソナル化と迅速な購買手続きを顧客に提供し、平均的な銀行のインターネットバンキングなら喉から手が出るほど欲しい収益を上げている。

　フェイスブックについても見てみよう。フェイスブック活用により、人間関係の生成、強化、復活が可能となる。フェイスブックのおかげで、長い期間連絡のなかった友人と再会する。何年も会話していない親族に一瞬にして連絡できる。旧友、新しい友達、友達の友達にさえもつながる。フェイスブックをはじめ最新のソーシャルメディアでは、銀行の営業店のカウンター越しのものほどリアルでないとしても、同程度に明確でわかりやすい人間関係が醸成される。銀行の営業店でつくられる人間関係とフェイスブックで醸成される人間関係とが競合することになるとは不思議なものだ。

　テクノロジーが人間同士をつなぐ決定的なパワーを発揮する時代になると、銀行などのブランドは、顧客リレーションシップ構築において劣後していると考えられるのではないだろうか。前章までで明示したように、現代は、相手や銀行の支店を訪問するという、機会が減少し続けているやり方よりも、テクノロジーを

活用するほうが、日々の人間関係を築き、管理し、醸成しやすい環境にある。

では、バンキングにおける顧客関係深化とはどのようなものだろうか？　デジタルチャネルを介して、建設的で有意義な顧客との関係をどう構築すればよいのだろうか。アマゾンの事例は非常にいいヒントになる。

アマゾンのミッションはまさに銀行と同じで、取引を行なうことだ。銀行との違いは、アマゾンは過去の取引経験に、コンテキストとこれまで顧客に関して学習したことを組み合わせている点である。顧客が取引するときに、情報がきちんと提供されていて、簡潔でスマートなものであるようにする。これが小売取引における顧客関係深化の話なら、それと銀行取引が異なる理由があろうか。

モバイルには、日々の銀行取引における顧客関係をまったく新しいレベルに引き上げる力がある。これにモバイルバンキング機能とモバイルペイメントを加えれば、最適なタイミング、すなわち顧客が金融取引をする直前、最中、直後に、取引とコンテキストを提供することが可能になる。

夕食後にPCからインターネットバンキングを使って、個人の金融プランについて賢い意思決定を行なうというようなこともそのひとつだ。しかし、われわれが日常の買い物をしたりお金を使ったりする際に支出や貯蓄について賢明な意思決定を行なうとなると、コンテキストの概念は完全により高次のものとなる。つまり、銀行取引のエンゲージメントは、小売業界よりも優位にさえなる可能性があるのだ。そこでは、人々のお金との関係やつながりがまったく新しいものとなることも考えられる。

上記は、煎じ詰めれば銀行の支店が行なうべきことであるが、実際にはうまくできていない。それは、銀行が収益追求やコスト削減と引き換えに、本来の顧客との関係醸成を疎かにしてきたからである。

❖──お金の「真実の瞬間」

気持ちよいエンゲージメント体験をつくり出すためには、タイミングがすべてである。適切な場所で、適切なタイミングで、適切なサービスやメッセージによって顧客に接するべきだ。最も望ましいのは、重要な「真実の瞬間」に顧客とつながることである。「真実の瞬間」には、お金と人生が結びつき、個人の金融全体に関する意識が高まる。

過去の銀行業界では、主要な真実の瞬間として、就職、引越し、子供の誕生、退職などの「ライフイベント」にしばしば注目してきた。これらのライフイベン

トは、重要ではあるが頻度が低い。また、多くの銀行が顧客のライフイベントの時期に関係を構築しようとする傾向があるという事実は、一般に顧客とのつながりのレベルが低いことに大きく起因している。ほとんどの銀行が、大きなライフイベントが発生しているときだけ「顧客を理解しようと試みる」。しかし、日常の個人のお金に関する顧客経験を考えてみれば、店で何かしら買い物をするとき、つまり、おそらくほとんど毎日に真実の瞬間があるということになる。

私たちはふだんはお金についてぼんやり考えているが、買い物をする段になると、突然現実的になる。私たちは小さな金融上の意思決定を行なっており、購買対象物と大きさにもよるが、それで自分の金融意識が大いに高まる。本当にこれを買う余裕があるだろうか？ 買う方法、時期、場所はこれでよいか？ これを買うと他に買いたいものをあきらめなければいけないだろうか？

こういった真実の瞬間において、銀行はどこにいるだろうか？ 基本的には、決済そのものへの対応以外は、銀行はどこにも顔を出さない。沈黙。無関心。支払いのタイミングで銀行からくる唯一のフィードバックはカードの使用拒否で、それは使い過ぎや限度額超過、通常行動範囲外の店舗での買い物をして異常取引と判定された場合などだ。

❖──モバイルは顧客との関係深化を変革する

モバイル決済を利用して買い物をする場合は、状況が異なる。銀行や他の提供業者にとっては、この最も頻繁に起こる「お金の真実の瞬間」を活用できる可能性が飛躍的に高まる。消費者が商店の通路でモバイル機器を使って情報や知的支援を簡単に利用できるようになると、何が起こるだろうか？ 何を購入するかだけでなく、どう購入するかが加わることの意味はとてつもなく大きい。

購入時にモバイル決済を利用することは、個人とそのおカネとを従来とはまったく違う方法で結びつける機会となる。その理由は、モバイル決済では以下の2つが可能になるからだ。

1. 日々の金融取引に有用なメッセージを提供する
2. お金への関心が最大化する瞬間に顧客と接点をもつ

銀行の観点では、われわれの購買方法自体も、それ単独で大きなブランド決定である。銀行とカード会社は宣伝広告に莫大な投資をして、われわれの支払

い方式の選択に影響を与えようとしている。銀行とカード会社は山ほど投資をして、消費者が買い物の際に自分たちの名前を思い出すようにしかけている。しかし、顧客にとって、それはどういう意味をもつのだろうか。

　買い物をする際の消費者には、自分のお金に関する情報が最小限しかない。つまり銀行商品や取引そのものの基本特性（金利や残高、短期・長期のニーズや目標に及ぼす影響）は意識していない。どのカードを使用するかは、ブランド想起やサイフの上のほうにあるか、恐怖感（「限度額いっぱいまで使っていないカードはどれか」の決断）、あるいは特典制度などをもとに決断する。ただし、どの買い物にも論理的な（適切な）支払い方法が存在する。私たちにとってベストであり、金融、嗜好、特典、および現在と将来の目標を実現する力を最適化する方法だ。だから銀行は、自行ブランドを顧客に知らしめようと大きな投資をする。だが特定の真実の瞬間において、銀行はどのくらい顧客を理解し、どのくらいそれを顧客と共有しているのだろうか？

　一般論として銀行は、顧客が適切な決断をするための、適切な情報を顧客に連携するような方法論を開発してこなかった。実際、銀行は、顧客にクレジットカードを最大限使わせて金利収益を得たり、現金不足の場合にはデビットカードを使わせて高い貸越手数料を請求したりするのが常だった。どちらも顧客にとって好ましいものではない。

　モバイル決済やモバイルワレットが、スマートで適切な決済方法を知らせてくれるならどうだろうか？　現金や借入の現在残高、入出金のタイミング、将来目標やその達成時期、それらすべてに毎日の買い物が及ぼす影響などの情報がわかるとしたらどうだろうか？　銀行がこのような情報を把握していたらどうだろうか？　疑いなく、いまとは違ってもっと金融サービスとのつながりが深い世の中になることだろう。つまるところは、親密さや知識、信頼なのだ。大事なときに銀行が顧客を理解していて、顧客が取引銀行を信頼しているということだ。もはやお店での買い物の支払いという単純なものではなく、ひとつひとつのタイミングすべてが、顧客とのリレーションシップを構築し深化する機会となる。

　大切なのは目に見える部分だけではない。今後のリテール金融サービス、今後のモバイルマネー、今後の日々の銀行顧客体験についていえば、答えは簡単だ。すべてが重要なのである。

対話への参画

　2012年は企業（リテールバンキング業界を含む）にとって、既存顧客や見込み客との関係深化を推進するために真剣に取り組むことが求められる年である。その理由は、顧客はすでにはるか先に進んでいて、市場での会話を再現し、デジタルの口コミをうまく使いながら、「いいね」「おすすめ」「シェアする」「つぶやく」「フォローする」などの単純なアクションでブランドを評価しているからだ。

　消費者は、ソーシャルメディアを使って他人と意見交換したり、ブランドを比較したり、サービスにコメントしたり、お互いの購入意思に影響を及ぼしたりすることに熟達している。企業にとって有利なことも不利なことについてもだ。一方で、リテールバンキング業界の企業は顧客とのこういったやり取りへの対応について、ほとんどまったく動けていないようだ。

　ジャベリン・ストラテジー＆リサーチ社の最新レポート「バンキングとソーシャルメディア：言うは易し、行うは難し」（2012年1月）では、米国3大銀行のバンク・オブ・アメリカ、ウェルズ・ファーゴ、シティについて、2011年9月20日〜11月10日の期間の公開ツイート合計5489件を分析し、ツイッター上でお客様クレームを効果的に解決しているかどうかを報告している[3]。

　報告によると、この3大銀行は通常まったく効率的ではなかったと総合評価されている。ただし、大部分の顧客にとっては驚くことではないだろう。銀行はどのチャネルであってもお客様クレームの解決処理が下手なことで有名だと広く見られているからだ。

　最終顧客との関係深化の品質が、このように低い理由は何だろう？　主な問題のひとつは、いまや顧客とのやり取りは24時間／365日であり、かつて当たり前だった「平日9時〜5時のみ営業」の従来型の銀行支店／コールセンター型モデルは通用しないということだ。しかしながら、課題は営業時間だけではない。リテール銀行には「融通の利かない性質」があり、そのため顧客との関係深化に有効なアプローチを、組織的・本能的につぶしてしまっているのではないか？　ターゲットとか、セグメントとか、損益計算書上の項目とか、データベースの1入力項目として顧客を見てしまうメンタリティがあり、企業ブランドの有効性や将来のビジネスについて、1対1で関係を深化させる相手としてとら

えていないのではないか？　結局のところ銀行は、顧客一人ひとりと本当に関係を深化させるものだとは思われていないのではないだろうか？

❖──銀行は他業界と比べて優れているか

　リテール銀行業界は、ソーシャルメディアを活用した顧客関係深化のアプローチの観点で、他の業界と比べて優れているかどうかを検討してみよう。単一でその場限りのベスト（ワースト）プラクティスならばブログに書かれて紹介されているが、関係深化方法の観点でアプローチを比較した、業界横断的な調査を見つけるのは難しいことが、これまで知られている。

　しかし、最近行なわれた2件の調査が、欧米のさまざまな業界の企業が、どうやってソーシャルメディアとリアルタイムの顧客関係深化に、取り組み始めているかに焦点を当てている。

　英国では、チャータード・インスティテュート・オブ・マーケティング社（CIM）が、イプソスASI社とブルームバーグ社の支援の下に、2012年3月に新たな調査報告書「ソーシャルメディア・ベンチマーク」の第1版を出版した[4]。ここでは英国内企業、多国籍企業、およびグローバル企業がどのようにソーシャルメディアに順応し、投資し、その価値を引き出したかを長期間にわたって調査している。連続6カ月にわたり、B2B、B2CおよびB2B2Cそれぞれのマーケット担当者1295名から、ソーシャルメディア実践の内容および意見の聞き取り調査を行なった。回答者の経験は多様であり、担当者が26％、マネジャーが38％、部門長以上が36％であった。

　米国では、調査主体のコンサルティング会社アルティメーター・グループが「ソーシャルビジネス対応度──先進企業の社内準備体制」という報告書を2011年8月に出版した。ここでは、従業員1000人以上の企業144社を調査し、企業の担当者およびソーシャルビジネスに関するソフトウェア、サービス、ソリューション担当者向けにインタビューやブリーフィングを63件実施している。ソーシャルメディア活用で先進的な企業がどのように社内準備を進め、顧客とソーシャルにつながる企業となったかをくわしく調べたものである。

　調査報告はいずれも、企業が「ソーシャルメディア情報分析という有効な機能層」を組織に組み込む際に直面する重要な課題に焦点を当てている。

「ソーシャルメディアの活用が自らのビジネスや業界にもたらす利益をいまだ信用していない企業もあれば、どう始めたらよいかわからない企業、着手したとしても継続できないのではと懸念している企業もある」

――ラス・ショウ、非業務執行取締役、ゲーム・グループ

❖――ソーシャルメディアで誰が？　何を？　なぜやるのか

　CIM ソーシャル・ベンチマーキング報告書では、以下の結果を強調している。ツイッター、フェイスブック、リンクトイン、YouTubeなどの主なソーシャルメディアを採用・活用する企業が50％超に上る一方で、ソーシャルメディアのマネジメントはひいき目に見てもそれに対応しているとはいい難い。専任のソーシャルメディア・マネジャーを配置している企業はわずか4％しかなく、ソーシャルメディアの「専門家」がいる企業は39％に留まる。

　ソーシャルメディアというプラットフォームをキャンペーン業務の主要ツールとして活用しているのは回答者のうち27％のみであり、残りの回答者は、顧客や競合他社が使っているから自社も試している――使っているか、そう求められたから仕方なく、といったものだ。

　CIM ソーシャル・ベンチマーキング報告書では、企業がソーシャルメディアをうまく導入する際に障害となるものを具体的に示している。

＊経営層の理解の欠如
＊ソーシャルメディアの「主管組織」の不在と「活用方法」に関する明確なロジックと戦略の欠如
＊ソーシャルメディア専任の管理担当者の不在
＊企業内でのスキルと能力の欠如

❖――エンゲージメント担当組織

　ソーシャルメディアは急成長しているメディアであり、企業内の多くの従業員が個人使用のツールとして使用可能であり、すでに使用している。ところが、企業組織としての観点からは、ソーシャルメディアのマネジメントを管理下に置いて全体の整合性をとり、きちんとした進捗管理可能な戦略を立てて、会社として責任を負えるようにする必要がある。

　ソーシャルメディア上では、監視不能で関与度（訳注：こだわり、興味の度合い）

図11-1　企業、マーケターのソーシャルメディア活用方法

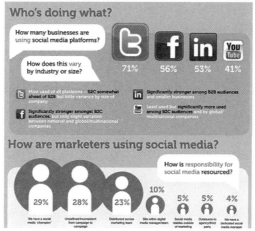

出所：UKチャータード・マーケティング研究所「ソーシャル・ベンチマークレポート第1回」2012年3月

ゼロの「好意的な」顧客の会話は、企業にとって「取引機会の損失」ととらえられがちだが、監視不能で関与度ゼロの「非好意的な」顧客の会話は、相当大きな「評判の喪失」につながる可能性がある。

アルティメーター・グループの「ソーシャルビジネス対応度」報告書は、「ソーシャルメディア危機が増加傾向にあるが、その多くは準備ができていれば回避できる」という副題をつけ、企業は内部組織態勢を整備して、近年増えているソーシャルメディア危機のリスクを低減すべきだと強調している。例えば、ソーシャルメディア危機は、貧弱な顧客体験の露見、インフルエンサーへの好ましくない対応、倫理ガイドライン違反、態度の悪い従業員などからも起こりうる。

風評リスクの重要性や危機管理や準備の必要性を考えれば、結論的には、企業のエンゲージメント集中担当組織やソーシャルメディア専門組織が、マーケティング部門、企業広報部門、商品担当部門からの支援をとりまとめて、顧客接触部門と連携して対応することになる。

❖──エンゲージメント専門チーム

このエンゲージメント集中担当組織には、ソーシャルメディア専任のマネジャーを配置し、企業全体を通じたソーシャルメディアと消費者エンゲージメ

ントの専門家として、統括部長レベルの権限をもたせることが必要となる。エンゲージメントの専門家は、戦略的に物事を考えられ、企業目標を組織をまたいでブランド、顧客サービス、商品開発、オペレーションの各業務目標に落とし込む経験と素養を備えていることが求められる。

　専任のソーシャルメディア専門家は、経験豊富で重々しさを備えたプロフェッショナルである必要があり、経営層はじめ業務部門長や個々の職員に説得力をもって対処し、ソーシャルメディアに関する企業目標やベストプラクティスの実現に向けて足並みを揃えさせる存在である。「つぶやける」人や「フェイスブックが得意な」大学卒業したての若者だけにソーシャルメディアを任せる時代は過ぎ去った。個人としてのソーシャルメディア活用力とか見てくれの若さは、顧客との対話から学習し、顧客によりよいサービスを提供するように、プロセスや行動を変えるよう企業を動かしていく能力へと転化するわけではない。

　新卒の若者を貴社の広報部門やコールセンター、ブランド・アイデンティティの責任者に任命するつもりはあるだろうか？　ソーシャルメディア・エンゲージメントというのは、この3つ全部に加えて、さらに**戦略的な顧客関係深化のファネル（漏斗）を担当**するということである。経験豊富で革新的で柔軟な思考をもつ上級役員を配置しないかぎり、その企業とブランドはリスクにさらされることになる。本当のリスクとは、ネット上で何か失敗を犯すといった小さなものではなく、顧客関係深化に関する高い運用能力をもたないことだ。

　ソーシャルメディア戦略に取り組まない理由としてリスク回避をあげる向きが多いが、皮肉なことに現実には、ソーシャルメディア戦略に取り組まないことが、逆に大きなリスクにつながる。実際には、企業からの発信や倫理性、顧客支持（アドボカシー）に対する大きなリスクが存在することが、ビジネスとしてのソーシャルメディアに早急かつ積極的に取り組むための非常に大きな動機づけになる。

❖──新たなサイロをつくらないこと

　ソーシャルメディアは、単一部門で管理できるようなものではない。風評リスクのコントロールが目的なら、熟練したマーケターが可能なかぎり企業ブランドを良好な状態に保持するという面もあるが、ソーシャルメディアを管理す

るためには、あらゆるところで一人ひとりの従業員レベルまで下りることになる。独立した部門内で完結するものではない。実際には、商品開発部署や顧客と接点をもつ部署はすべて、顧客エンゲージメント担当組織をサポートするべきである。つまり、すべての商品関連部署やチャネル関連部署、コストセンターに信頼のおける担当者を配置して、エンゲージメント集中担当組織と連携する窓口とすることが推奨される。

エンゲージメント担当組織には、組織横断的な人員の参画が必須である。その主な役割は、ソーシャルメディアの管理規則を作成したり、職業人という文脈においてソーシャルメディアをどう使うか（あるいは使わないか）、つまりヒトが個人としてできることと、企業人としてできることの、明確な線引きについて社員の教育・訓練を行なったりすることだ。

❖──ソーシャルメディアの戦略的活用

企業をソーシャルビジネス型に変革し、ソーシャル・エンゲージメントにおける卓越性という新たな顔を獲得することは、短期間では不可能だ。その際に実施すべきなのは、スキルと能力のギャップを明確にすること、役割、方針、プロセス、目標設定、投資、分析、投資対効果の計測、および何百何千の職員の教育訓練等を再定義することである。

多くの企業がソーシャルメディアの積極的活用に踏み込めないでいる理由は、難しいものではない。

必要なのは、健全なエンゲージメント戦略を立案することと、高スキルのチームを育成・組織するか買収することだ。チームでは、適切なソーシャル・モニタリングツール（傾聴とエンゲージメント）および分析ツール（データと知見）を用いて、現在および将来にわたって、企業との交流が顧客にもたらす影響と、顧客との交流が企業にもたらす影響を分析する。

アルティメーター・グループは、ソーシャルメディアへの取り組み態勢が先進的な18の企業、例えば イーベイ、インテル、デル、シスコ等（銀行は1つも入っていない）を事前抽出して調査し、「先進的」ソーシャル取り組み企業がもつ共通の特徴を明確にした。

どの企業も経営レベルのソーシャルメディア戦略担当に権限を委譲し、業務横断的な専門組織を設置して、ソーシャルメディアを管理し、教育と訓練、調

表11-1　ソーシャルメディア先進企業の特徴

専門組織の役割	先進企業のベストプラクティス
企業レベルあるいは部門レベルでの専任かつ共通のハブとしてリーダーシップを発揮	組織横断的なハブ・スポーク型の専門組織であり、ビジネス目標と目的を文書化して明示している 組織全体に対して業者選定やモニタリング・分析・測定を実施するための専門能力を提供する
管理基準と強化施策を確立	企業のメディア活用指針を公開・強化し、職業人として許容されるやり方でソーシャルメディアに参加できる方法を明示して、従業員および企業が法的に守られるようにする
全社的な業務フローと対応プロセスを確立・展開	ソーシャルメディアの業務フローと対応プロセスを公開し、企業のソーシャルメディア担当者全員がソーシャルメディア上で顧客に回答する方法とタイミングを把握できるようにする ソーシャルメディア危機管理計画を策定し、役割と責任範囲、アクション項目の概要をまとめる
現行の教育実施と成功事例の共有	オンライン研修や、社内コラボレーションツール（イントラネット）を使った現行の教育、および社内会議、ランチオン会議等を通じた教育を統括する

出所：Altimeter Group 調査

図11-2　ソーシャルメディア専門組織の人員構成

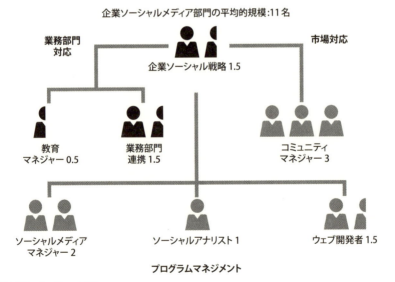

出所：Altimeter Group 調査

表11-2　ソーシャルメディア専任組織所属社員の役割

役割	説明
ソーシャル戦略担当	ソーシャルビジネスのリーダー。全体構想と投資に関する説明責任を持つ。戦略担当は主として社内対応を受け持ち、各部門と調整、協業する
ソーシャルメディア担当	各部門と調整し、ソーシャルメディア施策を立ち上げる。ソーシャルメディア・マネジャーは、社内外のコミュニケーション調整、メンバーの指導、計画策定をリードする
コミュニティ担当	主に社外向けおよび顧客との対話をリードし、コミュニティと企業ブランドとの連係を担当する。コミュニティ・マネジャーは、社内関連部門よりも、地域社会により多くの時間を使う
ソーシャル分析担当	ソーシャル分析担当は、企業ブランドのモニタリングやソーシャル分析、ウェブ分析、伝統的なマーケティング・ツールを活用し、ソーシャルメディア関連施策の測定や報告を担当し、また個々の部門に対応する
ウェブ開発担当	単一の施策として、または既存体系に組み込むものとして、ソーシャル技術の実装計画、評価、構成や統合を専門担当として支援する
教育担当	複数の部門や一般社員に対して、ソーシャルメディアの施策や成功事例を含めた教育を計画し実施する
各部連絡担当	社内でのパイプ役として他部門と協力し、必要リソースを提供したり、社内の一貫性保持を行う

査研究、分析の枠組みや委託者選定等の機能を企業全体の共通機能として提供している。

　同調査によると、ソーシャルメディア先進企業には表11-1のような特徴がある。

　さらにこの調査で、企業のエンゲージメントまたはソーシャルメディア専任組織には何名の正社員が配置されているか質問したところ、平均11名と回答を得た。その役割と責任範囲は図11-2のとおりである。

　ソーシャルメディアやエンゲージメント専任組織所属社員の最も一般的な役割は、表11-2のとおりである。

リスク軽減 VS ROI

　ソーシャルメディアやモバイル対応などの新たな販売チャネル・取引チャネルやその基盤技術の採用については、その速度を緩和しようという、銀行特有

の組織心理が存在している。私はそれを、組織慣性と、既存プロセスや施策の周囲に生じる根本的な軋轢と称していた。

バンカーが、知性や創造的思考を欠いているわけではない。銀行内でアイデアが流通していないわけではないし、変革の必要性についてバンカーがグローバル会議で発言することは日常的にある。しかし、銀行には強固な組織手順があるため、ゲームを変えてしまうようなイノベーションの実行の段になると、成功例は少なくなってしまう。

新しいプロジェクトを実行に移す前の段階で、具体的なROI数値の立証にこだわるという組織慣性が存在する。そうなるのは、ほとんどの銀行で利ざやが減り続け、規制がより厳しくなっているため、資本配分の決定理由や存在するリスク量に対する説明要求が高まっているからだ。さらに銀行は、グローバル金融危機の再来に備えて、予算を厳しく保守的にしている。銀行があらゆるリスクを回避したい現在では、新たなチャネルや商品や変革は「リスクが高い」とみなされてしまうのである。

革新的な商品には比較対象がないのが当たり前だから、ROI算出は必然的に難しい。経営陣は短期的収益（四半期ごと）に説明責任をもっていて、長期的収益を犠牲にして短期的業績をかさ上げするインセンティブが働くため、その短期的な要求は相反するものになる。したがって、革新的な施策ではあっても、短期的に痛み（損益上のコスト）を伴い、長期的収益が不明確なものに対しては、経営陣は喜んでスポンサーになりたがらないことがよくある。

承認前のROI分析が詳細に行なわれないと、革新的なアイデアは却下されないが、「パイロット・プロジェクト」の名の下にわずかな資金と人員で延命維持されることがよくある。プロジェクトチームのメンバーは他業務との兼任参加が多く、不明確なROIをきちんと証明しないといけないという組織的メンタリティの虜になってしまう。さらに彼らは、ITの側から決められる「統一のリリース・スケジュール」や「変更管理基準」に沿って作業を進めなければならないために細部にとらわれる一方で、「ROIを証明できる完璧なプロジェクト完了」を目指して一生懸命頑張るが、結局のところそれは決してうまくいかない。

とはいえ、「パイロット・プロジェクト」を実施することで、経営陣はIRレポートや説明会で変革について語り続けることが可能となる。銀行が至る所でパイロット・プロジェクトを実施しているように見えるのはこのためである。クリス・スキナー氏は、「こんなにパイロットを数多く抱えていると、銀行は航空

会社になってしまいそうだ」と、「フィナンシャル・サービス・クラブ」のブログに書いている。

　銀行がソーシャルメディア参加と顧客エンゲージメントの分野で変革を起こすには、CEO自身が本格的にリーダーシップをとることが重要である。CEO直下に戦略担当を置く必要があり、戦略担当は以下の条件を具備すべきである。

・削られるリスクのない適正な予算
・専任担当組織を組成し、最適な外部コミュニケーション・パートナーを配置する裁量権限
・ガバナンス方針と教育・訓練施策の公式化、およびKPIを設定して施策効果や共感（アドボカシー）の生成状況を測定するモニタリング・分析ツールの整備
・新たな施策を試行するための裁量権限
・法律およびコンプライアンス上の障害なしに業務に取り組める裁量権限

圧倒的優位なプロシューマーとの関係深化のために

　情報化時代となったことで、われわれが受け取って処理する情報量は日々増加の一途である。一日で送受信されるテキストメッセージの数は、地球上の総人口を上回る。2011年の中国の旧正月には、わずか1週間で260億件以上のテキスト・メッセージが送信された[5]。『ニューヨーク・タイムズ』紙の1週間分の情報量は、18世紀のひとりの人間が一生で扱う情報量よりも多いとされている。結果として、2011年1年間だけで5エクサバイト（つまり 500京バイト）を超える新たな情報が生み出されたことになり[6]、これは、過去5000年間の人間の歴史上、生まれた情報量全体よりも多い。その上、世界で生成される技術情報の量は、2年ごとに倍増している。こうしたコンテンツはどこで発生するのだろうか？

　ここで紹介するのが、**プロシューマー**、つまり情報の生産者（Producer）であり同時に消費者（Consumer）であるという存在だ。プロシューマーとは私たちウェブユーザーであり、ウェブ上でコンテンツや情報をつくり、利用する者のことだ。Web 2.0現象によってユーザーのコラボレーションが創出され、そこではソーシャルネットワーキングやバーチャル・ワールド、ネットワーク接続さ

図11-3 インターネットの1分で何が起こっているか

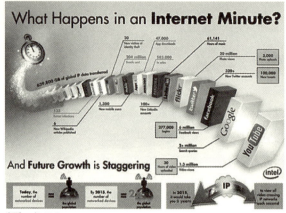

出所：インテル

れたアプリケーション、その他同様のツールが機能するようになった。現在の私たちは、単なる消費者とかコンテンツの「読者」ではなく、驚くべきペースでコンテンツを生産し、消費しているのだ。

プロシューマーの活動に関するインテルの統計情報を示そう。インターネット上では毎日、わずか60秒のうちにこれらのことが行なわれているというのは驚くべきことだ。

* 8つのウィキペディア記事の作成（1年で310万件相当）
* 5万5000件のアプリのダウンロード
* 230万件のグーグル検索
* YouTubeへの30時間分のビデオのアップロード（わずか3年前より50％増加だが、同じ1分間に130万件のビデオが視聴されている）
* ツイッター上で10万ツイート
* およそ1万曲の不法ダウンロード（多くは合法ダウンロードが不可能な地域で発生）。6万1000曲がパンドラなどのサービス経由
* これらのインターネット上のデータは常に変動し成長しているので、上述の統計情報は、目にするときにはすでに過去のもの

いまや、地球上の人類の数と同じくらい多くの機器がインターネットとつな

がっている。モバイルやタブレット技術の拡大により、自動車や冷蔵庫、メディア・プレーヤー、ゲーム機器など、今後わずか3年以内に地球上の人口の2倍の数の機器がインターネットとつながるようになるだろう。最近では、世界のIPアドレスは、観測可能な宇宙の星の数よりも多いとまでいわれるようになっている[7]。

こうした情報を目の当たりにして、インターネットとそこで毎年やり取りされる921ペタバイトの情報が私たちの世界に起こしている劇的な変化を実感しないでいることなどありえない。情報量だけを見ても、情報をきちんと管理するための新たなツールやメディアを見いだす必要がある。その点皮肉なことだが、Web 2.0 現象は、YouTubeのような多くの例に見られるように、コンテンツ生成および管理の双方を行なうツールを生み出した。

この変化を考えると、銀行や他の企業は、この新たなメディアを介してコンテンツを提供していく必要がある。でなければ存在意味を失ってしまうことになる。だが調査が示しているのは、現時点では50%以上の銀行がこの状況を脅威ととらえ、就業時のソーシャルネットワークの使用を禁止している[8]。顧客は銀行や他のサービス企業と共同で顧客経験全体を改善することに前向きであるのに、こうしたフォーラムやネットワークに参加しないでいると、銀行はその機会を逸することになる。これは、多くの銀行がBank 3.0パラダイムの本質を把握していないことのもうひとつの証拠である。

「個」客と接する

顧客経験のギャップが広がっている。つまり、顧客のリテールバンキングに対する要望やテクノロジーの利用体験と、今日のリテールバンキングにおける顧客エンゲージメント・モデルとのギャップが大きいのである。銀行はこのギャップが、乗り越えられない障壁になる危険性を有していることを認識すべきだ。考えてみよう。今日の金融サービスを受ける顧客の心理状態はどのようなものだろうか。困惑。不信感。不安。「経済」から置いていかれた感覚。金融サービス企業に見捨てられた感覚。それでも自分で操縦桿を握りたいという思いなどだ。

その一方で、顧客の行動と期待は、技術革新が起こるたびに変化していく。

顧客は情報を得たり、関係を深めたり、さらには楽しく過ごすといった体験を求めている。デジタルの世界では顧客はモバイルであり、おそらくソーシャルでもある。仕事でもプライベートでも、個人的に意味のある付き合いを好む。それに引き換え、現在のリテールバンキングサービスは、顧客に何を提供しているだろうか。営業店、ATM、コールセンター、メール、オンライン請求書支払いなどは、ますます一般的で取引事務的な経験となっていて、人間味に欠け、変化し続ける現実をまったく反映していない。

　銀行はどこに向かおうとしているのだろうか？　豊かでパーソナルなオンライン体験、モバイルワレット、ソーシャルメディア、「未来型営業店」、タッチスクリーン式ATM、パーソナライズされたデジタルマーケティング等々。顧客が自分のお金の管理に使うチャネルやツールは、劇的に変化している。テクノロジーはこれまで、しばしば顧客との親密さを犠牲にしつつ、効率性と利便性を向上させてきたが、それがいまや、これまでになく、顧客とつながるパワーを有するものとなっているのだ。用意はできているだろうか？

［注］
1)　以下を参照。http://news.sfoa.efinancialcareers.com/News_ITEM/newsItemId-23752
2)　Sapient Nitro Engagement Banking Survey, September 2010 (http://www.businesswire.com/news/home/201009101006310/en/SapientNitro-Unveils-Engagement-Banking-Concept-Interactive-Report)
3)　Javelin Strategy & Research (https://www.javelinstrategy.com/brochure/237)
4)　Chartered Institute of Marketing "Social Media Benchmark: Wave One," March 2012 (http://www.smbenchmark.com/the-benchmark/results-wave-one/)
5)　China Daily (http://www.chinadaily.com.cn/china/2011-02/16/content_12021489.htm)
6)　グーグルのエリック・シュミットは次のように推計している。「私たちは人間の始まりから2003年までに生み出したのと同じだけの情報量を2日間でつくり出している」(http://techcrunch.com/2010/08/04/schmidt-data/)
7)　Mashable (http://mashable.com/2012/06/07/now-there-are-more-internet-addresses-than-stars-in-the-universe/)
8)　Sophos Security Online Survey

Chapter 12 Mobile Payments, Digital Cash and Value Stores

モバイル決済、デジタルキャッシュ、価値貯蔵

　モバイル決済とは、現金・小切手・クレジットカードに代わる決済手段群のことである。これらの決済手段はとりわけ少額決済の有効な方法として、米国、アジア、ヨーロッパにしだいに広がっていった。モバイル決済のシナリオでは、消費者は、現金や小切手、クレジットカードの代わりに、携帯電話を使ってサービスや商品の代金を支払うことができる。

　モバイル関連の決済を大別すると、7つの様式がある。

- SMSメール利用による決済
- モバイルによる直接請求
- モバイルアプリによる決済
- モバイル商取引またはウェブ決済
- P2P決済
- 仮想通貨による決済
- 非接触タイプの決済

モバイル決済は主流なのか？

　もし識者の言うことを信じるなら、モバイル決済が主流となるにはまだ何年もかかる[1]。しかしながらそれは、業界の状況の正確な評価ではまったくない。
　第一に、モバイル決済は、図12-1に様式を示したように、いくつもの種類が

図12-1　モバイル決済の様式

存在しうる。現時点で、およそ半分の先進諸国では、過去12カ月の間になんらかのモバイル決済ができるようになっている。少なくともスマートフォンかiPadから、アプリの購入、またはアプリ内課金ができるということだ。比較でみれば、2011年には、世界全体で小切手よりモバイル決済の利用が多くなった[2]。事実、EU諸国全体ではひとりが平均年に10回小切手を利用するが、年間およそ80のアプリをダウンロードしており、その大半はモバイルアプリのストア経由の購入である。

　小切手は主流であるといえるだろうか。もちろんそうだ。それでは上記の単純な尺度に基づいて、モバイル決済が主流であるとはいえないだろうか。

　ACIワールドワイドとアイテグループの最近の調査[3]は、14カ国のスマートフォン利用を詳細に調べたものであるが、モバイル決済が標準的な行動であるという顧客グループが確認されたという。このグループは「スマートフォンマニア」と名づけて分類された。

　同調査によると、スマートフォンマニアの80％はスマートフォンをモバイルバンキングに利用する。他方、非マニアの人ではわずか3分の1しか利用しないとされている。2012年に、スマートフォンマニアの70％がモバイル決済を利用しているか、利用意向があった。他方、非マニアの人は25％にも満たない。スマートフォンマニアは一般的に若い消費者である。ジェネレーションY（20〜31歳）の36％はスマートフォンマニアで、ジェネレーションX（32〜46歳）ではほぼ3分の1である。この数字はベビーブーム世代（47〜65歳）では18％、シニア層（66歳以上）では6％と著しく低下する。

　　「スマートフォンマニアは、商品やサービスの購入と同様に、銀行とのやり取りにも熱心にスマートフォンを利用する。彼らは明らかに新興の顧客勢力だ。スマートフォンマニアは、モバイルバンキングやモバイル決済の利用率

を高めており、変化の主体となるだろう。金融機関および小売業はこれに適応する必要があり、そうでなければ取り残されるリスクを負うことになる」

——ロン・シェブリン、上級アナリスト、アイテグループ

ACIとアイテの調査では、世界の消費者のほぼ4分の1（25％）はスマートフォンマニアで、米国や欧州よりもインドや中国で高い数字を示したとある。なぜそうなっているかというと、インドや中国のような市場では、カードのような決済手段の選択肢が、まだ人口の大半にとって新しいため、モバイル決済がそれらとしのぎを削りつつ増加しているからだ。

アジアでは、この10年間でモバイル決済が主流になりつつある。**日本ではモバイル決済の基準が設定されており**、4700万人の日本人が非接触IC内蔵の携帯電話を保有している[4]。2013年には、中国単独で非接触式決済の利用者数が1億6900万人になるであろう。推計にもよるが、**2015年までにモバイルによる金融のサービス利用**は5億〜10億人になるとされている。モバイル金融サービス市場の大宗を占めるのはアジアとなり、そこでは発展途上国の非銀行利用者層に銀行取引を行なわせるために、モバイル運営業者主導方式で推進されることになろう。携帯モバイルによる送金や振込は、モバイルバンキングの3倍の速さで拡大している[5]。モバイル送金はモバイル決済の一形態であり、本質的にはP2Pである。

マスターカードが2012年5月に発表した調査[6]では、米国ではモバイル決済の準備が整っているとはいえ、テクノロジーの整備が進んでいる国のトップ10のうち9カ国は、アフリカ、中東、アジアの国であった。皮肉なことに、ケニアでは人口の50％が日常的にSMSメールで送金しているのに、米国ではほとんどの消費者がいまでも小切手を書いている。米国が先進経済であるといえるのだろうか。

韓国では、6000万台以上の非接触型の携帯電話が利用されている[7]。ほとんどはFeliCa（フェリカ）標準であるが、待ちきれない消費者によって、NFC対応の携帯電話はすでに500万台以上購入されている。

2012年にはほぼ3分の1の韓国人が、音楽、ビデオ、携帯の着信音、オンライン・ゲーム、新聞記事や他のオンライン商品を購入し、その請求を毎月の携帯電話代としていた。これらモバイル取引の売上合計額は、2008年単年で1兆

図12-2 公共交通機関と決済向けのT-moneyの非接触方式の適用

出所：インターナショナル・ヘラルド・トリビューン

7000億ウォン、すなわち14億米ドルになる。2012年には、2100万の韓国人が携帯電話のデジタル・マルチメディア配信（T-DMBとして知られる）でテレビを見ることになろう。韓国では販売される携帯電話の40％に、このような無料配信テレビの機能が装備されている。

T-money™は、SIMカードに電子マネーを保存、追加チャージし、そのチップ内蔵の携帯電話が、地下鉄やバスの乗車、またはセブン-イレブンや自動販売機でのスナック、学校のカフェテリアで利用可能だ。いまでは韓国の親たちは、子どもに現金を渡す代わりに子供のT-money口座に送金している。

> 「もし家に財布を忘れても、それに一日中気づかないかもしれない。でも、もし携帯電話をなくしたら、私の生活は地下鉄に乗るところからつまずいてしまいます」
> ——21歳、キム・ヒヨン、スンミョン女子大学（ニューヨーク・タイムズ、2009年5月[8]）

日本では、電子マネーとモバイル決済は1999年に開始されて、その利用は急増している。電子マネーとモバイル決済は、今日すでに日本の経済の重要かつ大きな部分を占めている。日本はいまやモバイル商取引で進んでおり、国民の72％はインターネットが使える携帯電話またはスマートフォンを使用していて、インターネット利用者の40％以上は電話から購買を行なう[9]。

2003年、ソニーのFeliCa ICの半導体チップを内蔵した携帯電話が、初の「お

274 | Part 03 未来への道——チャネルを超えて

図12-3 ソニー／ドコモソリューションによるNFCを適用したFeliCaテクノロジー

サイフケータイ」として紹介された。今日、日本のおサイフケータイの大多数は、この標準に基づいている。

現在、日本には「**エディ（Edy）**」と「**モバイルスイカ**」の2つのシステムが並存する。エディは、世界中での成功を願ってのユーロ（Euro）、ドル（Dollar）、円（Yen）の略称で、インテルキャピタルが成功を信じてエディの運営会社、ビットワレット（ソニーによる支援）に投資したものである。モバイルスイカ（FeliCaとして知られる）は、NTTドコモのおサイフケータイ機能付携帯電話のサービスとして、2006年1月28日に開始され、ソフトバンクモバイルやウィルコムにも提供された。当初は、JRの通勤利用であったが、いまでは日本中の通勤者の90％以上がこのモバイル乗車券決済を利用する。

日本の電子マネー利用は、2007年に2つの大手小売業のイオンとセブン&アイがそれぞれ独自の電子マネーを開始したことにより大衆化した。イオンとセブ

ン＆アイの取引は、現在のすべての日本の取引のほぼ半分を占める。

　日本の電子マネーがどれほど大きいかを示そう。プリペイド型電子マネーの国内最大発行者のエディの取扱額は、2010年に2倍に拡大して、1兆4000億円（150億米ドル）となった。2011年のペイパルの世界中のモバイル決済額が40億米ドルであるから、早くても2013年までは日本の規模を上回ることはできないであろう。日本は明らかにモバイル決済のグローバル・リーダーである。

　エディとスイカを通じて、45万の店舗または流通ルートで、毎月8400万回の非接触型モバイル決済が行なわれている[10]。小売業者のイオン、パスモ、ナナコ（セブン＆アイ）を通じては、上記以外の30万店舗で、毎月1億2000万回の非接触型モバイル決済が行なわれている。

❖──モバイル決済の行動様式

　より広い視点でモバイル金融サービスを見れば、ビザは、革新的な決済ベンチャーであるスクエアへの投資や最近のモバイル決済サービス会社ファンダモ（Fundamo）の買収と、主流となることを目指して強力な手を打っている。モバイル機器を使った店頭決済の主な課題のひとつは、プラスチックカードとPOS機器から、モバイルとモバイルの取引へと消費者の行動様式を変化させることである。

　ビザがスクエア・リーダー（訳注：カード読取機器）の大衆への普及を推進すれば、市場の認識は急速に変化することになるだろう。携帯電話を使う加盟店の数が増加し、それで次第にテクノロジーへの信頼が築かれ、決済手段としてのモバイルの消費者への普及に向けた、しっかりした足がかりが生まれることになる。

　ひとたび携帯電話が決済のメイン機器となれば、論理的には時間の問題で、プラスチックカードはモバイルサービスに取って代わられ、携帯電話のNFCまたはアプリによるモバイル店頭決済となり、さらに重要なこととして消費者の行動様式が変化していく。

　技術が論理的に行き着く先は、NFC内蔵の携帯電話をかざすだけでドアが開き、よりセキュリティが重要な環境では、必要な追加認証が要求されるというものだ。そうなると、会社支給のセキュリティ・カードは不要になり、代わりに個人の携帯電話に電子社員IDが登録され、本人確認、ID盗難、マネーロンダ

図12-4　スマートフォンをPOS端末に変えるスクエア機器

リング防止といった、規制当局が気にしている個人特定の主要な手段になる。同じ方法が私たちの家の出入りにも使われ、家が在宅を認識し、好みに応じて暖房を入れ、テレビをつけて特定の個人に合わせたニュースを表示する。フェイスブックやツイッターのアカウントと同じように、現実の世界でコンテキスト化を行なうのである。

　現実に、これらを実現する技術はすべて存在している。NFCは標準化され、ドア用リーダーは大多数の会社ビルに存在するし、9億人がフェイスブックのアカウントを持ち、4億人がツイッターを持っている。セキュアUSSD暗証（訳注：USSD〈Unstructured Supplementary Service Data〉は、GSM〈Global System for Mobile〉で利用可能なメッセージ交換技術）は普及型の携帯電話にも認証要求を送信可能であり、それによって、私たちは自分が誰々だと名乗り、登録済SIMカードを保有して同じモバイル機器を使っていて、その場でサービスを要求している当の人物であると、物理的レベルで認証することができる。複数の業界でモバイル適用の規模が拡大されていることから、この最も個人的なデバイスが、将来の消費者サービスにおいて重要な役割を担うことは間違いない。

　このように必要なものすべてが存在しているのに、これらを実現する革新的なエコシステムが幅広く普及していないのはどうしてだろうか。

　主な理由は、業界の横断的な連携がないことである。NFC企業の人間は、ドアのセキュリティ会社に自由に話しかけないし、ドア会社は顧客企業にオープンな認証方式の採用をアドバイスすることもない。銀行はまだ完全にモバイルを理解しておらず、モバイル決済のもつ本当の力を受け入れていない。そして、

モバイル決済における個人とその選好を特定する世界共通の手法であるフェイスブックやツイッターの力の活用について、よく検討していないのである。ペイパルとチェース銀行は、簡単な友人間決済の機能を試行したが、銀行レベルでソーシャルメディアを統合した例はまだない。例えば、同一銀行内であっても銀行口座とソーシャルメディアのプロファイルとはリンクしていない。そのため、PyggやTwitPayを選ぶ以外には、ソーシャルメディアのプロファイルを利用した支払いや受け取りの効率のよい方法がない。銀行の組み込みはうまくいっていない。

消費者決済業界は、少なくとも部分的には公共政策によって歴史的に形成されてきた。歴史的に、政府はお金の製造を独占してきた。どのような決済方式であれ、売り手と買い手の双方に信頼が必要となることは明らかであり、そのため政府は、その関係を保証する法律を制定・施行する必要がある。より議論が分かれるイシューは、民間企業の決済システムにおいても、政府はその市場を保護する必要があるのか、またあるとすれば、どの程度かという部分である。

成功が断片的なものしか見られないのは、これが主な理由のひとつである。例えばケニアでは、規制当局がより緩やかな対応をしたことで、M-Pesaモバイル決済が急速に市場支配を確立した。一方、南アフリカの規制当局は、現金入出金の取り扱いは銀行のみに限るとしたため、モバイル・マネーは近隣のケニアのように発達しなかった。

どちらのアプローチが正しいのか。金融の包摂性の点からいえば、ケニアの例のほうがはるかに建設的で、地域社会に対して社会的責任を負ったアプローチを示した。また有益な経済活動を創出し、犯罪を減らし（現金に関して）、参加者の貯蓄を増加させた。では南アフリカのアプローチはどうであったか。確かに、銀行が中抜きされる（ディスインターミディエーション）リスクを減らし、モバイル決済市場に起こりえる不正のリスクを減らした。しかしながら、ケニアのアプローチのほうが、経済および個人にとってはるかに前向きなものであったと私は主張したい。

モバイルワレットの登場

ビザとマスターカードはすでに知っていることだが、モバイル決済とその普

及を推進するのに必要な行動は、すでに幅広く受け入れられている。マス市場は、プラスチックカード、現金、小切手と比較して、使いやすさとモバイル決済の方式を好む。ほとんどの先進国では、デビットカードの利用が増加する一方で、小切手の利用は急激に減少し、現金の利用は減少している。米国では2011年、プリペイドのデビットカードが電子決済方式で最も利用を伸ばし、2000億米ドルの利用があった[11]。プリペイド・デビットカードとスマートフォンが合体すればPOS決済（NFCまたは他のカードレス方式で）ができるようになるが、そうなると私たちは破壊の嵐に直面する。

　この12カ月、ビザとマスターカードはいずれも、既存のすべての加盟店POS機器をPCI（訳注：Peripheral Component Interconnect。パソコンの機能拡張のための接続規格）準拠のNFCモバイル決済仕様のものに交換する動きを加速させている。これは、もし生死がかかっているかのごとくNFCを推進しないでいると、モバイルが独占的な決済デバイスとなって、決済が新たな「ネットワーク」に移行してしまうのを、ビザとマスターカードは知っているからである。決済手段の組み合わせの一部として彼らが現行決済ネットワークを生き残らせる唯一の方法は、モバイル決済による行動様式の変化（NFCか他のソリューションかにかかわらず）をサポート可能にしておくことである。

　ビザにとってNFCは、POSによる従来のカード取引とモバイル決済の双方がサポート可能となる唯一の有効なソリューションである。これは秩序ある移行を実現するもので、必要なのはPOS端末の入れ替えだけだ。代替手段は、スクエア、ペイパルなどが推進する新たなPOSシステムになる。これは大手小売業者や加盟店にとってかなりの投資とリスクを伴うが、不可能なものではない。カード発行会社がいま一番困るのは、大手小売チェーンがスクエア、ペイパルやドゥオラとの契約を発表して、自分たちが時代遅れになってしまうことである。

　もしビザとマスターカードがこの24カ月以内に彼らのネットワークをスマートフォン対応に転換しなければ、スクエア、ペイパル、iTunesそして無数のプレーヤーが、彼らのネットワークをバイパスしてやろうと待ち構えているおそれがある。NFCの普及について何を主張しようが自由だが、注目すべきなのはそこではない。携帯電話による行動様式の変化が転換点なのであり、それがプラスチックカードを死に追いやるだろう。そしてそれはもう始まっている。

モバイル決済の構成要素が何かを考えてみよう。モバイル決済とは、携帯電話から、あるいは携帯電話経由で支払いをすることにすぎない。

その機能ひとつで、スマートフォンを持ち、アプリの購入やデジタルコンテンツのダウンロードをした人は誰でも、モバイル決済を行なうという習慣に足を踏み入れている。2011年にはアンドロイドとiOSプラットフォームで 約250億件のアプリがダウンロードされており、2010年より300％増加している[12]。米国では、これは人口の44％にあたり、転換点である50％は 2012年のどこかになると予想されている。

現実に、2011年には消費者の67％がモバイルを利用して現実の商品やサービスを購入したいと考えており（出所：ペイパル）、2011年12月だけで47％がスマートフォンを利用して購買を行なったという信頼できるデータがある[13]（歌謡・音楽、電子ブック、着信音、画像、映画、TV番組等のデジタルコンテンツが最も一般的な購買対象である）。

ビザ・ヨーロッパは、ロンドンのCHYP（コンサルト・ハイペリオン）運営の最近のデジタル・マネー・フォーラムで、2020年にはすべての決済量の50％がモバイルになると発表した。

以下は優れたモバイル決済方法で、すでに並外れた成功に至った例である。

❖──ペイパル

2009年、ペイパルのモバイル決済額はわずか1億4100万米ドルであった。しかし、2011年は40億米ドルへと飛躍的に増え、同社の発表では、2012年第1四半期は2011年通年とほぼ同額になった。そしてペイパル・ネットワークだけでの2012年のモバイル決済は100〜140億米ドルになると予測している[14]。ペイパルは、モバイル決済を、彼らのネットワークによる人から人への支払いである、とシンプルに位置づけている。しかしながらペイパルは、決済方式の変革に取り組んで、銀行によるACH（米国の自動決済機関）や電信送金という、バンキングシステムの中で唯一有効な小切手代替手段よりも、簡単で安くて早い電子決済手法をつくり出したのだ。

❖──スターバックス

モバイルアプリで稼働するスターバックス・カードは、わずか1年の間に北米全体のスターバックス店舗売上の4分の1を占めるに至った。これは15カ月間で

4200万件のモバイル取引である。モバイルアプリの利用は、2011年1月の140万件から12月には290万件へと、12カ月で倍増した。覚えておきたいのは、この決済方法は1年前には存在していなかったのに、いまや店舗利用の25％がこの決済方式となっていることだ。スターバックス顧客基盤の25％という数字を、新たな決済手法のマスへの普及や消費者受容として受け入れられないなら、その人はとても勇敢か、正気でないかのどちらかだろう。

❖──スクエア

2012年の大統領選挙準備では、オバマとロムニーの両陣営が、献金の受け入れにスクエアを使用した。2010年10月創業のスクエアは、そのプレス発表時点で、スマートフォン決済アプリを使う加盟店を200万以上抱えていた。米国に800万の加盟店しかないことを考慮すると、米国の加盟店の25％が、スマートフォンを使ったクレジットカード決済を利用していることになる。しかもそれは2年半に満たないうちに起こったことだ。スクエアは、プラスチックカードを使うことから、「本当の」モバイル決済でないとの意見もあるが、行動様式の変化という私の議論に戻って考えてみよう。ひとたび小規模小売店や地域の加盟店が、携帯電話でカード読み取りをする決済（例えばスクエア）を日常的に行なうようになると、次にその加盟店が携帯電話を消費者に指先でタップしてもらう決済（カード読み取りの代わりに）の受け入れに転換するのは簡単だ。ペイパルやスクエア等のテクノロジーは、電話番号や氏名等を使うだけの決済も可能にしている。そこに物理的なやり取りは不要だ。加盟店がいったんスマートフォン経由で決済を受け入れると、現行の参入障壁は実質上なくなってしまう。つまり、加盟店は高機能のPOS端末などに投資する必要がなくなるのだ。

　ペイパルは、スクエア（訳注：四角の意あり）をライバル視した「三角」のカードリーダーをすでに展開し、スマートフォン〜POS領域で近い将来競合となることを目指している。欧州では、米国スクエア機器のEMV（ICカード）仕様版であるアイゼトル（iZettle）が生まれた。2011年10月、アイゼトル社は成長計画実現のため、1100万米ドルのシリーズAファイナンス（ベンチャーのスタートアップ支援）を求めた[15]。アイゼトル社はスウェーデンを拠点としている。しかし、アイカルト（iCarte）社、アープリー（Erply）社、アイマグ（iMag）社といった競争相手がいて、また同様にNFC対応を狙う他の企業もある。

❖──Dwolla（ドゥオラ）

　スクエアやペイパルと違って、ドゥオラは入出金の機能だけではなく、既存の決済ネットワークとまったく独立して機能する。ドゥオラの戦略は、現在のお金の移動にかかるトランザクション・コストの攻略だ。10ドル未満の取引ならば、振込（または決済）は無料、10ドル超でも手数料は上限0.25ドルである。ドゥオラの顧客数は現在約7万（5000の加盟店や小売店を含む）[16]であり、すでに一日約100万ドルの取引をそのネットワークで行なっている。ドゥオラは、センシティブなクレジットカードの詳細情報はネットワークに通さず、安全なIDと取引詳細情報だけを送信するので、顧客と加盟店にとってのネットワークの安全性を主張している。しかしながら、ドゥオラは、決済ネットワーク以上のものであり、（ペイパルのように）口座残高が蓄積される。利用手数料不要でカード不正リスクもないデビットカードの代替品なのだ。決済のほとんどはドゥオラのモバイルアプリで処理される。

　ドゥオラは最近、米国で広く使われるACH機能（訳注：Automated Clearing House。日本の銀行間電信送金に相当）を代替する目的で銀行間の新たな取り組みを開始した。これを銀行向けの、銀行経由のP2Pであると考えてみよう。ただし、個人から銀行、そして銀行から個人への送金としてドゥオラのテクノロジーを使う。従来のACHに対するドゥオラの重要な優位点は、そのシンプルさである。送金の際に銀行の複雑な個人認証が必要なく、受取人の携帯電話番号または電子メールアドレスだけあればよい。資金移動と販売決済に関して銀行とその決済ネットワークがもつ最大の弱点が、現行システムの複雑さ（シンプルさの欠如）であることは、以前から知られている。変革や摩擦が生じる理由はそこにある。

誰がワレット競争の勝者となるか？

　モバイルワレットや新たなNFC技術について、特に米国市場の枠内での記事を読むときに常に疑問に思うのは、モバイル利用が最初に小切手を、次にカードを、そして最後に現金を打ち負かしていくなかで、この先5年の間に誰がモバイルワレットの戦いを制するかということだ。

図12-5　1970年代の最先端のクレジットカード受入技術

　その理由は、特に米国では、携帯電話会社が自社ネットワーク上でのモバイルワレットの利用を制限しようとしているからだ。最終的には、このような現在の試みはさまざまな理由で無駄に終わる可能性が高いが、その大きな理由はモバイル決済市場の細分化状態が続くことだ。しかし第一の理由は、クレジットカードやデビットカード業界とは異なり、歴史的に参入障壁が極端に低いことだ。解説しよう。

　1970年代と80年代に、ビザとマスターカードが登場した際、彼らはすべてのインフラを自ら構築した。加盟店にはクレジットカードを決済するPOS装備がなかった。当時はカード決済を処理するネットワークさえなかった。きっと覚えている人もいるだろうが、「平台型手動インプリンター」といわれる機械だ。その昔、そのデザインから多くの加盟店に「ナックルバスター（指関節壊し器）」として知られていたものだ。

　1980年代後半になってようやく、電子POS機器にカードを通すことが電子ネットワークによって可能になった。1988年、マスターカードは当時世界最大のATMネットワーク会社であったCirrus社を買収し、カード利用者は世界中で現金を入手できるようになった。当時のカード会社は、ビジネスに参入するために、銀行とのパートナーシップ、自社専用度の高いネットワーク、そして安全なカード発行能力を必要とした。それが理由で、ダイナースクラブ、ビザ、マスターカード、アメリカン・エキスプレス、後にディスカバー、チャイナ・ユニオン・ペイなど、プレーヤーの数は非常に限られたものになった。

　しかしながら、モバイルワレット分野に参入する場合、唯一必要なインフラは、携帯電話とIPアクセスを持つ顧客だけである。そのため、ドゥオラ、ベンモ（Venmo）、その他の新決済モデル業者は、ビザやマスターカードにお伺いを

立てる必要なしにこの領域に参入してくる。既存の専用ネットワークに接続する必要はない。だから、カードを発行するための何らかの特別な契約関係を結ぶ必要がないのだ。

現在のIP技術をベースにした新しいバーチャルワレットには、参入障壁は事実上存在しない。もちろん、消費者は現金の出し入れやワレットからの支払いやチャージが必要となるため、それを消費者に提供するバックエンド側では、ある程度の協力関係やパートナーシップが必要となる。しかしながら、今日の決済および銀行業界では競争が厳しく収益マージンが薄いため、プレーヤーたちはみな、新収益源の確保、パートナーシップ、まったく新しい協業などに争って取り組んでいる。

> 「消費者がプラスチックカードを出そうと革の財布を取り出す必要はもうない。その代わりに、携帯電話でワレットアプリにアクセスし、それをPOS機器上で振ったりタップしたりして、早くて効率よく取引を済ませられるようになるだろう。理論上は、新しい決済機会が訪れて、これまでひと握りのカードブランドに独占されていた市場に、新規参入の扉が開かれたのだ」
> ──ベリフォーンの2011年ホワイト・ペーパー「NFC決済およびPOS」

このため、ISIS（訳注：Intermediate System to Intermediate System。OSI〈開放型システム間相互接続〉向けに開発された、大規模ネットワークに向くルーティング・プロトコル。ISOにより標準化されている）におけるパートナー企業やグーグル・ワレットと組むスプリント社等のネットワーク・プロバイダーが、決済市場を占拠可能だという考え方はまったくばかげている。米国の独占禁止のルールが、このような競争上の障壁をほぼ確実に防止することを別にしても、そうした独占はすぐに維持不可能になるというのが事実だ。何よりもまず、携帯電話会社はプラットフォーム提供者として存在しており、モバイル最大の利用法となりつつあるもののひとつは、モノの購入決済のプラットフォームである。このため、この種の活動に制限を加えれば、携帯電話会社は急速に競争力を失うことになろう。もし携帯電話会社が、わずか1社でも結束を乱せば、残りは競合のために追随せざるを得なくなるだろう。

米国で最初にこの複占（duopoly）が崩れる機会があるとすれば、当然ながら、アップルのアイワレット（iWallet）、すなわち「Passbook™」[17]として知られる

ものだろう。アップルの次世代iPhoneでは、現在のiTunes仮想ワレットとNFC技術を統合する決済テクノロジーが内蔵されてくる。AT&Tやベライゾンが、彼らのネットワーク上でPassbookの利用を制限すれば、ビジネス上の自殺行為となるだろう。

　これは、モバイルバンキングのアプリで自身のワレットを提供したいはずの銀行を排除することになる。モバイル決済の主要な価値のひとつとして、取引の前後で自分の残高をリアルタイムで確認可能なことがある。少なくとも当初は、グーグルやISISのワレットはそれができないという課題がある。支出管理機能と透明性は、重要な消費者へのセールス・ポイントである。

　いまのデビットカード市場のローエンド側で多い不満は、顧客がカードで買い物をした際に、口座残高がマイナスとなったために貸越手数料が課されることだ。銀行は顧客の情報不足から目いっぱい収益を搾り取っているわけだ。このため、口座残高を決済機器につないで知らせ、不適切な支出の意思決定が避けられれば、その価値は非常に大きい。繰り返すが、銀行がワレット機能内蔵アプリを展開するのを、携帯電話会社が妨げようとしても、あまりうまくいかないであろう。

　最後に、ビザとマスターカードはどちらも自社製ワレットを導入している。マスターカードのペイパス（PayPass）ワレットとビザのブイミー（V.me）は、いずれもネット上のモバイルコマースのアプリ内に設定可能で、POS決済対応のNFC電話に統合された仮想ワレットをつくり出すことが狙いである。マスターカードとビザは、例えばPOSなどの自社の決済経路上で携帯電話会社が使用する機器を承認する必要がある。もし、携帯電話会社がビザとマスターカードによるネットワーク利用を拒否するようなら、ビザとマスターカードは、携帯電話会社の自社ワレット（例えばISIS）が伝統的なカードネットワークで動作しないようにアクセス制限すればよいということだ。

　そして、オペレーティング・システムの出番である。疑うまでもなく、グーグルのアンドロイド、アップルのiOSとマイクロソフトのウィンドウズ8は、いずれもOSに何らかのワレット機能が組み込んであり、アプリによる決済または類似のものをサポートする。電話やネットワークが接続するとすぐに、その同じワレット機能でNFCによるPOS決済までが可能となることは当然だ。携帯電話会社もカード発行会社も、携帯電話OS提供企業がワレットを実装するのを制限し

ても、明らかに勝ち目は薄いだろう。

戦いは、入り乱れている。

では、モバイルワレット戦争に勝つのは誰だろうか？

誰も勝者にはなりえない。現在のカードビジネスよりもさらに細分化が進むであろう。銀行にとって複雑なのは、小売分野でモバイルワレット提供を争うのに、モバイルワレット会社は銀行口座さえも必要としないということだ。ウォルマートやベストバイといった小売業者が、携帯電話アプリで使える自己完結型の店内ギフトカードを発行するようなことが、ますます見られるようになるだろう。大きな成功を収めたスターバックスのアプリのような、特定の店舗でだけ使えるミニ版モバイルワレットといったものだ。繰り返すが、携帯電話会社が販売現場で動くこの種のアプリを制限することは不可能である。

ここでの課題は、価値を保有するか、それを消費者に提供するのが誰かである。モバイルワレットの価値は何だろうか？　ここが独自の機会が存在する部分である。

現在のカードビジネスとは異なり、モバイルワレットの価値は決済だけにとどまらない。グーグルは、かなり早い段階でその価値を見いだし、その理解に基づいてモバイルワレット事業への参入を加速させている。

❖──大局観をもつグーグル

NFC技術に基づくグーグルのワレットは、決済方式だけがすべてではない。単に内蔵チップと暗証番号または非接触型カードから、非接触モバイル決済へと転換するだけでは終わらないのだ。それは、携帯電話とは、プラスチックカードでできないこと、すなわち**コンテキストを伝えることのできる決済機器**であることに関係している。

例えば、リテール銀行のコールセンターで現在一番多い問い合わせは、いまも「**私の口座の残高はいくら？**」である。この一片の情報と決済機器を組み合わせることで、日々の個人資金管理を行なうための有効なコンテキストを消費者に提供できるようになる。

もし私が消費者で貯蓄目標に向けて努力しているなら、銀行は、高額商品を購入することが、それにどの程度悪い影響をもたらしそうかを示すことができる。

もし私が小売店で競合銀行のクレジットカードを使おうとしていれば、銀行

から利息なしの支払プランを知らせることができる。

　もし私がこの大画面フラットテレビを購入すると、3日後が期日の住宅ローンが返済できなくなると知らせることができる。

　私がある小売店に入ろうとしていたり、通り過ぎようとしたりしているときに、大幅にお買い得な価格を提示できる。

　グーグルは、決済におけるコンテキストは、おそらくかつてない大きな広告市場となり、従来の検索ベース広告よりも、はるかにインパクトがあり、魅力的なものとなると結論づけている。これは、魅力があって適切でタイミングのよいメッセージを、銀行が顧客に提供することで、店内でのサービス経験を向上させられるということだ。またこれは、サービス提供者側が能動的に行動して、その行動の適切さや、日々の顧客の行動に反応したメリットの提供を通じて、大きなロイヤルティを生み出すことにつながるものだ。それは、顧客が銀行に行って、何かを依頼するときだけにとどまらない。

　未来を描き出すのは、自ら動こうとしない銀行やマーケティング組織ではない。また、われわれが買い物をするときにブランドを思い出させようと、次から次へメッセージを撒き散らすマーケターでもない。

　未来を描き出すのは、顧客を非常によく知り、そのニーズを予測し、顧客が銀行リレーションシップを活用し、お金を節約し、時間とプライバシーを大切にすることを実現してくれる企業である。信頼は取り戻すことが可能なものだが、ここでの信頼とは、銀行からオファーを受けてよいという信頼を得ていることと、的外れなダイレクトメール、新聞広告やテレビCMでその信頼を傷つけていないことだ。

　将来的には、決済時のコンテキストにメッセージが貼りつくようになるので、グーグルはその領域を我が物にしたいと考えている。この分野でグーグルに対抗しようとする者は、まだ誰もいない。ISISは決済について同じようには考えていないし、グーグルがもっているような、消費者にマーケティング・オファーを提示する力をもっていない。その観点ではアップルのPassbookがおそらくグーグル・ウォレットに近いが、アップルはロイヤルティと決済の組み合わせの方向をより目指しており、ワレットにiAdプラットフォームを統合する意向を見せている（訳注：iAdは、アップルがiPhone、iPad等の携帯機器に対応したモバイル広告プラットフォーム）。

Chap. 12　モバイル決済、デジタルキャッシュ、価値貯蔵　｜　287

グーグル・ワレットが何物であると考えるにせよ、それはNFC決済を推進する事業計画として最も魅力的なものである。そして顧客の決済経験の所有に関するすべてのことを除けば、銀行との競合関係は何もない。

仮想通貨

　ビットコインは、世界中どこからでも誰とでも簡単に決済できる実験的な新しいデジタル通貨である。その運営はP2P技術を使用しており、中央権力はなく、取引の管理とお金の発行はネットワーク上で集合的に行なわれる。ビットコインは、この革新的な仮想通貨を利用するためのオープンソース・ソフトウェアの名前でもある。

　この数年の間に、ビットコインが創造したP2P通貨は、世界の市場に驚くべき地歩を築いてきた。

　現在、アンドロイドとiPhone用のビットコイン取引アプリが複数存在しており、またペイパルに類似したネット決済システムも存在する。ビザやマスターカードのように加盟店にクレジットカード取引を可能とするのではなく、ビットコインはそのシステムをバイパスし、NFC技術を使って端末機器間の取引を容易にするものだ。

　ビットコインの新しい通貨は、サードパーティの処理業者やプラグインの専用機器を必要としない。このため、ビットコインは利用者に対して、取引ごとにわずかな課金をするだけですむ。スクエアやペイパルの取引アプリはクレジットカードを機器に通すたびに2.75％と2.7％を請求するのに対し、現在のビットコインの取引手数料は0.99％である。

　他の通貨と同様、ビットコインは取引サービスを通じて米ドルに交換ができる。2011年4月11日の実効レートは、1ビットコインあたり4.90米ドルであった。

　インフレが統制できないアフリカでは、1000億ドル紙幣を満載した手押し車を押さなくていいと、多くの加盟店がビットコインに首ったけだ。彼らは資産を保持するために競合となる通貨を見ているが、それがいつも米ドルやユーロというわけではない。

　ビットコインの匿名性がマネーロンダリングやその他の違法行為を助長する

という事実については、多くの議論がある。完全にオープンでコミュニティが統制する通貨であるために、そういった悪用に適していることは認めざるを得ない。しかしながら、疑わしい取引は、ビットコイン経済に現金を入出金するときに、伝統的な銀行システム側で警報が鳴ることになろう。

では、ビットコインが世界経済を大改革し、特にデジタル決済の領域で本当の競合通貨となることの障害は何だろうか。

主な懸念はセキュリティである。制度が存在するクレジットカードや銀行口座と違い、今のところビットコインでは、保護制度や不正に対する補償は提供されていない。最近、ハッカーが世界中のビットコイン口座を襲撃し、22万8845米ドルを略奪した[18]。

現在のテクノロジーで、取引のIP（インターネット・プロトコル）の作動やビットコインの流れから、その場の不正の事実は捕捉できる一方で、弱い鎖の環だったのは、ハッカーを追跡するための然るべき監視ツールを持っていなかったビットコイン交換所である。

懐疑派が提起する別の問題は、このデジタル通貨が本当にどの程度「分権化」されているかということである。ビットコインは、この手続きは現在コミュニティの合意で義務づけられていると主張するものの、実際は最初の開発者がいまだにシステムの重要な制御を握っているということだ。

加えて、経済の調整という問題がある。米国の連邦準備制度は、ドルの印刷と規制を司っている。もしビットコインが世界で広く受け入れられる通貨になれば、理論的には連邦準備制度よりも複雑で綿密な規制体が必要となる。つまりグローバルな規制体か役所ということだが、そのようなものは現在存在していない。

紛れもなく革新的ではあるが、現実世界の通貨に取って代わるには、ビットコインはもっと成熟する必要がある。とはいえ、最大の信任投票は加盟店や消費者が利用し続けることである。われわれは数年後には、何十億ドル規模のビットコイン経済を目にすることになり、それは侮れない力になるだろう。

モバイル・P2P決済

P2P決済は、急速に利用を伸ばしている。すでに業界で12年のベテランであ

るペイパルは、2011年に1180億米ドルを超える金額をP2P決済し、前年比29%増となった[19]。さらに興味深いのは、モバイルによる決済の増加である。2011年で40億米ドルであったものが、2012年には100～140億米ドルが見込まれ、ペイパルはモバイルにシフトしている。

ザッシュペイ（ZashPay）、クリアエクスチェンジ（ClearXchange）、クイックペイ（QuickPay）、ベンモ、ドゥオラ、その他がフリクションレス（摩擦のない）のP2P市場に参入している。フリクションレスと呼んでいるのは、これらプロバイダは、現在は銀行口座から別の口座へと送金する際に摩擦抵抗（フリクション）が生じているのに乗じているからだ。例えば、米国の電信送金やACHシステムでは、ある人から別の人に送金するには、転送番号・銀行口座番号・支店コードや住所などが必要であり、eメールやSMS、フェイスブック・メッセージ、ツイッターなどでは即時にコミュニケーションが可能であるのと比べてあまりに複雑だ。

銀行は、複雑な銀行間協定、クロスボーダー制約、レガシー・システムといった理由から決済領域での革新に腰が重かった。だからこそ、おカネの流れを改善するために、銀行に加えて、新しいP2Pインフラが登場してきたのである。これもまた、途上国に影響を与えた。

Chapter 06で見たように、携帯電話による送金は爆発的に成長している。世界銀行によれば、今日2億1500万人の移民が年間に4400億米ドル以上を送金している[20]。途上国はそのうち3250億米ドルを受け取っており、2009年から9%増となった。2010年には、移民からインドに550億米ドルが送金された。同国で評価の高いソフトウェア産業が生み出す収益を超える外貨収入源である。

銀行は、移民労働者は利ざやが薄すぎて魅力的な顧客層ではないと決めつけ、この1.5兆ドルの業界と市場機会のほとんどを見逃してきた。ケニアがその例で、4大銀行の顧客数が350万人であるのに対して、モバイル決済ソリューションのM-Pesaの顧客数は、わずか6年の短期間ですでに1700万人である[21]。これは、経済への「バンキング」の浸透、または基本的な銀行口座機能の消費者への普及において、銀行史上最も急速なものだ。だが皮肉なことに、それは携帯電話会社の手で成し遂げられた。

近年は、伝統的な銀行がモバイル決済の争いに加わってきた。2009年11月には、ミシガン・マーカンタイル銀行が、S1社の技術を取り込み、ペイパルを利用したモバイル決済ソリューションを発表した。

「この件は、モバイルチャネルの機能性拡大を反映したものであり、顧客期待がどちらを向いているかという強いシグナルを銀行に示した。モバイル機器のユビキタスさ。特にスマートフォンの急速な普及から見るに、信頼できる銀行関係と個人決済、そしてモバイルはひとつに収束していくものと予想される」[22]

——ボブ・イーガン、タワーグループ社調査部門グローバル・ヘッド兼チーフアナリスト

マーカンタイル銀行の顧客はこの決済ソリューションによって、ペイパルのネットワークを経由して、eメールアドレス、または携帯電話番号を持つ人なら誰にでも送金が可能になる。ペイパル口座を持っていない場合は、資金を受け取る前に口座を作成する必要がある。

2009年、キャッシュエッジ社は**ポップマネー**（popmoney）と呼ばれるサービスを開始した。インターネットバンキングとモバイルバンキングアプリのいずれからでも、顧客は受取人に対して、eメールアドレス、携帯電話番号、または銀行口座の情報で送金できる。銀行と支払いを受け取る契約をしている顧客ならば、決済資金は顧客の指定した銀行口座に直接入金される。そうでないときは、単にポップマネーのウェブサイトに入って、預け入れしたい銀行口座の本人名義情報を登録すれば、ポップマネーはSWIFTネットワークを利用して取引を完了させるのだ。

2010年、チェースは、ペイパルの類の企業に競合するものとして、主にモバイルアプリから操作し、P2P決済が可能な**クイックペイ**を開始した。バークレイズ銀行は遅れるものかと、2011年にモバイル特化の**ピンギット**（PingIt）を開始した。どちらも、銀行の顧客である必要はない。

2011年、JPモルガン・チェース、バンク・オブ・アメリカ、そしてウェルズ・ファーゴは、米国最大の3銀行間のP2P機能を、将来的に円滑化する目的でクリアエクスチェンジを設立し、賭けに乗り出した。ペイパルが同じことを始めてから遅れること11年である。

お金の抽象化がさらに進むと、お金のデジタル化は興味深い変革の分岐点にさしかかる。モバイル決済がその到来を告げ、価値貯蔵方法が豊富になり、通貨の概念の強要は困難になる。iPhoneのモバイルワレットを使ってウォルマー

トで商品やサービスを購入するのに、フェイスブック・クレジットがある日突然使えるようになったらどうだろうか？

　銀行のリスクは、銀行口座という、インフラ全体の中で基本となる唯一の部品しか持っていないことである。一方、電話会社や携帯電話のオペレーティング・システム基盤は、最終消費者にはるかに普及している。いずれにせよ、今後数年間にわたって、パートナーシップに関する数々の動きと、新たなマスターカードとビザのワレット・ソリューションを活用するさまざまな試みが見られるだろう。

　NFCは、P2Pの領域にどのような影響を与えるだろうか。究極的には、私が電話を持ってタップし、NFC経由で別の誰かの電話にワイヤレスで送金ができれば、POS機器も、カードも、銀行口座さえも必要なくなる。誰もまだ目にしていない、真に革命的なNFCの活用事例だ。電話をタップすることで、レストランで割り勘をしたり、庭師やベビーシッター、プール掃除人に支払いをしたり、街の市場で大道芸人にチップを払うことを想像してほしい。現金など不要だ。小切手も急速に消滅していく。人と人との遠隔地決済と、NFCによって実生活での支払いが可能になれば、それは小切手の創造以来の決済方式の2大構造変化になるだろう。

　ただし、NFCが普及して電話間決済の基盤となるまでには、電話によるPOS決済を可能にすることで、このテクノロジーを活性化させていくことがまだ必要である。NFCや新たな決済機能を活用するためには、販売現場のインフラにかなりの投資が必要になるであろう。

POSの進化

　NFCに関する議論や考察で欠けることが多いのが、それらすべてを実現するために必要なユビキタス機器、つまり商店のカウンターに置かれる決済受入機器の役割に関するものである。

　現時点でのPOS機器の活用は、顧客経験の観点から見てまったく不十分だ。私はPOS端末に、自分の名前や割引オファー、パーソナライズ情報が表示されるのを見たことがない。スターバックスでさえ、私のスターバックスカードを機械に通しても「ようこそキングさん、いつものトールサイズのスキムミルク入

り、ホイップなしの、ホット・モカのご利用で……」とは言わない。POS機器か、バリスタ店員か、または私の携帯電話にこんな芸当ができたら、けっこうイケてると思わないだろうか。

　技術面の要件としては、このようなPOS端末がNFC技術と統合される必要があり、携帯電話が提示されたときか、入店時（位置情報経由）にPOSがアプリと連携することに加えて、小売業者は、銀行や小売業者のシステムをリアルタイム連携させ、顧客に情報をフィードバックする必要がある。レジ精算の顧客経験については、列に並んでPOS取引を待つことはそのうちなくなるかもしれない。

　従来型のPOS端末に置き換わるものが何であれ、それがモバイル技術に基づくものであることは疑いなく、NFCかインターネット・プロトコル、または両方を利用することになりそうだ。

> 「今日では、最も進んだ形でRFID（またはNFC）を利用した場合、店に足を踏み入れ、カートに商品を積んで、誰とも話さずに出ていける。店の側はあなたが誰かわかっているからだ」
>
> 　　　　　——ランディ・カー、Shift4社マーケィング担当副社長

　皮肉なことに、おそらく米国でこういった変化が起こるのは最後になるだろう。なぜだろうか？　すでに従来型のPOS電話技術および設備に相当な投資がされているのが主な理由だ。販売現場のインターネット・プロトコルやクラウド技術へのシフトはすでに進んでいるが、米国の加盟店とカード企業はどちらも、磁気カードとダイヤルアップのシステムを変更することに消極的である。このため米国の消費者は、新しいリテール決済の次世代技術への転換をおそらく最後に迎えることになるのだ。

❖──フェーズⅠ：チップ・アンド・ピン構想（現在の進化）

　チップ・アンド・ピン構想として知られるスマートカード対応のクレジットカードは、ICカードすなわち「チップカード」と、IC対応のPOS端末やATMとを同時使用するためのEMV標準に基づいている。**EMV**の名称は、最初に標準を協定したユーロペイ（Europay）、マスターカード（MasterCard）、ビザ（Visa）の3社の頭文字である。ユーロペイは2002年にマスターカードに併合さ

れ、そして2004年にJCB（旧日本クレジット・ビューロー）が組織に参加した。アメックスも結局は折れて、2009年2月にEMVに参加した。

英国のチップ・アンド・ピン構想は、最初ノーザンプトンで試行されて2004年に全国的に展開し、「数字暗証で安全」というスローガンで新聞・雑誌や国営テレビで宣伝された。2005年1月1日の時点で、英国でのサインによるカード取引に対する債務が、小売業者に移転された。これは、小売業者がPOSシステムをアップグレードするインセンティブとして働くよう意図されたものだ。

チップ・アンド・ピン構想の導入によって、EU域内のカード不正は大幅に減少した。2011年、英国のカード不正は3年連続で減少し、この11年間以上で最少となった（2011年単年で17％減少）[23]。UKペイメント社の推計では、EU域内におけるEMVチップ・アンド・ピンの導入は、国内のカードを介在させない詐欺が50～75％減少という成果につながったとしている[24]。

米国は、磁気カードに代わりうるものとして、非接触型の標準を推進している。しかし、すでに世界のその他の地域でチップ・アンド・ピンが急速に普及しているので、米国は不本意でも敗北を認め、早晩、新POS技術の展開を開始する必要があるだろう。そうしなければ、米国市場は、チップ・アンド・ピンの段階を丸ごと飛び越えて、次のフェーズに向かう必要がある。

❖──フェーズⅡ：モバイル統合決済

クレジットカード、POSシステムとスマートフォンの統合のための応急措置は、すでに進行中である。POS端末とこれらの統合の課題は、2つの段階がある。まず、どのようにPOS端末と携帯電話のアプリが通信するか。そして、どのように消費者を認証し、本人の身元を証明するかである。

携帯アプリでの支払いを可能にする技術は現在2つある。1つ目はNFCで、携帯電話にICまたはスマートカードを内蔵し、チップ・アンド・ピンのクレジットカードとまったく同じように使用できるものだ。次期iPhoneは、この技術に関して真の破壊者になるであろう。

iPhoneの圧倒的な人気に基づけば、NFC対応の携帯電話が普及するか、それとも簡単にはそうならないかという議論はすぐに終わるだろう。カードはほとんど一晩にして不要になる。そのために必要なインフラは何だろうか？　iPhone利用の支払い受け入れに、加盟店がどれほど殺到するかを想像してほしい。大手小売業者は、見たことがないような速度で新しいPOS技術を展開するだろう。

米国にとってチップ・アンド・ピンは突如として問題でなくなり、テクノロジーを丸一世代スキップして、いきなりモバイル対応POSへと進むことになる。

　皮肉なことだが、2つ目の実行可能なテクノロジーは、アプリケーション式IPベースまたは架電ベースのいずれかのソリューションを利用しており、サポートするプラットフォームの開発なしで、今すぐに機能しうるものだ。POS端末さえまったく必要とせずに両方の方式で安全な認証を提供する企業が、すでに市場に存在する。スクエア、ペイウェア（PAYware）、ペイパル・ヒア（PayPal Here）、QRコード利用の決済オプションの参入者に関しては、すでに触れた。

　これらの2つの方法、すなわちNFCおよび電話ベース、またはアプリケーション／架電ベースのどちらが勝利を収めるのだろうか？

　どちらでもない、というのがその答えだ。それは両者の組み合わせになる。しかし時間が経過するにつれ、NFCのシンプルさが小売業者の店舗や、例えば鉄道駅などでのリアルタイム取引を制するだろう。一方、アプリケーションベースのテクノロジーは、ネット店舗で機能するだろう。

　QR／セマコードや同種のテクノロジーも活用されうるし、グーグルグラス型のテクノロジーがスマートフォンの内蔵カメラで利用されうる。その場合、看板の広告を撮影し、モバイル・インターネットを通じてそのアイテムや商品を購入するという方法がオプションとなる。

❖──フェーズⅢ：カードレス、携帯電話レス、パーソナライズ化？

　映画「マイノリティ・リポート」の中で、トム・クルーズが演じるキャラクターは、網膜スキャンによる顧客の識別により、彼の最新の購入品のことを話しかけてくる広告とやり取りしていた。映画に出てきた先進テクノロジーの実現は何十年か先かもしれないが、リテール経験の中にこのテクノロジーを適合させられる可能性は、決して現実離れしたものではない。

　指向性音声技術を使って、位置情報ベースのメッセージングによって、消費者に通知やアラートを送信するPOS端末が登場する可能性は非常に高い。事実、現在のテクノロジーでも、私たちが店内に入って、望む商品を選んで店舗から出て、その間まったくレジを介さないことは、理論上可能だ。請求は、私たちの電話に組み込まれたワレットに自動で行なわれる。また、携帯電話でリアルタイムに領収書を受け取ることも可能だ。

　フェーズⅠとⅡは、決済機器（例えば、磁気カード、ICカード、NFCとス

マートフォン）の進化と大きく関係しているが、フェーズⅢではPOSと店舗環境そのものの進化が必要となる。クラウド・コンピューティングはここでも、より幅広いコラボレーションと、より興味深いアプリケーションに向けて、このプラットフォームを開放する手段となりうる。

　短期的な改良としては、リアルタイムで支払処理が可能な手持ち式の決済端末を持ったアドバイザーやレジ担当者が店内を動き回るというものが、最も可能性が高い。アップルはすでにこのテクノロジーを採用しており、ほとんどの顧客はアップル・ストア内でレジを目にすることはない。

　一方で、スクエアはすでにiPadを次世代レジ（現金なし）としている。スクエアに登録していれば、カードも、現金も、スマートフォンも必要ない。私の名前を伝えるだけで、スクエアは、私のスクエアの口座から加盟店への決済を受け付ける。ペイパルは、精算にペイパルを組み込む契約を結んだホームデポ（訳注：米国のホームセンター）等と組んで、類似のソリューション提供に取り組んでいる。

　そのポイントは、個人のモバイル機器に生体認証を組み込んで、レジ精算をまったく不要にすることだ。追加的な構成要素としては、グルーポンやリビングソーシャル（LivingSocial）の日々のお得情報テクノロジー等を取り込んで、店舗購買の潜在的魅力を高めることがある。これで販売現場のループが完結し、小売環境は、特定の決済手続きが必要なものから、決済がシームレスに行なえるものへと変化する。これは非常に大きな店舗内顧客経験の進化であるが、今後10年をみれば、店舗経験の選択肢としては、セルフチェックアウトが急速に勢いを増すだろう。

　決済における最大の進化とは、実は、決済方式自体がその姿を消すことである。それでもいくつかの認証方式は必要だろうが、カギはすべての摩擦を取り除くことだ。これが決済の進む道であり、最終的には、現金も、小切手も、カードまでもが小売の場での終末を迎えることになる。

結論：すぐにモバイル決済へ

　この結論は不可避である。もしインターネットバンキングへの取り組みが性急だったと考えるなら、モバイル決済の普及が本当に軌道に乗るまで待つとい

い。銀行やクレジットカード会社は、決済処理インフラを自分で保有することに慣れている。しかしながら、今回私たちが目にしているのは、小売決済経験が、背後にあるバンキングシステムの利用から離脱しつつあるという事実である。つまり、銀行は販売時点ではもはや必要でなくなろうとしているのだ。クレジットカード会社も同様である。

　もうひとつの厳しい問題は、ポスト金融危機の世界において、クレジットカードは、銀行にとってリスクの大きいビジネスだということである。消費者の借金削減を推し進め、銀行にとってリスク回避戦略となるという点からは、デビットカードへの移行はよいビジネスとなる。しかしながらそれは、銀行のリテール収益と利益のかなり大きな部分を減らすことになる。利ざやと手数料が大幅に低いためだ。デビットカード利用は今後数年で大幅増加が見込まれており、2015年にはすべての取引のほぼ半分になる。デビットカードは携帯アプリやPOSシステムと融合して電話での支払いが可能となるため、物理的なプラスチックカードにとどまり続けるのは不可能となろう。負債に苦しむ国の信用格付け面ではプラスとさえいえるかもしれない。

　クラウド・コンピューティングと新たなIP対応型小売POS機器によって、より多くの小売業者で携帯電話による決済が可能となり、ビザ、アメックス、マスターカードに接続する必要がなくなるが、そうなると誰がこれを制御するのだろうか。それは消費者と小売業者である。P2P決済やクラウド・コンピューティング対応のPOSシステムが店頭で使われるようになれば、スイフト（SWIFT）、ビザ、マスターカードや他の業者が提供できる真の価値はなくなる。

　これらの新たなシステムやソリューションが目的に合った決済手段を提供し、安全かつ柔軟であれば、消費者はそれに適応する。小売店で非接触パッド上にiPhoneをかざす、ムーブンバンク（Movenbank）対応の携帯電話でピザを注文する、または芝生を刈ってくれたばかりの地元の庭師に無線経由で現金を送るといったことはこの上なく便利だ。特に、余分のプラスチックカードを持ち運んだり、審査を通るのに面倒な手続きをしたり、もしくは年利27％の利息を支払う必要がなければなおさらだ。

　銀行、加盟店とカード会社は速やかに動かないと、自分自身が蚊帳の外の存在になってしまうことになる。

[注]

1) http://www.itbusiness.ca/it/client/en/home/news.asp?id=67838
2) EU全体で小切手10枚／人に対して、アプリ数83（ユーザー／年あたり）。
   小切手：Irish Payments Services Organization（http://www.ipso.ie/?action=statistics&sectionName=EUStatistics&statisticCode=EU&statisticRef=EU13）
   アプリ：http://all thingsd.com/20110711/average-iphone-owner-will-download-83-apps-this-year/
3) Aité Group/ACI "The Global Rise of Smarphonatics"（http://www.aitegroup.com/Reports/ReportDetail.aspx?recordItemID=931）
4) MobiThinking：http://mobithinking.com/mobile-marketing-tools/latest-mobile-stats/f
5) 決済はモバイルバンキングの一部となりうるが、区分されて別扱いであることがしばしばある。モバイルバンキングアプリの中にはモバイル決済やP2Pができないものもある。よって、モバイル決済はモバイルバンキングの一部と考えられるが、必ずしも常にそうではない。
6) MasterCard：http://newsroom.mastercard.com/press-releases/mastercard-says-early-days-for-mobile-payments-adoption-with-no-two-markets-the-same-2/
7) NFC Times：http://nfctimes.com/report/south-korea-takes-global-lead-nfc-rollouts-millions-phones-and-sims
8) "In South Korea, All of Life is Mobile," *New York Times*, May 2009（http://www.nytimes.com/2009/05/25/technology/25iht-mobile.html?pagewanted=all）
9) MobiThinking：http://mobithinking.com/guide-mobile-Web-Japan
10) eMoney in Japan：http://www.epiport.com/blog/2012/02/01/e-money-in-japan-its-everywhere-and-more/
11) "A Look at Why Consumers Are Using Prepaid Debit Cards," *New York Times*, 12 April 2012
12) http://www.readwriteweb.com/mobile/2011/11/mobile-app-inflection-point-25.php
13) ComScore, Inc.
14) PayPal：http://www.mobilepaymentstoday.com/article/197691/Paypal-expects-mobile-payments-to-more-than-double
15) http://techcrunch.com/2011/10/18/europes-square-izettle-raises-11-million-for-mobile-payments-technology
16) http://bucks.blogs.nytimes.com/2012/01/23/using-dwolla-to-send-and-receive-money
17) Passbook™は、iOSバージョン6に組み込まれる新しいワレットサービスである。
18) http://asterhnica.com/business/2012/03/bitcoins-worth-228000-stolen-from-customers-of-hacked-webhost/
19) PayPal：https://www.paypal-media.com/about
20) World Bank, "Migration and Remittances Factbook 2011," 2nd edition
21) Safaricom and thinkM-Pesa.com：http://www.thinkm-pesa.com/2012/04/every-business-should-have-m-pesa.html
22) Mercantile Bankプレスリリース、2009年11月3日

23) "What will credit cards look like in 25, 50 or 100 years?" Jay MacDonald, December 2009 (CreditCards.com)
24) Retail Payments Risk Forum Working Paper, Federal Reserve Bank of Atlanta, January 2012 (http://www.frbatlanta.org/documents/rprf/rprf_purs/120111_wp.pdf)

Chapter **13** Point of Impact: The Contextualisation of Banking and Messaging

影響力ポイント
──バンキングにおけるコンテキスト活用とメッセージ発信

> ### デジタルメディアの急速な普及

　銀行にいる多くの伝統的マーケターが、以下のようなデータと分析に対して、最初は懐疑的か全否定的なリアクションを示すかもしれないことは、決して意外ではない。しかし、これらの統計をグーグルで検索してみれば、すべてがまったくの真実であることがわかるだろう。

　今日のほとんどの銀行のマーケティング部門は、市場の現実にまったく対応していない。スキル、手法、人材、すべてが不適切だ。この部門に必要なのは、大幅なリエンジニアリングである。広告会社は現在も、メディアとインタラクティブ（またはデジタル）がまるで別々の広告世界であるかのように語っている。マーケターは、オフラインとオンラインが同等のものとなりえないかのごとく語っている。21世紀のBank 3.0の世界で、20世紀の分類をやっているわけだ。だが、過去10年に広告費用で顕著な増加を示したのはオンラインとモバイルだけであって、その他すべての伝統的手法は2ケタの減少を示している[1]。

　2008年、インターネットはテレビを除くすべてのメディアを超えて、国内外のニュースの主要ソースとなった[2]。その犠牲者も出ている。2009年3月には、146年の歴史がある『シアトル・ポスト・インテリジェンサー』紙（PIの名でも知られる）が、コスト上昇、収益低下、発行数減少を理由に廃刊となった。2008年1月以降、英国の53の地方紙が最終号を迎えた[3]。1990年（新聞社の雇用者数がピークとなった年だ）の米国新聞のトップ25紙のうち20紙が、発行部

数の減少に直面し（報じられている減少幅は平均で30％を超える）、2紙が廃刊または倒産となった[4]。『ニューヨーク・タイムズ』紙は2011年だけで印刷部門の広告収入が6％減少し、8800万ドルの年間損失の原因となったと発表した[5]。ワシントン・ポストは、マイアミ、デンバー、オースチン支局を最近閉鎖したのに加え、2009年11月には首都以外の全支局（ニューヨーク、ロサンゼルス、シカゴ）の閉鎖を発表した。

多くの人々が、どうやったら新聞を救えるかと問うている。そうした人たちには気の毒なことだが、懸念すべきなのは新聞だけではない。

2009年、オーストラリアのテレビ広告収入は年前半で12.6％以上落ち込んだ[6]。米国では2009年の第1四半期に、通常は安定しているベイエリアやニューヨークにおいて、テレビ広告が23％を超える減収を記録した。2009年前半の米国のラジオ広告収入は27％の減収を記録し、テレビコマーシャルよりもひどい減少になった[7]。

フランスでは、2012年前半にテレビ広告収入が6％下落した[8]。英国のテレビ広告収入は2009年に12〜14％減少し、サー・マーチン・ソレル・グループは、2012年には英国で3億5000万ポンドを超える減少（約6.3％）となると予測した[9]。ユーロ2012とロンドン・オリンピックの棚ぼた効果が期待されたにもかかわらずである。従来型メディアが退潮を続ける原因をグローバル金融危機に求める向きは多かったが、それでは新しいメディアへのシフトの影響が始まった10年以上前からのトレンドの説明にはならない。OFCOM（英国情報通信庁）が委託作成した最近のレポートでは、英国のテレビ広告額は、2007年の31.6億ポンドから、12年後にはわずか5.2億ポンドまで減少してしまうと予測されている。減少率83％という予測だ。

> 「テレビ番組や映画は、双方向のネットワーク上で生き残るのに十分適していない。電子コンテンツとして最も親しまれてきたものではあるが、新しいネットワークの中で生存するためには適応しなければならない。単方向の番組は、作成者と視聴者との双方向の対話へと形を変えることになろう。新しいメディア向けに作成されたコンテンツと競うためには、静的で固定されたメディア・コンテンツは、応答性のあるインタラクティブなものとなる必要がある。同様に、テレビ局のエグゼクティブが決める固定的な番組スケジュールは、消費者がメニューやプレイリストから選ぶ即時オンデマンド方

式に取って代わられている。チャンネルや番組の集合体は、検索やリンク付け、拡散型の配給形態などによって解体されてきている。力を持った現代の消費者は、番組編成者の役割を奪い取ってしまったのだ」

——ロバート・ターセク、Collaborative Creativity

さらに興味深いのは、米国で2010年に初めてテレビ販売台数が減少を記録したことだ。何がこの途方もなく意味深い変化を推し進めているのだろうか。人々の視聴慣行が変化し始めている。いまや私たちは、テレビ画面だけでなく、iPadとノートパソコン上でメディアを見ている。実際に、タブレットのユーザーは、テレビを視聴しながらその30％の時間は、タブレットも使用していることを調査が示している。実際に、ニールセン・グループの最近の調査では、タブレットユーザーの88％がテレビを見ながらタブレットを使っている[10]。

この10年間、無料放映テレビはケーブルテレビや衛星放送のおかげで劣勢にあったが、ここ2年で初めて、私たちはケーブルテレビが減少し始めるのを目にすることになった。これは私たちがお気に入りのテレビ番組や映画を見る方法の影響だ。私たちは、コンテンツをオンデマンドで見るモデルへとますます移行している。それは衛星放送の話だと思われるだろうか？　米国家電協会の記録では、2011年には米国家庭の8％が無料放送テレビに依存している。ケーブルテレビの増加は鈍っており、デジタルでのダウンロードが急速に増加している。

家電協会の会長兼CEOのゲイリー・シャピロは、「無線方式テレビからの離反の動きは、テレビ市場における揺るぎない事実だと認めるときがきた。数字がそれを語っている」と述べている[11]。

広告の未来がデジタルに向かうことは疑いようがない。従来型メディアは急速にインターネットに置き換わりつつある。テレビはいまやインターネット接続機能を備え、消費者はコンテンツをダウンロードして新しい方法（テレビ広告抜き）でメディアを消費する。おそらくこれが、テレビ広告支出が2011年第4四半期に2.3％減少した理由のひとつだろう[12]。

新聞、書籍、雑誌は、スマートフォン、タブレットPC、電子リーダーなどの電子読書機器上での利用が増えている。パンドラ（Pandora）やスポティファイ（Spotify）やその他類似のサービス等から、いつでもどこでも消費者が音楽を聴いたり取り込んだりする時代に、ラジオは次第に合わなくなっている。

「デジタル・ネイティブ」であるY世代とより若いテクノロジーユーザーたちは、先輩世代よりもインターネットにつながる時間が急速に長くなっており、数多くのデバイスを使うことで、ニュースやエンターテインメントの利用やアクセスの方法を変えつつある。彼らはテレビや新聞を従来型のコンテンツ源とは考えていない。そうではなく、ブラウザやモバイル機器が「従来型」メディアなのだ。彼らはオフラインとオンラインを分けて考えない。そうではなく、コンテンツ、ダウンロード、メディアストリーム、P2P、ブログ、ネットワークといったことを考えている。

　デジタル技術が社会を変貌させ、かつてマス向けに発信されたメッセージを浴びてメディアに育てられたマス大衆を、双方向のやり取りを求めてコンテンツを探す個人へと進化させてきている。

　共通した特性もある。例えばバイラル動画（訳注：インターネット上の口コミで話題を得ることを目的に制作される動画）はテレビコマーシャルのようにつくられる可能性があり（そして同じくらいコストがかかる場合もある）、広告主がより創造的で抽象的なアイデアで遊んでみる場を提供している。バナー広告やウェブ広告は、当初、従来のテレビコマーシャルと印刷物の組み合わせ的にスタートした。より新しく効果的な広告やエンゲージメントの形態へと進化するには、さらに時間が必要だ。

　今日のマスメディアとはソーシャルであり、そこではジャーナリストも消費者もブロガーも同様に発言権がある。ソーシャルメディアを前にした広告主は、この新しいチャネルでメッセージを発信するか、よくてもセグメント分けした広告を打てばよいという誘惑に負けそうになることが少なくなかった。しかしながら、ソーシャルメディア戦略担当のマーケティングチームを設置することは、絶対的に重要な点で間違っている。

　現在私たちがソーシャルメディア上で目にするもののほとんどは、直接消費者に対応するもの、つまり従来の広告媒体よりも顧客サービスや技術サポートに類似したものだ。したがって、広告主がメッセージを発信すると、ソーシャル・スペースにいる個人はそれを自分への個人的なコミュニケーションとみなして、「広告」とは考えない。広告主は自らの言葉と言い回しに注意しなければならない。放送的なものはここにはそぐわないのだ。

コンテキストこそが重要

　コンテキスト（訳注：状況、文脈、背景情報）はバンキングの世界ではどう機能するだろうか？

　銀行商品には非常にコンテキスト的なものがある。実際、日々利用する数多くの銀行商品がそうだ。以下に挙げるのは、中核的リテールバンキング商品の例である。

1. 住宅ローン（将来の家に対して、または不動産業者にて）
2. 自動車リースまたはローン（自動車ディーラーにて、または自動車購入時）
3. クレジットカード（潜在的にはショッピングモールで、または海外旅行の準備に）
4. 旅行保険（休暇の予定を決めるとき、または空港にて）
5. 学生ローン（カレッジや大学に入学するとき）

　コンテキストに対する認識は、ユビキタス・コンピューティング[13]または、いわゆるパーベイシブ・コンピューティングからくる用語に端を発するもので、それ自体は静的であるコンピュータシステムと環境変化とをつなげることに取り組むものだ。現在では誰かの電話の位置（つまりその所有者の位置）を特定することが可能であり、例えば、モバイル検索やチェックイン[14]の使用や、リアルタイムアプリの利用（つまりイェルプ（Yelp）を使ってレストランを探したり、航空会社のアプリで搭乗券をダウンロードしたりすること）から得られるデータ由来のコンテキストの収集がますます可能になってきている。

　こうしたデータを活用して、バンキングに関連した顧客機会を推測できるところに好機が存在する。そのために必要なのは顧客をよく知ることであり、どのようなオファーが適切か、そしてどのような商店や場所等を頻繁に訪れるか程度には、少なくとも顧客を知ることだ。もちろんこのデータは、現存するカード利用分析やモバイルデータの相互参照などから収集される。

　現在、これらコンテキストデータを活用して消費者に狙いを定め、非常に的確な広告を提供する新興企業が多数出現してきている。しかしながら、このデータを過去のカード利用データや将来の旅行用航空券などの購入とマッチン

グさせるなら、銀行内のそうした蓄積データが利用可能になる。これが、銀行が求めてきたことだ。プライバシーへの懸念は別にして、消費者の購買データがマーケティングオファーを可能にする絶対的な金鉱脈であることに、なぜ銀行が気づかないのだろうかと、私はしばしば不思議に思っていた。

　例えばある顧客が、以前にクレジットカードを使ってメイシーズ百貨店で買い物をしたとしよう。銀行は、次にJCペニーで買い物をすれば割引になるというタマを投げることもできる。顧客は、割引オファーを使用するのに、クーポンをプリントアウトする必要はない。保有するクレジットカードやデビットカードをリーダーに通すだけで、購買後のクレジットのステートメントで割引を受けられる。アメリカン・エキスプレスのサーブ（Serve^{TM}）では同様のテクノロジーを使っている。ただし、サーブに登録して、受けたいオファーのタイプを指定しなければならない。このタイプのメッセージングのアプローチには、プライバシーの懸念があるため、顧客がそうしたオファーの利用／非利用を自分で設定できる機能を提供することが重要だ。

　位置情報ベースのオファーやサービスは、銀行にとって新たな収益フローとなる。そのためには、提供業者のプログラムのほとんどが、参加する商店の資金で賄われ、個々のオファーからの手数料を銀行と分配するものであることが必要だ。アイテ・グループの2011年の調査報告によれば、こうしたサービスは、2015年までにカード発行企業に17億ドルの年間収入をもたらすと予想されている。フリーマニー（FreeMonee）などこうしたテクノロジーの提供企業は、現実には銀行と商店に対して成立した購買の5〜10％の手数料を課しており、プラットフォーム利用やマーケティング活動の前提としての手数料は課していない。

　カードリティクス（Cardlytics）社は、この分野で著名な企業である。カードリティクスは、オファーのマッチング機能を提供しており、集約ベースのカードデータをマイニングして、商店コードと銀行顧客の興味を引きそうなオファーをマッチさせる。当然ながらここで求められるのは、その銀行が多数の商店と取引関係があり、オファーがきちんと顧客の利用に供されることだ。しかしながら、過去に顧客が購買を行なった商店をマッチさせたり、その顧客が購入するかもしれない競合商店の案件をインセンティブとともに提示できたりするということは、顧客がこの種のメッセージから明確な価値を得ていることを意

図13-1　JCペニーからの割引オファー

図13-2　シンプルなモバイル戦略の例

味している。またこれは、自行のクレジットカードやデビットカードを使ってもらいたければ、魅力のない迷惑メールにならないようなプロモーションを顧客に提示しなければならないと銀行が理解し始めたことも意味している。ここではモバイルのコンテキストが重視される必要がある。

　ちょうど現在、ペイパル、スクエアその他グーグル・ワレットなどが、膨大なデータを蓄積して、幅広く商店と関係を構築しつつある。目的はまったく同じで、顧客を喚起するか購入に影響を与えるよう働きかけることだ。モバイルワレットが次の大ブームとして登場しかけていることからして、近いうちに銀行は、モバイルワレットに入っている「カード」を顧客に使ってもらおうと必死で取り組むことになろう。商店でのオファーは、特定の金融機関と組むことで、当初は強い影響要因となるだろう。ほとんどの銀行にとっての問題は、顧客にメッセージを届けてもらうために、ペイパル、スクエア、グーグルその他に手数料を払わなければならないことだ。考えてもみよう。そうした提供力を銀行自らが築き始め、提携すべき商店がどれか、銀行とともにこうした提携関係を運営し、提供戦略を提示してくれる企業がどこかを銀行自らが理解しているほうがよいはずだ。

　より戦術的なアプローチをとり、銀行取引と利用の喚起を狙っている銀行もある。バンク・オブ・アメリカはモバイル広告キャンペーンを使って認知度を上げ、iPhoneのモバイルバンキングアプリをより多くダウンロードしてもらおうとしている。

広告は、ユーザーにアプリの機能を体験させ、顧客にバンカメのモバイルバンキングの知識をつけさせる。広告キャンペーンは、アップルのiAdネットワーク外で行なわれた。顧客がバンカメと取引していない場合、この広告はあまり意味がないが、もし取引していれば、その顧客がモバイルを使うときに、このプロモーションを利用するかもしれない。自分の口座の閲覧が「牛乳を買うくらい簡単」という広告が地元のコンビニエンスストアで目に入るのは、効果的なメッセージ戦略である。

>「モバイルは、ターゲットとして絞り込まれ、外出先にいる顧客に適切な商品を提示することが可能なチャネルであり、iAdによってよりリッチなモバイル広告経験を提供できるようになることで、ブランドと顧客の交流の機会が増加する」
>
>　　　　　　　　──T・J・クロフォード、シニアバイスプレジデント
>　　　　　　　　メディア・リレーション、バンク・オブ・アメリカ

　ここまでくれば、ネット顧客が求めるものが利便性であり、それがモバイルとインターネットバンキング普及の第一の推進要因であることが理解できるだろう。しかし、インターネット広告や電子商取引の初期の成功に重要なのは、ネット上でお買い得品をゲットできるという事実であることが少なくない。優遇価格や割引の実施、あるいはオファーに反応してネットやリアルタイムで購入すると有利だと認知されることは強力な誘因である。

>「顧客が教えてくれたのは……顧客は買い物のときにお値打ち品を求めているということだ……さまざまな指示に従ったり、クリップしたクーポンの束が必要だったりする方法は好まない」
>
>　　　　　──アディシャ・バジン、上級副社長、コンシューマー・マーケティング、
>　　　　　　オンライン／モバイルバンキング担当、バンク・オブ・アメリカ

　ここでもまた、適切さがカギとなる推進要因である。よい案件で、早くてシンプルですぐ実行可能なことだ。事前登録が必要だったり、クーポンをプリントしなければならなかったりするようなら、コンテキスト型の広告やオファー管理の効力のポイントを外していることになる。

❖──目に入らないバナー、スパム

　従来の広告は「目」に焦点を合わせていた。より衆目を集めるほどより頻繁に消費者にメッセージが届き、購入意思決定のときにブランドを思い出してもらえる機会が増える、というわけだ。1900年代初頭は、消費者がブランドの選択肢に直面することはほとんどなく、広告はそのほとんどが商店内の販促にとどまっていた。1930年代半ばになると、消費者は1年の間に何百もの商品を目にするようになる。そして現在、平均的な消費者は、一日だけでも何千もの広告イメージと相対している。その結果、広告主はより声を大にして消費者の注意を引こうとし、消費者たる私たちは次第にその影響を減じる方策を見つけようとするようになった。

　現在のブラウザにはポップアップ広告防止機能があり、電子メールにはスパム（迷惑メール）フィルターがついていて、厳しさを増すプライバシー関係法制は、広告主が消費者の接触情報を流通できないようにしている。私たちはアウトバウンドの電話セールスの架電拒否リストを持っているし、ビデオ録画機は広告を早送りしてスキップしてくれる。最近、アメリカン・アイドルの審査員が、みなコカ・コーラを飲んでいるのに気づいた人がいるだろうか？　これは、私たちがテレビコマーシャルを見なくなったことが明らかなために、広告業界が商品を目に入らせるように試みているのだ。

　ハリウッド・リポーター誌は、コカ・コーラ、フォード、AT&Tが、2008年に最も視聴されたテレビ番組であるアメリカン・アイドルで取り上げてもらう機会のために、それぞれ3500万ドルを渋々支払ったことをスクープしている。

> 「アップルの商品は2010年の上位33の映画の30％に登場している。ナイキ、シボレー、フォードは24％、ソニー、デル、ランドローバー、グロックは15％である。商品露出はいまや250億ドル産業だ。現実に、次のジェームズ・ボンド作品の予算の3分の1の4500万ドルは、商品露出による収入となっている」
>
> ──オンラインMBA.com[15]

　放送スタイルの広告で次第に成果を上げられなくなってきている状況では、銀行はマーケティングについて、はるかにパーソナル化したコンテキスト型の

アプローチを採用せざるを得ないだろう。顧客が営業店に来店すると、どんなニーズがある可能性が高いかを知って、顧客を待たせないようにする必要がある。顧客がローンを申し込みたければ、申込書式、給与履歴、銀行ステートメントなど不要で即時に承認が行なえる必要がある。要はいずれも摩擦を取り除くものだ。

ダイレクトメールのキャンペーン、新聞広告、看板などの時代はほとんど消え去り、いまは、顧客インテリジェンス、予測型でパーミッションに基づくマーケティング、より高品質で細分化したセグメンテーション手法などについて、マーケティング部門に取り組ませる時代である。

「プッシュ」が「無理強い」になるとき

ソーシャル・マーケティング環境下では、ワン・トゥ・ワン・マーケティングとキー・インフルエンサーへのターゲティングが、将来の銀行のエンゲージメント確保のために不可欠だ。従来のダイレクトメール・マーケティングやマス・マーケティングではない。銀行からどんな情報を送ってよいかは、顧客に決めてもらおう。不動産担保ローン（ホーム・エクイティ・ローン）のオファーが欲しいときや健康保険の見積もり機会があれば、顧客は明示的に行動（例：ウェブサイトのチェックとかグーグル検索など）を通じて銀行に知らせてくれる。

こうした新しい取り組みを、情報主導／非押し売り型のパーミッション・マーケティングと呼ぼう。顧客にアラート設定ツールを提供し、見たいアラートだけでなく、どんなチャネルを経由するかも決定してもらう。また自分の取引と、銀行や小売業者との過去のやり取りを分析する方法を選べる機能を提供して、より高品質のサービスを提示する。

ツイッターを使って、顧客に対する銀行のコミットメントを示すような、すばらしい顧客アドボカシー経験を提供する。即時メッセージ機能をウェブサイトとモバイルアプリに組み込んで、コンタクトセンター経由でリアルタイムに見込み客をつくり出せるようにする。

顧客が外出しているときは、位置情報ベースのメッセージ機能を使って、以前購入経験のある小売業者からの適切なオファーを絞り込んで提供する。それがわかる方法は？　クレジットカード履歴と徹底した探索によって適切なオ

ファー群を生成し、ネットワーク運営業者のCRMツール上に事前に搭載しておくことだ。

ご存知だろうか。ほとんどの銀行は現在まだ、この手のものに何にも手を染めていないのだ。

YouTubeは現在、世界で2番目に大きな検索エンジンである。顧客にYouTube上で銀行について話してもらい、潜在顧客が検索してブランド・パフォーマンスについてのすばらしいメッセージを見つけてくれるようにするためには、どうすればよいだろうか？

現在の銀行は、1970年代のマーケティング・パラダイムに拘泥しながら、21世紀型のプレーヤーと競争している。銀行は進化しなければならない、しかも急速に。マイナスのリスクは存在しない。トランザクションの90％が、セルフサービス・チャネル経由で発生している状況で、YouTube、フェイスブック、ツイッター、その他同様の新しいメディアが成長を続ける以外のことを想定できようか。ここでの唯一本当の質問は、「なぜまだやっていないのか？」である。

影響力ポイントのジャーニー

これまで何度も、質のよくない販売経験に出くわしてひどい目にあってきた気がする。説得販売は、どうしても必要ではないものを相手に売りつける販売技術であり、購入のサインをする気になるまでの間だけ相手を納得させるものだ。十分な圧力を伴って説明すれば、確かに顧客はしばしば買う気になるが、それはただセールストークを止めさせるためだ。一度痛い目に遭うと、同じアプローチに出くわしたときの疑い深さは倍になる。無理やり買わされたら、ふつうは同じことをしないものだ。

しかしよいセールスは、そのブランドが自分たちに何か正しいことをしてくれたという気持ちにさせてくれる。それどころか、よいセールスはすばらしいサービスを受けたようにさえ感じさせる。実際、すばらしいサービスを受けてセールスの会話が最高だったと感じたり、まさにどんぴしゃりのソリューションを受けたりすると、私たちはより多くを期待してその場に戻ってくる。それがすばらしい経験だったからだ。

この基本的な考え方をパーミッション・マーケティングのコンセプト、および優れた顧客分析と組み合わせれば、Bank 3.0のパラダイムでは、押し売りが機能しないことを理解できるだろう。マーケティング組織は、顧客を直感的に理解して、必要に応じていつでも顧客のサービスニーズを予測できるようにしていなければならない。企業がこれを正しく実行すれば、後に続くメッセージやオファーは、顧客には巧みなセールスとして感じられるだけでなく、すばらしいサービスと受け取れるだろう。

　したがって、プッシュベースのメッセージによるマーケティングは、プルベースで、影響力ポイント（point-of-impact）型のサービス販売へと変わる必要がある。

❖──フェーズⅠ：影響力ポイントにおける分散アプリケーション

　影響力ポイントにおいて顧客にリーチするために、銀行は現時点でもできることが非常に多い。影響力ポイントは、単なる販売タイミング（point of sale）を大きく超えるものだ。セールスの流れの起点や終点となりうるすべての場がそれに含まれる。インターネットのテクノロジーがあるため、これは非常にシンプルだ。将来的には、ワイヤレス機能の統合が進んで携帯機器の帯域が向上することで、顧客が売り手や販売プロセスに対してやり取りするあらゆる場において、オファーの観点や決済の面のいずれからでも、銀行はその経験の中に入り込むことが可能になる。インターネットからモバイル、IP化された販売現場まで、分散アプリケーション技術は、5年後には標準的な利用形態となっているだろう。

　影響力ポイントにおいてユーザーにつながるテクノロジーの力を示す例を2〜3挙げるとすれば、例えばキャセイ・パシフィックや英国航空のウェブサイトなどのインターネット予約エンジン上で旅行保険を提供するケース、不動産のウェブサイト上で事前承認型住宅ローンを即時提示するケース、ディーラーのウェブサイトで特別自動車ローンを提示するケースなどだ。しかし、これらすべてにおいて、スピードと提示場所の絞り込みが重要な要因なので、顧客プロファイルとの統合がここでも必要となる。これはサードパーティのバナー広告ではないのだから。

図13-3　影響力ポイントにおける販売戦略

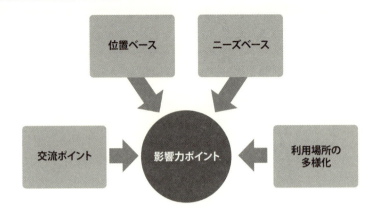

❖──フェーズⅡ：予測型販売またはトリガー発動型オファー

　また、顧客分析によって、ターゲット顧客が自ら示してくれる機会をより的確に予測し、事前対応することが可能になる。表13-1に例を挙げよう。

　これらには顧客分析部門が関与すべきだ。分析部門はこうしたターゲットとなる機会と考えられるイベント・トリガーのリストを作成し、イベント発生時に対応可能にしておかなければならない。この不可欠の要素を持たないでいると、これらのイベントは通り過ぎてしまうだけになる。

　こうしたアプローチについて顧客視点から考えてみよう。もしあなたがこうしたイベントの結果として接触を受けたとしたら、それはすばらしいサービスだと受け取りそうではなかろうか？　それを必ずしも販売プロセスと考えることはないはずだ。

❖──フェーズⅢ：事前検知型販売

　すでに議論したように、IP対応テクノロジーが進化を続けていくと、POS機器もクラウドに移行するか、電話アプリに統合されるだろう。こうした環境下で銀行は、カード／チップ／電話が決済に持ち出される場にオファーを提示するという対応が可能になる。

　そこで他の決済方法を提示することもありうる。例えばオフセット口座（訳注：預金することでその金額のローンの金利を免除し、実質的に繰上返済と同等の効果

表13-1　イベント発動型オファー

イベントタイプ	イベント	イベント内容
大幅な残高変動	投資ニーズ	・顧客口座保有額の大きな金額増加（20〜50万ドル、50万ドル超） ・翌日顧客担当バンカーにリードを配信し、フィナンシャル・プランニング等のオファーを提示させる
高額トランザクション	預金引出し	・対象顧客に対しては通常外のトランザクション（例：過去3カ月の平均より大） ・翌日顧客担当バンカーにリードを配信し、ニーズの変化を確認し対応する
個人納税ローン	繰上返済依頼／高額引出し	・コールセンターが繰上返済または高額引出し依頼を受付 ・翌日顧客担当バンカーにリードを配信し、ニーズを確認して対応
定期預金	更新／増額	・満期のリードをリレーションシップ・マネジャーに配信 ・RMは顧客に接触して更新または増額を実施し、仕組み商品や類似商品でより高いレートをオファー
住宅ローン	固定金利での繰越	・バンカーが顧客に接触し、ホーム・エクイティーの減額やクレジットライン等のオプションを提示

図13-4　リテール購買イベント〜クレジットカードの販促

図13-5　イベント事前予想によって影響力ポイントでメッセージを提示

を出す預金口座）や、クレジットカードよりも大幅に低い金利や金利ゼロ期間付の貸越の提示などだ。顧客は認証のために指紋を呈示して、販売決済のオファーを受け入れる。

　ここで、現行のアプローチと事前検知型機会対応との比較例を図13-4、13-5に示してみよう。

　技術的にはもうすぐ、私たちがこの種のメッセージやサービスを最終消費者に提供することが可能となる。

結論

　このタイプのメッセージ提供力のカギは、行動分析を通じたセグメンテーションと顧客インテリジェンスである。顧客をセグメンテーションするだけでなく、銀行は、顧客の行動のしかた、何をどのくらいの頻度で、どのチャネルを通じてするかを理解する必要がある。現在の銀行は、現行顧客がどのチャネルを通じてどんな取引をしているのかも理解していない。マーケティングでは、顧客がどんな理由で、どうしているのかを理解し、何を求めているかを尋ねなければならない。すでにこれを実施していると考える向きもあるだろうが、データをうまく活用して個々の顧客に対して販売したりオファーをぶつけたりしている銀行がほとんどないことは確かだ。

　銀行はまた、マーケティング・メッセージをさまざまな異なる方法で提供する必要がある。銀行は、さまざまな意味でマーケティング機能を再構築して進化させなければならない。ブランディングはこれからも引き続き重要であるが、一般的なキャンペーンはそれよりもはるかに絞り込んだ、すぐに実行可能なメッセージ発信に置き換わるだろう。DM、ラジオ、テレビ、新聞、三行広告、野外広告、その他の従来のキャンペーン推進の手法は、近い将来にはすべて廃止する必要がある。これらメディアのいくつかはブランディングに使用されるかもしれないが、プロモーションとキャンペーン向けには、顧客獲得手法の中核として残るほどのコスト有効性がない。メッセージングと顧客ジャーニーがコンテキスト化するため、旧式のブロードキャスト型手法では結果を計測可能にするほどのきめ細かさをもてないのだ。

❖──いまこそマーケティング組織改革のとき!

　ここまできてピンとこないなら、あなたの銀行のマーケティング部門は、おそらくBank 3.0への移行を実現するのが困難だと判明したということだ。印刷型キャンペーン向けのクリエイティブを作成するよう広告代理店に指示を出すという誘惑は、打ち破り難い習慣だ。

　だからこそ、新しい考え方と、新しいスキルへの投資が求められる。マーケティング組織の人員の半分は、今後5年間、広告主が楽しそうに「インタラクティブ」とかデジタルと呼ぶものに専心する必要があるだろうが、マーケティングにおける最大のイノベーションは、モバイル調査、ジャーニー、デジタルおよびソーシャルの顧客支持（アドボカシー）に基づくものであることが求められる。あなたが銀行のマーケティング担当者で、この決定的事実に同意できないと思うなら、職を変わる（望むらくは上司からそれを言われる前に）ことを考える必要があるかもしれない。しかしながら、数字を調べて同じ結論に到達したなら、この流れに飛び乗ろう。影響点分野には、転向者が活躍できる領域や余地が多く残されている。

　まずは、顧客ジャーニーを中心にストーリーを組み立てて、コンテキスト型バンキングの機会を見つけることから始めよう。顧客を申し込みに向かわせるメッセージを考えるだけにとどまらないこと。なぜ顧客が申し込むのか、ニーズが生じるときに顧客がいる場所はどこか、そして顧客がソリューションを必要とするタイミングと場にメッセージを送れる方法を理解することだ。すばらしい顧客ジャーニーこそが、マーケティング分野が向かう未来であり、それは現在のマーケティング組織にあるものとは大きく異なるスキルセットを必要とするものである。

[注]
1) Duke University Business School CMO Survey、2012年2月（http://cmosurvey.org/files/2012/02/The_CMO_Survey_Highlights_and_Insights_Feb-2012_Final.pdf）
2) EIAA Mediascape、2008年11月
3) "53 regional newspapers close"（http://www.guardian.co.uk/media/greenslade/2009/feb/19/local-newspapers-newspapers）
4) Huffington Post：http://www.huffingtonpost.com/2010/04/26/top-25-newspapers-by-

circ_n_552051.html#s84768&title=1_Wall_Street
5) http://www.nytimes.com/2012/07/27/business/media/the-new-york-times-co-posts-a-loss.html
6) FreeTV Australia、以下より。http://www.theage.com.au/business/tv-ad-sales-fall-less-than-expected-20090721-ds37.html
7) "Radio Advertising Spending Declines for the 10th Quarter in a Row"(http://bocpartners.com/2009/11/23/radio-advertising-spending-declines-for-the-10th-quarter-in-a-row/)
8) http://www.hollywoodreporter.com/news/french-tv-companies-report-ad-354884
9) Guardian：http://www.guardian.co.uk/media/2012/jul/03/tv-press-ad-revenues
10) Nielsen Wire Blog：http://blog.nielsen.com/nielsenwire/online_mobile/double-vision-global-trends-in-tablet-and-smartphone-use-while-watching-tv/
11) CEA Market Research Analysis Brief：http://www.cesweb.org/shared_files/ECD-TOC/CEACordCuttingAnalysis.pdf
12) Kantar Media Research：http://kantarmediana.com/intelligence/press/us-advertising-expenditures-increased-08-percent-2011
13) 詳細はWikipedia参照。
14) Foursquare、PathまたはFacebook Check-In参照。
15) http://www.marketingtechblog.com/product-placement-infographic/

Chapter 14 The Road Map to a Better Bank
銀行進化へのロードマップ

> バンク3.0へのクリティカルパスのチェックリスト

　日常のバンキング行動に根本的な変革が起こったことで、バンキングの方向はすでに変わっている。この変革によって混乱、破綻、新しいモデルが増加し、それが確立された現状への脅威となる。これと同じような破壊的な動きを目前にすると、多くの産業がそれを見て見ぬ振りをして、その結果、敗北という必然を受け入れることになる。自らが変化を是とするか否か、あるいはこの先どうなっていくのかを、どうすれば知ることができるだろうか？

　全般的には、規模の小さい金融機関ほど、この変革の影響は厳しいものとなるだろう。その主な理由は、小規模金融機関にとっては、企業行動の変革コストが年間予算／費用に対して非常に高い比率となってしまうからだ。その危険水域は、おそらく資産10億ドル以下の金融機関というところだろう。

　自行が問題に直面しているとか、変化が進んでいないことを知るにはどうすればよいだろうか？　ここに示すチェックリストは、来るべきBank 3.0の荒波に対応するに当たって、自行の経営首脳陣と銀行全体戦略の準備度合いを測るためのものだ。自行が、どんな状況かを確認してみよう。

1. 資産1500万ドル未満の支店があるか？

　最近のFISの調査では、米国銀行支店の18％が資産1000万ドル未満であり、年間20万ドルの損失を出している[1]。顧客行動のデジタルシフトの影響が続く

ため、2020年には、米国の支店の半数近くが閉鎖に追い込まれるだろう。これが信じられない人は、Chapter 03を読み返していただきたい。

2. 現在でも当座／普通預金開設にサインカードが必要か？

今後10年間の新規顧客の少なくとも半数は、支店を利用しない。つまり顧客は、インターネットかモバイルで新規口座を開設する。サインカードをいまでも必要としているなら、この変化に対応できていないということだ。2000年代初頭以降、サインカードが必要だという規制当局はこの世界にほとんどない。組織的慣性が残っているだけのことだ。

3. 現在でも主要なタイプの口座の名称は「当座／普通預金」か？

モノ自体としての小切手は急速に減少しつつあり、現在の日々の銀行口座の動きを反映していない。そこではデビットカードや他の手段が小切手帳よりもはるかに頻繁に使用されている。当座（checking account：小切手口座）という名前にしていることで、小切手を使いたいと考えもしない新しい世代の銀行利用者を遠ざけてしまうことになる。

4. ソーシャルメディア担当部門長を明確に経営層の中に置いているか？

フェイスブックはわずか8年で顧客数9億5500万人へと成長し、顧客による顧客サービスビジネスとして過去最大のものとなった。インスタグラムは数カ月で顧客数1億人に達し、2012年4月に10億ドルで買収された。中国の微信（WeiXin、声でつながるメッセージアプリ）はわずか6カ月で顧客数1億人に到達している。ソーシャルメディアを単なる新しいITとかマーケティング機能と考えるなら、今日の消費者市場の現実から完全に遊離してしまうことになる。ソーシャルメディアは、コールセンター、ATM、店舗網内のどの支店よりも、銀行ビジネスの将来の死命を制するものだ。これが信じられないなら、第8章を再読いただきたい。

5. 2012年は、インターネット、ソーシャルネットワーキング、モバイルよりも、支店の改装、新規開設あるいは支店がらみの顧客獲得マーケティングにより多く投資したか？

回答がイエスで、支店が取引活動の小さな部分しか占めておらず、まもなく

収益創出においてインターネットチャネルを下回るようになれば、銀行はもはや株主や顧客の利害に応えているのではなく、内部慣性に応えているだけだ。

6. 支店網のヘッドはインターネットのヘッドよりも上位のポジションにあるか？

もし回答がイエスならば、現在の事業構成と、インターネットとモバイルチャネルの重要性の増大に照らしてみて、なぜこれらの重要なリーダーをリテール部門のヘッドまたはCEOに近い位置に置いて、銀行の戦略がより伝わるようにしないのだろうか？　現行の評価指標で見ると、顧客は支店よりもデジタルチャネルを250倍使うようになる[2]。デジタルが銀行ビジネスを推進する効果は、支店の力よりも大きい。そんななかで、支店という不動産の面倒を見ている人物のほうが、ビジネスの未来を握る人たちよりも経営層の上位にいる理由があろうか。

7. モバイル担当ヘッドを置いて、すでに顧客向けにアプリを提供しているか？

2つの質問への回答がいずれもノーならば、非常に厳しいピンチの状況にいることになる。モバイルはこれまでで最も急速に成長しつつあるバンキングのチャネルだ。この非常に戦略的なチャネルを統括する上級役員を置かないというのは、非常に大きな判断ミスである。2016年には、顧客の大多数が月に20〜30回、モバイルバンキングを使ってバンキング機能にアクセスするようになるだろう。わずか4年先のことだ。これをどう活用すればよいだろうか。実質的に一日のあらゆる瞬間に顧客の手元にあるチャネルを通じて、パーソナルで高品質のサービスをどう提供すればよいだろうか。いま、このときに、この件の担当にリテール担当の最上位の人物を置かない理由などないはずだ。

8. リテール顧客の小切手利用から脱却する具体的なプランを有しているか？

もし回答がノーなら、すぐにこれに取り組むチームを編成すること。

9. 顧客は現在、携帯電話からP2P決済、送金、請求書支払いが行なえるか？

ノーの場合、これは2012年のリテール部門の最優先プロジェクトとなる。

10. CEO、マーケティング担当役員、顧客アドボカシー担当役員はツイッターをやっているか？

　ノーの場合は、顧客が銀行についてツイートする内容を誰が知らせてくれるのか？

11. 接客担当スタッフがフェイスブックやツイッターを使うのを禁止しているか？

　行員がスマートフォンをオフィスに持ち込まないように、金属探知機の設置に取りかかるつもりだろうか？　そうすると、ネットワークへのアクセスを遮断することでフェイスブックの私用を止めるだけでなく、行員がソーシャルメディアを使ってブランドに貢献する手段を積極的にコントロールできる機会を失ってしまうことになる。

12. 給振口座を持つ既存顧客が個人ローン申込を行なった場合、リアルタイムで即時に承認可能か？

　ノーだとしたら、現在の基本システムインフラには、2つの重要な構成要素、すなわちSTP（ストレート・スルー・プロセシング：一気通貫処理）と信用リスク自動スコアリング・評価システムが欠けている可能性が高い。

13. 銀行ホームページ訪問者のうち、ログインする人数とウェブサイトの他の部分に行く人数の比率を把握しているか？

　把握していない場合、クロスセル機会のある現行顧客に働きかけるために、ウェブサイト予算をどの部分に絞り込んで対応すればよいかを知る方法があるだろうか？

14. 新規のインターネット収益のうち、どの商品が最も人気が高いかを把握しているだろうか？　あるいは現在、どの商品が支店よりもインターネットでより売れているかがわかるだろうか？　どの商品がインターネット上で販売され、支店で契約処理が行なわれているか把握しているだろうか？

　答えがノーの場合は、支店や訪問営業よりもコールセンターやATMを通じて売れているのがどの商品かわかるだろうか？　ここでいっているのは、月次のMIS（経営情報システム）レポートとか、10日かければチャネル担当者がまと

められるレポートのことではない。顧客ジャーニー全体にわたって、日をまたがり、期をまたがってトラッキングしているかということだ。目的地ばかりに気をとられず、道程（ジャーニー）を理解することだ。

15. センチメントの測定、クラウドソーシングによる新しいアプローチの募集、自行ブランドに対する顧客アドボカシー構築などの担当者を置いているか？

　上記が何を意味するかがどれもわからないとしたら、その銀行は、将来収益や顧客獲得への取り組みの重要な推進要因につながる道を持っていないことになる。顧客を支店に引き戻す方法をまだあれこれ考えているなら、これがその答えだ。ただし、これはそれよりも、顧客を「自行ブランド」に取り戻すためのものだ。いまの銀行のブランド力は、消費者による現在進行形のディスカッション、詳細分析、討論、個々人や消費者グループや支持者によるブランド・ハイジャックの影響を受ける。会話に参加し、適切な種類のディスカッションが行なわれるようにすることだ。

　もっと多くの質問項目をここに掲げることは可能だが、続けていると本旨から逸れて茶化しているかのようになってしまう懸念もある。これらは真剣な問いかけであり、銀行のCEOやリテール部門のトップが、いま行なうべき内省的な問いかけにつながるものだ。以下では、今後5年間で可能なアクションプランまたは「ロードマップ」について議論しよう。

チェックリスト

　ここに掲げるのは、今後1〜2年かけて銀行が組織面および知的能力面において開発すべき重要項目である。

* デジタル活用能力が中核となる
* 支店の位置づけを補助的役割へと修正する
* バンキングで重要なのはコンテキストとジャーニーである
* 顧客との対話から戦略を構築する
* クラウドでITの機動性を実現できる可能性がある

❖──デジタル活用能力が中核となる

　3年前に私が*Bank 2.0*を著したころには、「インターネット」とその機能を補助的役割として使うという自由度があった。しかし、それは昔のことだ。いまやデジタルは、新時代のリテール銀行のDNAである。その理由は、顧客が自らの銀行取引のDNAの一部としてデジタルを活用しており、現在ではそれが日々の経験として重要なものだからだ。バンキングが進化した結果、その処理タスク、利便性、機能性そしてケイパビリティによって、顧客が生活上必要とする時と場所での銀行取引実行が可能になった。この点では、支店さえもデジタル経験を構成する一部分となる。

　顧客の接触があるたびに、そのニーズを予想したり、経験をパーソナル化させたりすることで、銀行は次第に経験を積み上げていく。ニーズの予測、リスクの事前アセスメント、サービス機会へのフラグ立てや契約手続きのリアルタイム対応は、テクノロジーの利用方法として珍しいものではなく、あって当然のものとなるだろう。

　次の10年の銀行の成長は、デジタルであることが当たり前の顧客へのサービス提供と緊密に結びついたものとなる。デジタル・ネイティブやY世代は、インターネット、モバイル、タブレット、ソーシャルメディアといったテクノロジーを「新しい」ものとは考えない。それがあることがふつうだと思っている。サインカードや申込用紙や時代遅れのプロセスの使用を彼らに強いれば強いるほど、顧客経験においては摩擦抵抗を増やすことにしかならないため、新世代の顧客全体にとって、その銀行は不要な存在となってしまうおそれがある。

　デジタル化は銀行にとって新しい付加物として考えられるべきではない。それはいまや、日常の銀行取引の中心にあるものだ。その上に立って、経営層、予算策定プロセス、主要なケイパビリティを再構築しなければならない。

❖──支店の位置づけの縮小

　支店は長い間、リテールバンキングの中心的存在であった。すでに700年以上そのままである。しかし現在、それが急速に変化しつつある。支店来店はこ30年のうちで最も低調で、さらに急速に減少しており、支店数も減少途上で、取引活動はモバイルとインターネットに移行しつつある。銀行の支店に何が起こりつつあるかという非常に現実的な疑問に、本格的かつ早急に取り組む必要

がある。

　全支店を一夜にしてすべて棄て去るというのは馬鹿げた戦略だが、現在の支店網を、その数も人員も過剰なまま維持することも同じようなものだ。そこで、今後5～6年かけて、最も低収益の店舗から徐々に退出させていくことを考え始めよう。資産1000万～1500万ドル未満の支店があるなら、それらがまず対象となる。同時に、支店の評価において、店舗収益性を正確に測定することが重要だ。商品が支店で販売されていると想定しないこと。現実にはインターネットで販売され、コンプライアンス・プロセスのために顧客が支店に来ざるを得ない場合もある。顧客ジャーニー全体の調査に取りかかり、収益性を全体として理解することだ。

　評価の見直しを進めるなかで、旗艦店舗を配置すべき場所、および、心理的に支店を必要とするときにまさにあるべき場所、つまりおカネに関する問題があったときに行くことのできる場所を明らかにしよう。こうしたサテライト型のプレゼンスの場は、iPadを携えた銀行員とデスクと座り心地のよい2脚の椅子というシンプルなものでもよいかもしれない。その一方、重要で高収益の顧客に対して現行サービスを提供する戦略的な場所に、支店を維持する銀行もあるだろう。しかしながら、それに劣らない数の新銀行やノンバンク金融機関が登場し、現在銀行が抱えているディストリビューションコストなしで銀行と競合するようになるだろう。

　中期的にコスト効率性と競争力を維持しようとすれば、ほとんどの大手銀行は、今後10年間に支店網を30～50％削減しなければならないだろう。

　これだけの規模の調整が必要になるとは信じられないかもしれない。しかし、これが非常にリアルな可能性があるものとして、シナリオ立案に取りかかる必要がある。その理由は、現行の支店という不動産を整理するには通常3～4年の時間を要するのに対して、それとちょうど同じ時期に、モバイルとモバイル決済が、銀行が顧客の取引行動の前提としていたものを日一日と崩していくからだ。

❖──重要なのはコンテキストとジャーニー

　リテール金融機関を含むほとんどのマーケティング組織が、デジタルでインタラクティブなメディアに対するマーケティング・アプローチをまだ最適化できていない。マーケティング部門の重心は、ブロードキャスト型、換言すればセ

ス・ゴーディンが名づけた「お邪魔型（interruption）」マーケティングのほうに大きく傾いている。

伝統的メディアがこの10年間で大きく退潮しているにもかかわらず、「新しい」メディアは、オモチャとしてか、あるいはニキビ面の学生や戦闘機ゲーム・オタク向けのキャンペーンの付加物として見られることが少なくなかった。インタラクティブ性も真剣に考えられてこなかった。経営層から説明責任の強化とマーケティング投資収益率を示すよい指標を求められるなかで、マーケティング部門はCPM（cost per impression）（訳注：ネット広告表示単価）の上昇、レスポンス率の低迷、伝統的な広告メカニズムの効果の急減に悩まされているのが現状だ。

その結果として現在必然的に起こっているのが、従来型のキャンペーンを新しいメディアに持ち込んでみるものの、大した成果が得られずに、ほとんどのマーケティング部門が行き詰まるという状況である。それは、部門内のスキルセットの不足によって起こるものであり、ソーシャルネットワークやデジタル技術の活用面においてオリジナルで革新的なアプローチが登場したせいではない。

現在の銀行に求められるのは、ピンポイントの正確さで顧客を絞り込み、そのニーズに直接対応するオファーを提示することである。ダイレクトメールのようなブロードキャスト型やショットガン型のアプローチを使って、見込み客の創出や顧客獲得を行ない、顧客に合わないオファーをいまでも無理強いし続けているような金融機関は、それら手法の有効性がゼロに向かって低下していくのを目の当たりにすることになるだろう。

こうした圧力に対応するために、企業は新しい部門を設置して、セグメンテーション分析、行動分析、ジャスト・イン・タイムの商品組み立て、パーミッション・マーケティング等を通じた顧客提案の常時最適化に注力する必要がある。行動パターン、トリガー、位置情報、アドボカシーの仕組み等に基づいて販売予測を行なうシステムが、この部門をサポートする。

顧客はこの変化を**マーケティング**としてではなく、**サービス**提供として認識する。というのは、結果としての「影響力ポイント」でのメッセージは個人別に異なっていて、日々の生活において銀行を必要とするタイミングと場にシームレスに組み込まれているからだ。

ショッピングをするときに、銀行は、購入を考えている寝具を買うのに使用するクレジットラインをオファーしてくれる。ネットで旅行を調べていれば、銀

行が自動で、旅行保険を事前合意した料率で提供してくれたり、クレジットカードかデビットカードを使う代わりに旅行ローンで旅行金額を支払うオプションを提示したりしてくれる。昇給すると、自動的に信用枠を拡大して、アップグレードしたプラチナのクレジットカードをオファーしてくれる。

家やクルマやボートの保険は集中契約に統合され、変更を申し出ないかぎりは自動的に更新される。質問されるのは最初のときだけだ。そして、常に最適化された商品の組み合わせが提示される。

主要な焦点は顧客に当てられており、こうしたサービスを受ける顧客にとって適切である場合だけブランド想起が行われる。マーケティング部門は、広告宣伝を通じてではなく、チャネル、顧客、オファーマネジメントを通じて、正真正銘の収益創出プラットフォームとなる。

❖──顧客との対話からの戦略構築

産業としての銀行業界には、株主のニーズ、規制当局の要求、そして時代遅れのメインフレームのトランザクション・バンキング・システムという遺産に乗っかってラッパを吹きまくってきたという点で罪がある。グローバル金融危機と、それに続いた手数料構造の刷新に関する教訓（ダービン条項後の施策）からほとんどの銀行が学んだのは、顧客との対話を繊細に扱わずに、ラッパを吹き続けることはできないということだ。では何が変わったのだろうか。

ソーシャルメディアとエンゲージメントのリアルタイム化が、顧客に力を与えた。検索に基づく選択から、銀行のパフォーマンスについてリアルタイムで話せることまで、顧客は以前には決して持ちえなかった発言権を付与された。支配者や政府を覆し、悪い意思決定（バンカメのデビットカード手数料がそうだというのに異存はないだろう）を翻させる力を持つソーシャルメディアが新たに加わったのだ。

これは、自らが奉仕すると唱えた相手である顧客が持つ力を、銀行は過小評価してはならないということである。顧客には分別があり、銀行がビジネスで利益を出す必要があることを理解している。しかしながら顧客はこれまで以上に、銀行がリアルでわかりやすい価値を見返りに提供してくれた場合にだけ、銀行に利益を提供するようになっている。現在、バンキングにおける信頼というものは、ほとんど消え失せてしまっている。預金をしまっておくカギを持っているというだけでは、もはや収益を上げることはできないのだ。

多くのバンカーとマーケターは揃って、顧客がソーシャルの場で銀行ブランドについてオープンに議論する風向きに身をすくませている。ウェストパックやその他にも、ソーシャル・スペースでのほんのちょっとしたネガティブな反応を抑え込もうとして、手ひどいしっぺ返しをくらった銀行がある。大手ブランドにもHSBCなど似たような銀行があり、管理不能な環境下で、銀行ブランドに関して顧客が意見を述べるプラットフォームを新たに与えてしまうことを恐れて、この本の印刷時点でもツイッター上に姿を見せていない。
　これは脅威となりうるものだが、逆に非常に有用で有益な情報が得られるものにもなりうる。OCBC、ファースト・データ、DBSその他の銀行では、デビットカードのデザインのようなシンプルなものから新ブランドのデザインのような複雑なものまで、ソーシャルメディアとそこでの顧客との対話を受け入れて、戦略を構築している。前向きなエンゲージメントによって、顧客はブランドに対して当事者意識を感じるようになり、顧客基盤とブランドとのつながりを増進する方法についての議論に喜んで参加する度合いが増す。クラウドソーシング等の仕組みは、現在では最も低コストで最も精度の高いリサーチ形態であり、自行顧客のニーズや関心を調べたり確認したりするすばらしい方法であることを念頭においておこう。
　顧客との対話は恐れるべきものではない。それはビジネス構築の基盤である。顧客をエンパワーし、参加させられれば、顧客支持（アドボカシー）を築くことになる。
　アドボカシーというテーマについては、自行のサービスやパフォーマンスに喜びを感じた顧客が、それを語る機会を持てるようにすることだ。ソーシャルメディア上のプレゼンスを制限すれば、先月支店で応対したテラーや、ローン申込謝絶の連絡方法についての審査部門のやり口等に、文句を言いたいネガティブ顧客の相手をしなくてすむだろうが、それは同時に、ブランドや商品、そして最高のサービスの瞬間という非常に重要なものを称賛したい顧客をも排除してしまう。
　ハッピーと感じた最良の顧客が、銀行でのやり取りのすばらしさを評判にできるようにして、YouTube、ツイッター、フェイスブック上やブログ経由等で、可能な限り頻繁に幅広くその言葉を広められるようにしよう。
　喜んでくれている顧客以上に、その銀行との取引のすばらしさを語ってくれる者はいないのだから。

❖──クラウドによるITの機動性の実現可能性

　テクノロジーによる業務対応力を構築してビッグデータと組み合わせ、顧客基盤の変化に対応できる拡張性のあるソリューションを持つことは、徐々に極端に高価なものでなくなるだろうが、それだけでなく、自行IT部門の対応能力を崖っぷちに追いやることにもなる。そのため、これに適合していく期間は、パートナーシップ戦略によってこうしたケイパビリティ要素を取り込んでいくことを考える時期であるかもしれない。

　施策を推進するに当たって、単一のコアシステム提供企業やベンダーがそのすべてのニーズを解決しうることはありえない。要件があまりに複雑すぎるからだ。

　もうひとつ、同じ課題に直面している銀行や信用組合のグループに加わるべきかどうかについても熟考を要する。同じ市場で同じ顧客を求めて地理的に競合することがなく、顧客基盤を集約する全体的なソリューションに向けたリソース共有を考えている同じような銀行とのコラボレーションの可能性も考えられる。テクノロジーやサービス基盤の面から見れば、カサラ（Kasara、インド）、RediATM（オーストラリア）等のようなソリューションは、業界横断的な協力によって顧客基盤の集合体がよりうまく機能する事例である。

　クラウドは、この種の幅広い業界内協力を可能にするプラットフォームになりえる。

結論

　本書は、変革の書である。変革は不可避であり、その速度は増しており、非常に破壊的なものとなっている。

　読者は、本書で示した予測のすべてに同意できないかもしれない。小切手、クレジットカード、現金が新しいテクノロジーの脅威を受けているとは思わないかもしれない。マーケティング部門はこれまで非常にうまくいっていたのだから、そのアプローチを大幅に変更する必要があるとは感じないかもしれない。銀行の財務状態は強固なのだから、これは単なる「から騒ぎ」にすぎないと感じるかもしれない。

しかしながら同時に、顧客の銀行とのかかわり方が嫌というほど急速に変化しているらしいことには同意できるかもしれない。どれほど多くの人々が、iPhoneやiPadやアンドロイド機器を持ち歩いているかを見れば、おそらく目を見張ることだろう。また、どれほど多くの人々が、フェイスブックやツイッターで言葉を交わしているかを知って、興味深く思うかもしれない。
　いずれにせよ、本書で提示した証拠と考え方は、ひとつのことを生み出すには十分だろう。それは、顧客に手を差し延べ、つながり、コミュニケーションする方法を革新し、試行することへの行内での支援・支持の高まりである。

　読者がバンカーであって、本書を読んでも何もしないとしても、銀行とどのようにつながりたいかを顧客に尋ね、顧客の声に耳を傾けることだけは続けよう。その顧客がモバイル、インターネット、ソーシャルネットワーク等々について語っているなら、それを受け入れて、利便性、アクセス容易性、機能性を、正しいチャネルで正しいタイミングで顧客に提供する方法を見いだそう。
　だが、何にも増して重要なのは、革新することと実験することである。現在のテクノロジーの世界では物事が非常に速く動いていくため、3年程度という適応サイクルのトレンドを待ってはいられない。待てない理由は、普及サイクルの3年が来る頃には、すでに新しい大きな波が始まっているために、気がつけば5〜6年も遅れてしまっている可能性があるからだ。
　顧客の支援者となり、顧客にも支援される部門を新たにつくること。正しいチャネル、正しいタイミングで正しいオファーを生み出すこと、すなわちすばらしい顧客ジャーニーに特化する部門である。これらのリソースに潤沢なサポートを提供すること。そこが新しい最前線なのだから。
　テクノロジーは目的達成の手段であるが、同時に収益実現の手段としての意味合いも高まっている。チャネルの複雑度は減少するどころか増加している。銀行は、顧客がどのチャネルを選ぶかに関係なく対応していく必要がある。支店は他のチャネル以上に重要なものではなくなっており、将来的には、支店は最も高収益のチャネルでもなくなるだろう。したがって、どのようなビジネスケースをつくるにせよ、チャネルとリソースの対立関係への対処方法に答えを出さなければならないときがくる。
　ひとつ理解しておくべきなのは、顧客は以前のバンキングの方法には戻らないということだ。顧客は前に進むものだ。顧客とともに前進していないなら、顧

客はその銀行を置き去りにしてしまうだろう。それもあっという間に。

　こうした変化は、多くの現行顧客にとって新しいものではない。最も進んでいる顧客にとっては、インターネット、モバイル、ソーシャルメディアといったものはイノベーションではなく、日常の当たり前のものである。そんな顧客にサインカードを差し出して来店時に持って来るよう言い張ったり、当座（小切手口座）を開設させようとするなら、それは自分がお呼びでないことを示しているということだ。

　すばらしい顧客ジャーニーをつくり上げれば、バンキングは顧客が日々直面する問題へのソリューションとなる。

　プロセスから摩擦を排除すること。でないと、ムーブンバンク、シンプル、ドゥオラ、ペイパル、スクエア等がそれを実現して、市場シェアは徐々にそちらに取られていくだろう。

　顧客と顧客接点部門に権限を与えて協力を仰ごう。顧客の声の聴取や行動観察に手をつけよう。30年前はうまくいったことが、いまでもそうだとは考えないこと。実際の行動を見ないままで、顧客の日常の銀行取引方法が不変であるという前提をおかないこと。顧客向けのモバイルアプリを持ってもいないで、顧客がモバイルバンキングを使わないと文句を言わないこと。ソーシャルメディア等のチャネルを通じた顧客との対話実現の担当役員を置いてもいないのに、顧客がソーシャルメディアで銀行とやり取りしてくれないと言わないこと。

　バンキングは根本的に変化しつつある。商品／プロセス／場所から、顧客が必要とする時／場所に対応する能力へと移行しつつあるのだ。

　本書は日常的なバンキングの実現方法について述べたものだ。バンキングはもはや場所には依存しないが、顧客が日々の生活を送るなかに、銀行の執行能力とケイパビリティが組み込まれるようになる。それは、顧客のニーズが、住宅の購入、自動車の購入、旅行、ショッピング、子供の大学進学、退職後に向けた貯蓄のどんなものであれ、そのニーズ実現を容易にするための顧客ジャーニーをどう築くかということである。

　バンキングは顧客がどこかに「行く」ものではなく、単に「する」ものになった。銀行のミッションは、この「する」を構築することだ。つまり、顧客の日常生活で発生する問題に対するソリューションが必要な時と場所におけるバンキング提供力を構築することである。銀行は他と違って特別であり、顧客がその商品やネットワークを使うにはハードルや基準が必要だという考え方は、この

10年でより問題となってきている。バンキングが本来あるべき姿、すなわち活力の源たる顧客に支援を提供しサービスすることに立ち戻らなければ、このすれ違いが銀行業界全体を衰亡に向かわせるだろう。

　消費者行動の変化のペースは、かつてないほど速い。その変化に乗るか、弾き出されるか。いまがその分かれ目だ。

[注]
1) FIS Consulting "Shifting Investments in Legacy Branch Networks—Finally?"（http://bankblog.optirate.com/wp-content/uploads/2012/02/FIS-Shifting-Investments-in-Legacy-Branch-Networks-%E2%80%93-Finally.pdf）
2) Chapter 02の予測参照のこと。特に図2-1では2016年のリテールバンキングにおけるチャネル別取引を予測している。

謝辞

本書を著すにあたってご支援いただいた以下の方々に謝意を申し述べたい。

HSBCのチーム、ルイザ・チェン、ピーター・ブルックス、マーチン・ロウリング、クリスティナ・ヤンの皆さん。元HSBCのマシュー・ドゥーレイ、トム・キャノン、マイケル・アームストロング。モーバンク（MoBank）のスティーブ・タウンエンド、アップ・ユア・サービス・カレッジ（UpYourService College）のロン・カウフマン、ブログサイトをお手伝いいただいたベン・メイとグレース・リー。

金融サービス領域で最も発言の多いブロガーで、いつもバンカーの完成形を示してアドバイスをくれるクリス・スキナー、戦略を突き詰めて議論する際に常に均衡力となってくれた素晴らしい友人のショーン・クリフォードに感謝する。

アレックス・サイオン、マイケル・デグナンとサピエント社のチームには、顧客ジャーニーとエンゲージメントバンキングについて考えをまとめるのを手伝っていただいた。イノトライブ社とアンテミス社には、業界最先端の同業者をご紹介いただいた。

この本への貢献について、ジョフ・バイ（英国マーケティング協会フェロー）、スコット・ベイルズ（ムーブンバンクのチーフ・モバイル・オフィサー）に感謝しないではいられない。ジョン・ランブライズとNCRのイノベーション・チームもまた、エリア51近くにある最高機密のイノベーション・センター（まあ本当はニューヨークだが）へのアクセス許可と貢献を頂いた。

私の戦友たるブロガーとツイーター、@rshevlin、@jmarous、@tek_fin、@visible_banking、@petervan、@thebankchannel、@leimer、@venessamiemis、@hearthervescent、@Hleichsenring、@copernicc、そしてその他多くの人達にも謝意を。

バンキングの世界を変えようとBank 2.0のワールド・ツアーに乗り出した私を支援してくれたO2社のチームとCMIのスピーカーの皆さん。素晴らしい経験であり、今後もこれが続くことを望んでいる。

マーシャル・カベンディシュ社のチームは、「出版2.0」を実現するための自社の移行を進める中で、電子書籍対応に向けて共同で動くとともに、*Bank 2.0*の販売が予想を大きく超えるまでの間、私を支え続けてくれた。
　しかし何よりも、私が布教の旅路や執筆に時間を使っていた間、相手をしてやれなかったのを我慢してくれた、私の家族に感謝を捧げる。

索引

【A～Z】

ABNアムロ　82
ACH　235
ADCB　167
AIM　187
AML　244
ANZ　195, 240
AOL　187
API　236
ASB銀行　93
BankSimple　iii
BBS　187
BBVA　168, 239
BFM　241
Blogger　187
Cardlytics　305
Computerized Bulletin Board System　187
DBS銀行　209
DBSリミックス　210
Dwolla　228, 282
Ecademy.com　242
Edy　275
e-invoicing　241
EMV　293
Fair Isaac　247
FICO　247
GCash　158
Giro　235
Globe GCASH　177
GPS　225
GSM　157, 277
haul video　206
HSBC Net　241
HUD　249
IaaS　240
IDEO　168

in-app　107
INGダイレクト　34, 192
ISIS　284
ISISコンソーシアム　145
iWallet　284
Kaching　208
Kindle　221
KYC（Know-Your-Customer）　11
LinkedIn　242
MMS　107
Mosaic　187
M-Pesa　144, 160
MYOB　241
NAB　243
NETSキャッシュカード　176
NFC（Near-Field Communication）　13
Nook　221
notification　107
OCBC　209
OCR　248
P2P決済　242
Passbook　284
PayPal　ii
PayPass　285
PFM　241
PingIt　150, 291
PlanBigポータル　241
point-of-impact　311
popmoney　291
POS　115
PPC（pay-per-click）　136
Qtel　173
Quicken　241
RBS　241
RDC　12
RFID　75, 183

333

SEO（検索エンジン最適化）　41, 140
SEPA　235
Serve　305
Simple　iii
Siri　131
SMS　33, 271
SNS銀行　69, 165
Square　iii
STP　140
SWIFT　235
T-money　274
TwitPic　189
Ubank　34, 72, 244
USSD　277
V.me　285

【あ行】

アイデアバンク　208
アイワレット（iWallet）　284
アップセル　113
アップルストア　66
アデレード銀行　240
アドボカシー　102, 199, 204
アナリティクス　111
アバター　177
アブダビ商業銀行（ADCB）　167
アメリカン・オンライン（AOL）　187
アンプクア銀行　70
イー・トレード　17
イェスケ　73
イオン　275
イベント・トリガー　312
イメージ認識　225
インストア・ブランチ　77
「インターチェンジ」手数料　235
インタラクション・デザイン　131
インフルエンサー　200, 204
ウェストパック　195
影響力ポイント（point-of-impact）　112, 311
衛生要因　171
エーエヌジー（ANZ）　195
エカデミー（Ecademy.com）　242

エスノグラフィー　140
エディ（Edy）　275
エンゲージメント　46, 252
オーバーシーズ・チャイニーズ銀行（OCBC）　209
オープン・フォーラム　240
おサイフケータイ　274
オフセット口座　312
オンスクリーン・キーボード　222
音声認識　177
オンボーディング　22

【か行】

カードリティクス（Cardlytics）　305
顔認識　183
顔認識技術　224
拡張現実　248
画素　219
画像認識　248
カッチング（Kaching）　208
カントリーワイド　5
記憶装置　232
ギルダーの法則　218
キンドル（Kindle）　221
クイックペイ　291
クイッケン（Quicken）　241
グーグル・クロームOS　231
グーグル・ゴーグル　248
グーグル・プラス　191
クラウド・コンピューティング　232
クラウドソーシング　200
グラミン銀行　157
クリックスルー比率　129
クリック報酬型広告　136
グローブ・ジーキャッシュ（Glove GCASH）　177
クロームブック　231
クロスセル　113
ゲイツ、ビル　33
権威者　204
検索エンジン最適化（SEO）　140
行動分析　247

顧客支持　199, 204
顧客取引開始処理　22
コネクター　204
コモンウェルス銀行　192, 208, 239
コンタクテン　182
コンテキスト　113, 148, 225, 304

【さ行】

サードパーティ店舗　83
サードプレイス　80
サービス営業　110
サーブ（Serve）　305
サーフェス技術　76
ジーザスフォン　143
ジーニアス・バー　68, 74
ジェネレーションX　6, 272
ジェネレーションY　2, 205
ジオシティーズ　187
支持者　204
事前検知型サービス販売　115
事前検知型販売　312
ショート・メッセージ・サービス（SMS）　33
ショールーミング　129
触覚フィードバック　223
真実の瞬間　255
シンビアン　155
シンプル（Simple, BankSimple）　iii
スクエア　iii, 281
スターバックス　280
ストレージ　232
ストレート・スルー・プロセシング（STP）　140
スマートフォンマニア　272
スモール・ビジネス・ハブ　240
生体認証　180
セブン&アイ　275

【た行】

ダービン条項　12
第三の場　80
脱銀行層　19
チップ・アンド・ピン構想　293

チャールズ・シュワブ　17
「チャンピオン／チャレンジャー」モデル　238
データ・オーバーレイ　248
デジタルサイネージ　181
デジタル・ネイティブ　229
デジタルワレット（電子財布）　236
テスコ　153
電子財布（デジタルワレット）　236
電子ペーパー　218
ドイツ銀行　73, 240
ドゥオラ（Dwolla）　228, 282
トリガー発動型オファー　312
ドロップボックス　233

【な行】

ヌック（Nook）　221
ネット・プロモーター・スコア　202

【は行】

バーゼルII　244
バーゼルIII　244
パーティ・エアテル　176
パーミッション・マーケティング　309
バーンズ・アンド・ノーブル　122
バイラル動画　303
バウンス率　41
パニング　222
ハン，ハン　200
バンク・トランスファー・デイ　38
バンコ・ビルバオ・ビスカヤ・アルヘンタリア（BBVA）　168
ビーバー，ジャスティン　201
ピクセル　219
ビジネス・インテリジェンス　111
ビッグデータ　244
ビットコイン　288
ピンギット（PingIt）　150, 291
ピンタレスト　191
ピンチング　222
ファースト・ダイレクト　34, 203
ファネル　98, 262

ブイミー（V.me） 285
フォウラー姉妹 206
フォーカスグループ 140
フォースクエア 191
プライベート・クラウド 240
フランク 210
フリッカー 233
フレンズ・リユナイテッド 187
フレンドスター 187
ブロガー（Blogger） 187
プロシューマー 267
ペイパス（PayPass） 285
ペイパル（PayPal） ii, 280
ベビーブーム世代 6, 272
ベンディゴ 240
ポーキング 222
ボーダーズ 122
ホールビデオ（haul video） 206
ポップアップ型店舗 79
ポップマネー（popmoney） 291

【ま行】

マイクロファイナンス 156
マイクロブログ 188
マイスペース 188
マイノリティ・リポート 180
マズローの欲求段階 5
マルチタッチ 142, 219
ミシガン・マーカンタイル銀行 290
ミンチ, アン 197

ムーア, ゴードン 216
ムーアの法則 216
メディアウォール 75, 183
モザイク 187
モバイルコマース 152
モバイルスイカ 275
モバイルワレット 23, 151

【や行】

有機ELディスプレイ 219
ユーザー中心デザイン 131
ユーザビリティ 131
ユーザビリティ・テスト 131
ユーセンドイット 233
ユーバンク（Ubank） 34, 72, 244
ユニリーバ 224
予測型販売 312

【ら行】

ライフイベント 255
ラッパー 106
ラボ 208
ラボバンク 34
リッチメディア 138
リモート小切手入金サービス 12
リンクトイン（LinkedIn） 242
レガシー・システム 238
レティーナ・ディスプレイ 142, 219
漏斗 98, 262
ローファイ 132

【著者紹介】
ブレット・キング〔Brett King〕
1968年オーストラリアメルボルン生まれ。テクノロジー・フューチャリスト、スピーカー、著作者であり、ニューヨークにある世界初のモバイル銀行であるムーブンバンクの共同創業者。2012年、『アメリカンバンカー』誌の「年間銀行テクノロジーニュース・イノベーター」に選出。2013年、Bank Innovation が選出する「バンキング業界における最もクールなブランドトップ10」に個人として唯一選出。著書に、*Bank 2.0*（Marshall Cavendish Reference）、*Branch Today, Gone Tomorrow*（Marshall Cavendish Business,『リテール金融のチャネル革命』金融財政事情研究会）がある。

【訳者紹介】
上野　博（うえの　ひろし）
1958年生まれ。日本アイ・ビー・エム株式会社　グローバル・ビジネス・サービス事業本部　銀行・フィナンシャルマーケッツサービス事業部　アソシエイト・パートナー。住友銀行、日本総合研究所、フューチャーシステムコンサルティング（現フューチャーアーキテクト）、マーケティング・エクセレンスを経て現職。サービス、金融領域において、特にリテール金融マーケティング、営業・業務改革を中心としたコンサルティングに従事。メールマガジン「銀行ビジネス鳥の眼・虫の眼」執筆。
e-mail: uenohi@jp.ibm.com

脱・店舗化するリテール金融戦略
バンクからバンキングの時代へ

2015年1月1日発行

著　者──ブレット・キング
訳　者──上野　博
発行者──山縣裕一郎
発行所──東洋経済新報社
　　　　〒103-8345　東京都中央区日本橋本石町1-2-1
　　　　電話＝東洋経済コールセンター　03(5605)7021
　　　　http://toyokeizai.net/
装　丁………橋爪朋世
ＤＴＰ………アイランドコレクション
印　刷………丸井工文社
製　本………東京美術紙工協業組合
編集担当……黒坂浩一
Printed in Japan　　　ISBN 978-4-492-65467-5

本書のコピー、スキャン、デジタル化等の無断複製は、著作権法上での例外である私的利用を除き禁じられています。本書を代行業者等の第三者に依頼してコピー、スキャンやデジタル化することは、たとえ個人や家庭内での利用であっても一切認められておりません。

落丁・乱丁本はお取替えいたします。